Zur Autorin

Karen-Susan Fessel, * 1964 in Lübeck, aufgewachsen in Meppen/Ems. Studium der Theaterwissenschaften, Germanistik und Romanistik. Literarische Veröffentlichungen in verschiedenen Zeitschriften und Anthologien, sowie im Hörfunk. Sie lebt und arbeitet als Schriftstellerin und freie Journalistin in Berlin.

"Und abends mit Beleuchtung" ist ihr erster Roman.

Impressum

PF 1621 - 72006 Tübingen - Tel. 07071/66551 - Fax 63539

Gesamtherstellung: Typo-Druck-Roßdorf GmbH

Titelgestaltung: screenart, Wannweil

ISBN 3-88769-083-4

Karen-Susan Fessel

UND ABENDS MIT BELEUCHTUNG

Roman

Titelbild und Illustration von Heidi Kull

Wien, den 13.1.2000

Für Roswitha –

viel Vergnügen wünscht

konkursbuch Verlag Claudia Gehrke

Für meine Familie —
die eine und die andere

Kapitel 1

I

In dem Moment, als sie sich aufsetzte, gingen draußen die Straßenlaternen aus, und die Schatten der beiden Fensterkreuze verschwanden von der Wand. Dämmeriges Morgenlicht tauchte den Raum in ein trübes Grau, und als Tamara die Hände ausstreckte, waren auch sie grau. Sie betrachtete ihre Finger. Ihr war heiß, sie hatte geträumt, und im Traum hatte sie ihre Finger gesehen, wie sie den Körper einer Frau streichelten. Und obwohl sie das Gesicht dieser Frau nicht gesehen hatte, wußte sie, daß es Nan gewesen war.

Tamara lächelte in sich hinein und stand auf. Es war nicht das erste Mal, daß sie von Nan geträumt hatte. Aber es war das erste Mal, daß sie auf diese Art von ihr geträumt hatte. So eindeutig.

Im Bad strich sie Zahnpasta auf ihre Zahnbürste und sah sich dabei um. Der Raum war genauso provisorisch eingerichtet wie der Rest der kleinen Wohnung; die Handtücher lagen übereinandergestapelt auf einem Stück Zeitungspapier neben der Wanne, der abgefallene Klodeckel lehnte unter dem Waschbecken, und die Kosmetika, die nicht mehr in den Alibert gepaßt hatten, standen auf dem Fußboden. Seit Tamara vor eineinhalb Jahren aus Moskau nach Deutschland gekommen war, hatte sie immer so gelebt: provisorisch, aus Kisten und Koffern, von einer Wohnung in die nächste, immer auf der Durchreise. Aber das hatte bald ein Ende.

In einer guten Stunde würde sie sich mit dem Vizechef von Paco's treffen und genau den Vertrag unterschreiben, von dem sie seit Jahren, schon, als sie auf der Modeschule in Riga anfing, geträumt hatte: den Vertrag als Mitarbeiterin eines der größten und schrillsten Modehäuser New Yorks. Und im Spätsommer wäre sie bereits in den Staaten.

Als sie ins Zimmer zurückging und am Bett vorbeikam, fiel ihr der Traum wieder ein, und ein schmerzliches Gefühl durchzog ihre Magengrube. Sie dachte daran, wie sie

Nan kennengelernt hatte, im „Kühlschrank“. Hundert Mal war Tamara schon daran vorbeigefahren, ohne auch nur einen Blick hineinzuwerfen, aber an jenem Abend, fünf Monate war es her, hatte sie auf dem Nachhauseweg spontan angehalten und war hineingegangen. Nan hatte am Tresen gesessen, vor sich einen Stapel Bücher und einen eher griesgrämigen Ausdruck im Gesicht, aber etwas in ihren Augen hatte Tamara sofort gefallen. Sie hatte sich neben sie gesetzt, und irgendwie waren sie miteinander ins Gespräch gekommen, und als Tamara wieder hinausgegangen war, standen die Sterne am Himmel, und sie hatte einen leichten Schwips und Nans Telefonnummer. Seitdem trafen sie sich, anfangs weniger, dann immer öfter, und mittlerweile sahen sie sich fast jeden zweiten Tag. Es war nie etwas zwischen ihnen geschehen, kein Kuß, keine Zärtlichkeiten, schon gar kein Sex, aber Tamara hatte angefangen, davon zu träumen. Und nicht nur tagsüber, in Wachträumen, sondern auch nachts.

Ich muß aufpassen, dachte Tamara, als sie die kleine Espressomaschine auf den Herd stellte. Ich muß aufpassen, daß ich niemanden hier zu gerne mag. Ich wollte immer nach New York, deshalb bin ich ausgewandert, deshalb bin ich hier, und nun werde ich auch nach New York gehen. Ohne Jammern. Ich darf mir nichts mehr erschaffen, dessen Verlust ich hinterher nicht ertragen kann. Keine Wurzeln mehr schlagen. Die alten, ausgerissenen, schmerzen immer noch. Ich will nicht, daß Nan auch zu so einer Wurzel wird. Plötzlich mußte sie grinsen. Trotz allem – der Gedanke an Nan machte ihr gute Laune.

II

Nan saß auf der Bettkante und zog ihre Stiefel an. Von der Taille aufwärts war sie nackt, ihr fröstelte ein wenig. Trotzdem ging sie so, wie sie war, ins Bad. Mindestens ein Dutzend Mal war sie schon in diesem Badezimmer gewesen, und noch immer fand sie den Lichtschalter nicht auf Anhieb.

Sie betrachtete das Foto, das mit einer Reißzwecke an der Wand neben dem Spiegel befestigt war. Es zeigte drei dicke Frauen in Ledermonturen, die auf Motorrädern saßen und in die Kamera lachten. Eine hatte nur zwei Zähne im Mund, die so dunkel waren, daß man sie nur mit Mühe von der schwarzen Rachenhöhle unterscheiden konnte. Nan schüttelte den Kopf. Seit drei Monaten hatte sie ein Verhältnis mit Tina und immer noch nicht die leiseste Ahnung, was Tina an diesem Foto gefallen könnte – oder an dem grünen Vorhang, der über die ganze Breitseite des Badezimmers gespannt war. Was Tina anging, so schien auf sie die Theorie, daß die Wohnungseinrichtung ein Spiegel der Persönlichkeit sei, nicht zuzutreffen. Die Wohnungseinrichtung an sich paßte hervorragend zusammen, aber Tina selbst paßte nicht hinein. Während sie sich die Zähne putzte – Tina hatte ihr die Zahnbürste in der zweiten Nacht überreicht und ausdrücklich betont, daß es sich um die Gästezahnbürste handele, aber offensichtlich putzte sich außer Nan niemand sonst damit die Zähne –, überlegte Nan, in was für eine Wohnung Tina passen würde. Stahlrohrmöbel? Art Deco? Nein. Holz. Holz würde ihr eher entsprechen. Und dazu vielleicht weiche Teppiche. Flokatis? Nan lächelte in sich hinein. Sie hatte früher selbst einen Flokati-Teppich gehabt, als Teenager. Sie erinnerte sich deutlich an die Flusen, die sie ständig im Mund gehabt hatte, wenn sie sich auf dem Teppich fläzte. Er lag bestimmt noch immer irgendwo in ihrem Elternhaus herum, und jetzt waren es Nans Nichten und ihr Neffe, die Flusen im Mund hatten.

Sie musterte sich im Spiegel, während sie sich die Haare, die ihr mittlerweile in den Nacken reichten, nach hinten kämmte. Nan beugte sich vor. Unter ihren Augen lagen dunkle Ringe, aber die kamen leider vom allzu ausgeprägten Nachtleben und nicht von der intensiven Beschäftigung mit ihrer Doktorarbeit. Heute werde ich mich wieder ransetzen, dachte Nan. Der Gedanke erfüllte sie mit Widerwillen.

Tina schlief noch. Nan hockte sich vors Bett und betrachtete sie einen Moment. Tinas Gesicht war weich vom Schlaf. Eine Sekunde zögerte Nan, dann ging sie, ohne Tina noch einmal zu berühren.

Sabine hing bereits am Telefon und erklärte einem frühen Kunden das System der Fahrtkostenbeteiligung, als Nan die Glastür aufstieß. Die ersten Strahlen der Morgensonne fielen durch die hohen Fensterscheiben an der Stirnseite des Büros und tauchten die Schreibtische und die riesigen Anschlagtafeln an den weißgetünchten Wänden in ein helles und warmes Licht. Sabine sah auf. Über ihr rundliches Gesicht zog ein erfreutes Lächeln, das gleich darauf wieder verschwand, als sie sich erneut ihrem Kunden zuwandte. „Nein, nein, das hast du falsch verstanden. Paß auf, ich fang nochmal von vorne an..." Sie runzelte gequält die Stirn und nickte eifrig, als Nan ihr fragend die Kaffeekanne entgegenhielt.

Auf dem Weg ins Hinterzimmer warf Nan einen kurzen Blick auf die Anschlagtafeln. In den Spalten mit den Fahrangeboten Richtung Süd- und Norddeutschland hingen eine Reihe von Meldungen, aber die Spalten für Ostdeutschland waren wie immer leergefegt. Nan hatte es nicht anders erwartet. Im Osten Berlins hatte sich die Idee der Mitfahrzentralen noch nicht so recht durchgesetzt, aber mit der Zeit würde sich das sicherlich ändern. Als Sabine beschlossen hatte, eine Filiale in Mitte zu eröffnen, hatte Nan zuerst Bedenken gehabt. Aber jetzt war sie froh, nicht in der Zentrale in Schöneberg geblieben zu sein. Sie genoß es, im Osten zu arbeiten. Es war, als hätte sich ihr eine ganz neue Stadt eröffnet, so viel Neues gab es zu entdecken. Berlin war jetzt keine Insel mehr, und hier, am Rosa-Luxemburg-Platz, war Nan jeden Tag im Zentrum dieser neuen Stadt. Sie füllte zwei Becher mit frischem Kaffee und brachte einen davon Sabine, die gerade den Hörer aufgelegt hatte.

„Hallo, Nan. Seit ich hier bin, klingelt das Telefon. Ich weiß gar nicht, warum ich in den Anzeigen immer angebe, daß wir ab neun Uhr geöffnet haben. Die Leute rufen ja doch an, wann sie wollen."

Nan zuckte die Achseln und zog einen Drehstuhl heran, um sich darauf niederzulassen. Das Telefon auf dem zweiten Schreibtisch fing an zu klingeln, gleich darauf auch das auf dem dritten. Nan sah auf die Uhr über dem Eingang zum U-Bahnhof gegenüber.

„Kurz vor neun." Sie hob eine Augenbraue und trank einen Schluck. Sabine lachte und griff nach dem Telefon, aber dann ließ sie es ebenfalls klingeln. Kurz darauf verstummten beide Apparate.

„Was macht die Doktorarbeit?"

Nan verzog die Lippen. „Frag lieber nicht."

Sabine winkte ab. „Schon gut. Gibt's sonst was Neues? Jemanden kennengelernt am Wochenende?"

Nan schüttelte den Kopf. Draußen fuhr die Tram vorbei, dahinter trabte ein Schwarm von verspäteten Arbeitnehmern auf den Eingang der U-Bahnstation zu.

„Also immer noch nicht die große Liebe in Sicht."

„Gut Ding will Weile haben." Nan stellte den Becher ab und rollte mit dem Stuhl zu ihrem Arbeitsplatz hinüber. Große Liebe noch nicht in Sicht... Wirklich nicht?

Nans Telefon klingelte. Mit einem raschen Griff hob sie den Hörer ab und klemmte ihn zwischen Schulter und Hals, während sie die Unterlagen von gestern durchblätterte.

„Mitfahrzentrale Rosa Luxemburg, Schwartzkopff, guten Morgen."

Aus den Augenwinkeln sah sie, wie Sabine kopfschüttelnd die Augen verdrehte. Nan grinste verstohlen, während sie dem Anrufer lauschte. Nach einem schnellen Blick auf die Wandtafeln sagte sie: „Tut mir leid, ist noch nichts da. Ja, ruf später wieder an. Tschüß." Sie legte auf und vermied es, zu Sabine hinzusehen. Nan liebte es, ihre Chefin zu necken. Sie beide verband ein unkompliziertes, freundschaftliches Verhältnis, dessen Qualität gerade in der Oberflächlichkeit ihres Umganges miteinander lag.

Sabine verschränkte in gespielter Empörung die Arme vor der Brust. „Also, Nan, wann gewöhnst du dir endlich an, Rosa-Luxemburg-Platz zu sagen anstatt einfach Rosa Luxemburg? Es klingt so lächerlich. Als wären wir eine kommunistische Mitfahrzentrale."

Nan lachte. „Wir könnten uns tatsächlich umtaufen. „Erste kommunistische Mitfahrzentrale Berlin Mitte, Hallo! Und das Schwartzkopff hinterher paßt doch wie die Faust aufs Auge!"

Sabine zog eine mißbilligende Grimasse. Ihrer beider Telefone fingen gleichzeitig an zu klingeln. Nan nahm zuerst ab. „Erste..., äh, Mitfahrzentrale Rosa Luxemburg, Schwartzkopff, hallo."

Sabine grunzte, aber es gelang ihr nicht, das Lächeln auf ihren Lippen vor Nan zu verbergen, als sie mit einem resignierten Seufzer nach ihrem eigenen Hörer griff.

III

Als sie die Augen aufschlug, war alles wieder da: der Streit gestern abend, Anjas Tränen, ihre eigene Wut. Dann die Versöhnung. Wally griff nach rechts, aber Anjas Platz war leer. Noch bevor der Schreck ganz in ihr hochgestiegen war, hörte sie aus der Küche Geschirrklappern. Eine Woge der Erleichterung schwappte über den Schreck, aber ein taubes Gefühl von den Zehen bis hinauf in die Hüfte blieb ihr. Sie ging zur Tür.

„Anja?"

Die Antwort ging im Rasseln des Weckers unter.

Ihr Gesicht war immer noch verweint, oder schon wieder? Wally trat hinter Anja und legte die Arme um sie. Für einen Moment stemmte Anja sich dagegen, dann lehnte sie sich zurück und schloß die Augen.

„Ich liebe dich", sagte Wally leise. Anja nickte. Wally spürte ihr krampfhaftes Schlucken mehr, als daß sie es hörte.

„Es tut mir leid", flüsterte sie in Anjas Nacken. In ihren eigenen Ohren klang es billig und abgestanden, tausendmal gelesen, tausendmal gehört, und doch gab es Situationen, wo genau diese beiden Sätze gesagt werden mußten. Weil sie stimmten. „Ich kann es einfach nicht aushalten, daß du gehst. Ich will nicht ohne dich sein."

Anja versteifte sich in Wallys Umarmung. „Du brauchst ja nur mitzukommen."

„Anja, das haben wir doch schon so oft durchgekaut, ich kann nicht einfach mitkommen. Was soll ich in Bombay denn machen? Rumsitzen und Däumchen drehen? Ich will hier sein, ich fühle mich so wohl in Berlin, ich -"

Anja drehte sich ruckartig um. „Du fühlst dich wohl hier! Deswegen soll ich meinen Job schmeißen und hierbleiben! Soll ich vielleicht an der Volkshochschule unterrichten, damit du dich hier wohlfühlen kannst?" Ihre Augen waren leicht zusammengekniffen. Wally verschränkte die Arme, merkte sofort, wie lächerlich sie damit aussehen mußte, und steckte die Hände in die Hosentaschen. „Ich will aber nicht nach Bombay", sagte sie betont deutlich. „Dein verfluchter diplomatischer Dienst! Du wolltest sowas doch nie! Du wolltest immer zum Fernsehen, und -"

„Du wolltest, du wolltest! Ich habe eine Riesenchance bekommen, das weißt du genau. Und wo ist deine Chance?" Wally trat einen Schritt zurück. „Das ist gemein", sagte sie verletzt.

Ein Nerv in Anjas Wange begann nervös zu zucken. „Ich weiß, daß das gemein ist. Aber das, was du von mir forderst, ist das vielleicht nicht gemein?" Sie begann zu weinen. Wally versuchte, sie in den Arm zu nehmen, aber Anja wich zurück.

„Laß mich! Es nützt doch alles nichts! Du bleibst hier, und ich gehe zum letzten Mal für acht Wochen nach Bonn und dann nach Bombay, basta."

„Nein", sagte Wally fest. „Wir gehen zusammen nach Bonn, und dann sehen wir weiter."

„Wir sehen gar nicht weiter!" Anja schrie. „Du hast dich für deine Sache entschieden und ich mich für meine. Es gibt kein Zusammensein mehr für uns, siehst du das nicht ein? Du gehst nicht mit! Ich gehe alleine."

„Ich gehe mit!"

„Nein!" Anja schubste Wally nach hinten. Sie stieß gegen den Herd, der Wasserkessel klapperte bedenklich, dann herrschte plötzlich Stille. Sie sahen sich an. Wally schien es, als wäre Anja schon weit fort, nur sie, Wally, stünde noch am gleichen Ort, unbeweglich, wie steifgefroren. Vielleicht, dachte sie, ist es auch so. Vielleicht ist sie schon längst fort, nur daß wir es beide noch nicht begriffen haben. Ich will mich an sie klammern, aber nichts ist mehr da, woran ich mich klammern kann. Vielleicht ist alles schon entschieden.

„Laß uns doch etwas Zeit", sagte sie müde.

„Zeit! Du hast keine Zeit mehr, und ich auch nicht! Wir haben lange genug Zeit gehabt, und nichts hat sich verändert. Du weißt seit zwei Jahren, daß ich im Juni ins Ausland komme!"

„Es war doch nicht sicher..." sagte Wally schwach.

„Doch, es war sicher! Du hast bloß die ganze Zeit darauf gewartet, daß ich den Kram hinschmeiße und hierher zurück komme, damit du deinen faulen Hintern nicht hochkriegen mußt. Du tust nichts, außer mal, wenn's dir in den Schoß fällt, ein paar Gürtel zu machen, und ansonsten schön regelmäßig zum Sozialamt zu marschieren!"

Wally warf einen Blick auf die Uhr. Sie wollte nicht, aber sie mußte jetzt los. Wenn sie zu spät zum Sozialamt kam, konnte sie den ganzen Vormittag dort sitzen und warten. Es war lächerlich.

„Anja, das stimmt nicht", sagte sie, aber es klang nicht einmal in ihren eigenen Ohren überzeugend. „Ich muß los, tut mir leid." Noch schlimmer.

„Ja, du mußt los! Zum Sozialamt! Vielleicht kann ich ja beim Auswärtigen Amt erreichen, daß in Bombay ein Sozialamt extra für dich eingerichtet wird. Dann kannst du da genau das gleiche tun wie hier! Vielleicht kannst du ja auch noch deinen Fernsehsessel mitnehmen, dann hättest du es beim Warten bequemer!" Anja wischte sich die Augen.

Wally wußte, daß es vollkommen falsch war, jetzt zu grinsen, aber sie konnte nichts dagegen tun. Anja musterte sie mit einer Mischung aus Wut und Verletztheit, dann drehte sie sich um und putzte sich die Nase.

„Anja", sagte Wally leise.

„Ich gehe allein nach Bonn", sagte Anja mit dem Rücken zu Wally. „Stell' dich darauf ein. Acht Wochen Quälerei halte ich nicht mehr aus." Sie begann wieder zu schniefen. Wally ging in den Flur und zog ihre Jacke an. Dann schlenderte sie wieder in die Küche zurück. Anja stand immer noch am Spülbecken, bewegungslos, die Hände wieder in das inzwischen erkaltete Spülwasser getaucht. Wally nahm das Küchenhandtuch vom Haken, zog Anjas Hände heraus und begann sie abzutrocknen. Anja sah Wally nicht an. Wally küßte sie auf die Wange.

Am Briefkasten stand Frau Strothmann aus dem 2. Stock.

„Guten Morgen, Fräulein Lohmann."

„Morgen." Wally öffnete ihren Briefkasten.

„Wie man hört, wird es bei ihnen jetzt ja nicht mehr nur abends, sondern auch morgens schon laut. Darf man da in Zukunft täglich mit rechnen?"

„Sie dürfen alles, Frau Strothmann", sagte Wally gepreßt. Zwei Rechnungen, an sie und Anja gemeinsam adressiert, waren in der Post, und aus einem plötzlichen Impuls heraus legte Wally sie wieder zurück und schloß den Briefkasten.

„Dann darf ich ja wohl auch die Hausverwaltung informieren!" sagte Frau Strothmann hinter ihr. Wally brummte nur. Frau Strothmann ging zur Haustür, schlug im Vorbeigehen mit ihrem Gehstock gegen Anjas Fahrrad und öffnete die Tür.

„Das darf hier gar nicht stehen. Das habe ich Ihnen und ihrem Fräulein Mitbewohnerin schon hundertmal gesagt."

„Jawohl, Frau Strothmann", sagte Wally.

Die Tür klappte. Wally lehnte den Kopf gegen den Briefkasten und atmete tief durch. Jawohl, Frau Strothmann. Ich und mein Fräulein Mitbewohnerin, wir machen alles falsch.

IV

Arndt setzte sich auf und warf die Bettdecke zur Seite. Die Kälte traf ihn wie ein Schock, die Haare an seinen Beinen richteten sich auf. Er bekam eine Gänsehaut. Hastig griff er wieder nach der Decke und zog sie ganz über sich. Darunter war es dunkel und gleich wieder wohlig warm. Er roch seinen eigenen Körpergeruch, vermischt mit Schweiß und Zigarettenrauch.

Arndt seufzte. Der Traum war weg, verschwunden, wie meistens. Fast nie konnte er sich an irgendetwas erinnern. Nur Ahnungen blieben zurück, eine Erinnerung an eine Stimmung, verflogen, noch bevor er die Augen öffnete.

Er hörte das leise Plumpsen, mit dem Lily auf seinem Bett landete. Sie kroch über seine Beine, die Hüften, seine Brust. Ehe sie oben angelangt war, steckte er den Kopf heraus.

„Morgen, Lily“, sagte er. Ihre Augen waren dicht vor seinen, grüne, unergründliche Katzenaugen, fast ein wenig zum Fürchten.

Der Ofen war in der Nacht ausgegangen. Arndt warf einen Blick in den Kohlenkasten. Leer. Gut, er mußte sowieso einkaufen gehen. Es gab immer etwas zu erledigen, immer etwas zu tun. Wenn er keine Pläne für den Tag hatte, konnte er zumindest Einkäufe tätigen. Nur, wenn er knapp mit Geld war, wurde es schwierig. Im Moment war er knapp mit Geld. Auf dem Weg in die Küche stieß er gegen den übervollen Mülleimer. Das waren die Reserve-Pläne: Dinge, die kein Geld kosteten – den Mülleimer leeren, die Wohnung putzen, spazierengehen.

Im Spiegel betrachtete er sein Gesicht. Zwei neue Pickel, die letzten Ausläufer einer hartnäckigen Pubertätsakne, zeigten sich auf der Stirn. Er drückte ein wenig daran herum, dann gab er es auf und hielt den Kopf unter den Wasserhahn. Wieder sah er in den Spiegel. Durch die Nässe hindurch leuchteten die Pickel jetzt in hellem Rot.

„Gut gemacht“, sagte er zu seinem Spiegelbild. „Ganz toll, herzlichen Glückwunsch“. Lily strich maunzend um seine Beine.

Die Katze schmatzte leise schnurrend an ihrem Futternapf, als Arndt sein Hemd anzog. Es war frisch gewaschen, aber zerknittert. Er beschloß, später zu Nan zu gehen und dort seine Hemden zu bügeln. Sein eigenes Bügeleisen war ihm vor ein paar Tagen heruntergefallen. Er setzte sich hin, um seine Schuhe anzuziehen, und sah Lily beim Fressen zu. Sie war fast fertig. Er stützte die Ellenbogen auf die Knie und legte das Kinn in die Hände.

„Ich mag nicht mehr allein sein“, sagte er laut. Lily sah kurz zu ihm auf und fraß dann weiter. Ich hasse es, allein zu sein, dachte er. Allein aufstehen, allein frühstücken, einkaufen, ausgehen, allein ins Bett gehen. Ich hasse es. Ich will nicht mehr allein sein.

Lily war fertig. Sie putzte ihr Maul und kam zu ihm. Arndt lehnte sich zurück, um ihr Platz auf seinen Knien zu machen. Sie sprang hoch und rollte sich behaglich in seinem Schoß zusammen.

Arndt kraulte sie hinter den Ohren. Sie schnurrte. „Lily", sagte er laut.

V

Es saß einfach nicht, sie konnte daran herumstecken, soviel sie wollte, es saß einfach nicht. Tamara sah prüfend an der jungen Frau im roten Modellkleid hoch. An ihr lag es nicht, sie hatte die richtigen Maße. Etwas an den Berechnungen mußte falsch sein. Sie trat einen Schritt zurück und musterte das Kleid erneut. Die ganze Form stimmte nicht. Tamara trat noch einen Schritt zurück und verschränkte die Arme vor der Brust. Das Model sah sie schüchtern an, ohne sich zu bewegen. Sie ist neu im Geschäft, erinnerte sich Tamara und lächelte ermutigend.

„Fertig?" fragte das Model mit leicht belegter Stimme.

„Nein, nicht fertig", sagte Tamara. Hatte sie jetzt etwa grob geklungen? „Die Form ist noch nicht so, wie sie sein sollte", fügte sie sanft hinzu, „Sie müssen noch einen Moment so stehenbleiben, tut mir leid."

Das Model lächelte angespannt. Tamara seufzte leise, bückte sich und begann die Stecknadeln an den Hüften wieder zu lösen.

Sie war gerade dabei, den Einsatz am Rücken höherzustecken, als Martin, ihr Assistent, laut vor sich hinsummend hereinkam.

„Morgen, schöne Frau! Ach, Tamara, du bist ja auch da. Ich hab' dich gar nicht gesehen hinter dem ganzen Taft." Er kicherte, warf einen Stapel Schnittmuster auf den Arbeitstisch und stellte sich hinter Tamara. „Na, das sind ja Mordshüften! Soll das so?" Tamara ärgerte sich. Martin kam grundsätzlich in den ungünstigsten Momenten hereingeplatzt, immer dann, wenn gerade etwas schlecht saß oder ihr die Muster durcheinandergeraten waren, begutachtete alles mit hochgezogenen Augenbrauen und gab anschließend launige Kommentare ab, die Tamara sofort auf die Palme brachten.

Sie steckte die letzte Nadel fest und stand auf. „Nein, das soll nicht so."

Martin ging um sie und das Model herum und betrachtete das Kleid von vorne. Er war groß und schlaksig, sein langes blondes Haar fiel ihm in einer schwungvollen Tolle in die Stirn. Tamara wartete. Jetzt gleich würde er mit einem, wie er sicher fand, anmutigen, Schwenk den Kopf nach hinten werfen, um seine blauen Augen besser zur Geltung zu bringen.

Martin warf den Kopf nach hinten und zwinkerte dem Model zu. „Anstrengend, was?"

„Ach, das geht schon," antwortete sie schüchtern.

„Warum machst du das nicht an 'ner Puppe?" fragte Martin Tamara. Sie sah ihn finster an.

„Das machen wir Sowjets immer so."

Es dauerte ein paar Sekunden, bis Martin den versteckten Witz begriffen hatte. Er lachte. Tamara ging zum Tisch und setzte sich auf die Platte. Martin lehnte sich neben sie. Schweigend betrachteten beide die Seitenansicht des Models.

„Drehen Sie sich doch bitte mal zu uns", bat Tamara. Das Model drehte sich langsam, indem es nur die Füße bewegte, in ihre Richtung und sah starr zwischen Tamara und Martin hindurch. Die Hüften waren zu breit.

„Die Hüften sind eindeutig zu breit", sagte Martin. Tamara blickte ihn schräg von der Seite an. Trotz seiner nervenaufreibenden Art arbeitete sie gerne mit ihm zusammen, er besaß Sachverstand und ein geschultes Auge für Formen. In den vergangenen eineinhalb Jahren hatte er sich einen unfehlbaren Blick für Tamaras Stil und – zum Glück – auch für ihre Fehler angeeignet. Seine Vorschläge waren fast durchweg brauchbar. Er war besser als alle Mitarbeiter, die sie in Riga und dann Moskau gehabt hatte. Und außerdem mochte sie ihn.

Sie stand auf. „Ich muß den Entwurf nochmal überarbeiten. Danke erstmal", sagte sie, an das Model gerichtet, „Sie können jetzt Pause machen. Seien Sie bitte um zwölf" – sie warf einen Blick auf ihre Armbanduhr – „nein, um halb eins wieder hier. Martin -" Er war bereits dabei, dem erleichtert dreinblickenden Model aus dem Kleid zu helfen.

Als die junge Frau gegangen war, befreite Martin einen Stuhl von den daraufliegenden Stoffen und setzte sich Tamara gegenüber.

„Ich hab' dir noch gar nicht richtig zu deinem Vertrag gratuliert. Fantastisch, daß es geklappt hat."

Tamara lehnte sich zurück und hob die Hände, die Handflächen nach außen gekehrt. „Ja, nicht wahr? Und ohne Probleme! Der Typ hat gar nicht groß darum herum geredet. Mir den Vertrag hingeschoben – „Wir brauchen nicht mehr viel über Stilfragen und Qualifikationen zu sprechen, der Chef freut sich auf Ihre Mitarbeit" – und das war's. Unser Kollektiv scheint drüben gut anzukommen."

Bei dem harten Konkurrenzkampf und den Schwierigkeiten, die ein relativ unbekannter Name in dieser Branche mit sich brachte, hatte sich der gute Ruf des Kollektivs junger Modedesigner, dem sich Tamara kurz nach ihrer Ankunft in Berlin angeschlossen hatte, als sehr hilfreich erwiesen. „Wenn ich es bei Paco's nicht schaffe, bewerbe ich mich bei dir als Assistentin."

Martin lachte und fuhr sich mir der Hand durch die Haare. „Ehe das passiert, komme ich dir hinterher und bringe deine neuen Kollektionen auf Vordermann. Aber bei dir sehe ich keine Probleme. Anscheinend seid ihr Russen doch nicht so altmodisch, wie man sich das so vorstellt."

„Ich bin nicht Russin, ich bin Lettin", erwiderte Tamara mit übertriebenem Ernst.

„Ach komm, im Grunde bist du doch genauso deutsch wie ich!" Martin grinste. Er spielte damit auf die Tatsache an, daß Tamaras Ausreiseerlaubnis erst bewilligt worden war, als sie einen alten deutschen Wehrmachtspaß ihres Großvaters vorgelegt hatte. Bis zu dem Zeitpunkt, an dem ihr Vater ihr das Dokument mit den Worten: „Wenn du schon unbedingt wegmußt, dann will ich dir jedenfalls keine Steine in den Weg gelegt haben" überreicht hatte, war Tamara nichts davon bekannt gewesen, daß ihr Großvater mütterlicherseits deutscher Soldat gewesen war. Aber, wie dem auch sei, deutschstämmig war sie bestimmt, schon aufgrund der Tatsache, daß sie von klein auf mit ihrer Stiefgroßmutter deutsch gesprochen hatte.

„Schon gut. Jetzt hilf mir doch bitte erstmal, dieses Kleid auf „Vordermann" zu bringen." Gemeinsam beugten sie sich über den Entwurf.

VI

Um kurz vor zwei war Nan zuhause. Ihr erster Gang galt dem Anrufbeantworter. Im Sichtfenster blinkte eine rote Drei. Sie zog die Augenbrauen hoch. Eine ganze Menge für diese frühe Tageszeit. Sie drückte auf die Abspieltaste und zog ihre Jacke aus, während sie dem Band lauschte.

Der erste Anruf war von der Sekretärin ihres Doktorvaters, die sie bat, in der nächsten Woche zwecks näherer Besprechung ihrer Doktorarbeit in die Sprechstunde zu kommen. Nan schüttelte sich innerlich. Tinas Stimme, die als nächstes erklang, war eine richtige Erleichterung. „Hallo, Nan. Bist ja wieder mal klammheimlich verschwunden. Nächstes Mal kannst du mich ruhig wecken. Naja... Äh. Jedenfalls war es nett, dich dazuhaben. Ruf an, wenn du Zeit hast. Sonst sehen wir uns ja vielleicht auch demnächst im „Kühlschrank". Ciao!" Ein lautes Kußgeräusch vervollständigte die Botschaft. Nan mußte lächeln. Tinas Anrufe waren immer nett, unverbindlich und dennoch unzweideutig.

Nan stützte die Ellenbogen auf den Telefontisch und wartete die letzte Ansage ab. Nach dem Signalton ertönte Leos jungenhafte Stimme. „Hallo, Schwesterchen. Hier spricht dein geliebter Zwillingsbruder. Ich komme nächste Woche für ein paar Tage, okay? Geht's dir gut? Mir auch. Ach, ich weiß auch nicht. Also, bis dann!" Nach einem weiteren Signalton spulte sich das Band zurück. Nan richtete sich auf und ging in die Küche. Typisch Leo, dachte sie. Auf den Gedanken, daß es mir nicht passen könnte, kommt er gar nicht. Naja, es paßt mir ja eigentlich auch immer.

Sie war gerade dabei, sich in der Küche ein Knäckebrot mit Schinken zu machen, als sie hörte, wie die Tür aufgeschlossen wurde. Einen Moment später kam Kim herein. Im Gegensatz zu Nan, die ihr jahrelang kurzgetragenes Haar seit einigen Monaten – im dritten Anlauf – langwachsen ließ, hatte Kim sich vor kurzem ihr hüftlanges Haar abschneiden lassen. Nun war ihr wohlgeformter Kopf bedeckt mit einem zentimeterkurzem, blonden Flaum. Nur an der Stirn waren ein paar längere Strähnen übriggeblieben, die Kim mehrmals am Tag in mühevoller Kleinarbeit zwirbelte und mit Hilfe von Haarspray aufrecht hielt.

„Hey, Nan. Laß ruhig liegen, ich mach' mir auch ein Brot."

„Hallo. Wieso bist du denn jetzt schon zuhause?"

„Ich hab' mir freigenommen." Kim setzte ihre Tasche ab und nahm ein Knäckebrot aus der Packung. Trotz ihrer täglichen Begegnungen war Kims neuer Anblick für Nan immer noch ungewohnt. Drei Jahre lang hatte sie Morgen für Morgen unterdrücktes Fluchen und leise Schmerzensschreie vernommen, wenn Kim sich die langen Haare durchbürstete, die sie dann entweder zu einer kunstvollen Frisur hochsteckte oder zu einem Pferdeschwanz zusammenband, bevor sie zur Arbeit ging. Bei ihrem Job als Druckvorlagenherstellerin war langes, offenes Haar unpraktisch.

Nan ging zum Herd und setzte Kaffeewasser auf. „Einfach so freigenommen? Machst du doch sonst nie."

Kim biß in ihr Brot und sah zu Boden. Nan beschlich ein ungutes Gefühl. Kim war zwar grundsätzlich nicht besonders redselig – viele Dinge mußte man ihr geradezu aus der Nase ziehen –, aber heute machte sie einen entschieden bedrückten Eindruck. In der ersten Zeit ihres Zusammenwohnens hatte Nan Kims kurzangebundene Art öfter fehlgedeutet und gedacht, es ginge ihr schlecht. Letztendlich hatte sie herausgefunden, daß Kim zuweilen einfach kaum sprach, ganz einfach so, ohne daß etwas vorgefallen war. Mit der Zeit hatte Nan sich daran gewöhnt und erkannte die Situationen, in denen Nachfragen angebracht war. Jetzt war so eine Situation. Nan wartete, bis der Kessel pfiff, dann fragte sie: „Was ist denn los?"

Kim steckte den Rest ihres Brotes in den Mund, kaute und sagte undeutlich: „Ach, nichts."

Im nächsten Moment verschluckte sie sich und begann, krampfhaft zu husten. Nach einigen Sekunden fing sie an zu kichern, um dann nur noch heftiger zu husten. Nan stellte den Wasserkessel beiseite und klopfte Kim unterstützend auf den Rücken.

„Man soll doch nicht klopfen!" stieß Kim mit hochrotem Gesicht und Tränen in den Augen zwischen den beiden letzten Hustenanfällen hervor. Nan zog ihre Hand weg.

„Ach, stimmt. Ja. Tut mir leid."

Kim begann wieder zu kichern.

Irgendwie ist sie komisch heute, dachte Nan, während sie heißes Wasser nachgoß und darauf wartete, daß Kim ihre Frage endlich beantwortete.

Kim wischte sich schniefend über das Gesicht und holte tief Atem. Der Husten hatte sich gelegt.

„Weißt du was? Ich hab meine Kündigung gekriegt."

Nan starrte Kim ungläubig an. „Was?!?"

Kim nickte und wandte sich wieder dem Teller zu. „Ja, wirklich. Unglaublich. Zum ersten Juli bin ich arbeitslos", sagte sie, während sie das nächste Knäckebrot in Angriff nahm. „Die sagen, sie hätten nicht genug Arbeit, aber das stimmt überhaupt nicht! Du weißt doch, wie die Situation bei den Printmedien gerade ist! Die quellen über vor Arbeit! Das ist schlicht und einfach gelogen!" Wütend klatschte sie eine Scheibe Schinken auf ihr Brot. Kim arbeitete seit fast neun Jahren in einer Druckerei, die bei einer Reihe angesehener Zeitungen unter Vertrag stand.

„Vielleicht sind es die fehlenden öffentlichen Gelder. Ich denke, auch bei den Medien wird das Budget gerade ganz schön zusammengestrichen." Nan zuckte die Achseln in dem vergeblichen Versuch, eine besänftigende Erklärung zu liefern.

Kim schüttelte zornig den Kopf. „Quatsch. Die Arbeit ist ja da und muß auch gemacht werden. Ich glaube viel eher, daß mein Chef vorhat, billigere Arbeiter aus dem Osten einzustellen. Der hat doch erst vor sechs Wochen zwei Neue eingestellt, und ich bin sicher, die arbeiten für die Hälfte von dem, was ich kriege." Sie stellte die Packung Knäckebrot in den Brotkasten. „Naja, nicht ganz die Hälfte. Aber trotzdem „ – sie spielte mit dem Brot auf dem Teller herum –, „ich wette, der hat schon jemanden Billiges in Aussicht. Und mir kündigt der!"

Nan schlürfte vorsichtig an ihrem Kaffee. Er war zu stark. Sie schüttete noch ein wenig Milch dazu. „Du findest doch bestimmt sofort was anderes. Mit deiner Erfahrung..."

Kim lachte verächtlich auf. „Ja, klar."

„Naja, stimmt doch, oder?"

„Sicher, ja. Aber weißt du was?" Sie funkelte Nan wütend an, dann lächelte sie, empört und zugleich verschmitzt.

„Ich glaube, ich will gar nichts anderes. Ich glaube, ich gehe tatsächlich nach Amerika. Wollte ich schließlich schon immer. Kann ich doch jetzt endlich tun, ist doch die ideale Gelegenheit, nicht wahr?“

Nan war unsicher, ob Kim nicht nur im Zorn redete. Sie hatte zwar schon immer davon gesprochen, für eine Zeit in die Staaten zu gehen, aber Nan hatte das nie besonders ernst genommen.

„Tja...“ sagte sie.

Kim grinste. „Du denkst, ich rede nur so daher, nicht wahr? Aber mal im Ernst, Nan, warum sollte ich das eigentlich nicht tun? Wie lange soll ich denn warten damit? Bis ich fünfzig bin?“ Sie nahm ihren Teller in die Hand und richtete sich auf. „Und außerdem wäre ich dann näher bei Jop.“ Jop war seit vier Jahren Kims Freund. Normalerweise war er ein häufiger Gast in der Wohnung, aber vor zwei Monaten war er nach Alaska gegangen, um dort ein Jahr als Veterinärassistent zu arbeiten. „Ich muß erstmal drüber nachdenken. Ist doch das Letzte, das Ganze, oder?“

Nan nickte zustimmend. „Eine richtige Sauerei.“

Kim lachte. Sie schien schon wieder etwas besänftigt. „Genau! So. Ich gehe mich jetzt etwas ablenken.“ Sie verschwand im Flur. Nan hörte Kims Zimmertür aufgehen, zuklappen und wieder aufgehen.

„Nan?“ schrie Kim aus dem Flur in die Küche. „Wenn ich wiederkomme, darf ich hier dann wieder einziehen?“

„Klar“, rief Nan zurück.

„Nicht, daß du dann zehn Liebhaberinnen hier drin sitzen hast!“

„Nein! Bloß nicht! Auf keinen Fall!“ schrie Nan. Was für eine gräßliche Vorstellung!

Auf dem Schreibtisch stapelten sich Bücher, Zeitschriften und Papiere. Seit mehr als vier Monaten häufte Nan Materialien an und verbrachte ganze Nachmittage damit, sie zu sichten und zu ordnen, aber immer noch hatte sie kein verwertbares Konzept vorzuweisen. Das Ergebnis ihrer bisherigen Bemühungen bestand aus drei DIN-A-4-Blättern mit unzusammenhängenden Notizen, die jetzt in der Mitte ihres Schreibtisches lagen und sie quer durchs Zimmer hinweg höhnisch anzugrinsen schienen. Nan schob ein mit

Zetteln gespicktes Nachschlagewerk zur Seite und setzte sich. Aufseufzend betrachtete sie die Papierflut um sich herum. Natürlich, wenn sie ehrlich war, mußte Nan sich eingestehen, daß sie nicht allzu eifrig bei der Sache war. Sie ließ sich keine Gelegenheit zur Ablenkung entgehen. Es gab schließlich soviel interessantere Dinge als eine Doktorarbeit... Allein das Thema bereitete ihr Kopfzerbrechen. Warum hatte sie sich nicht doch für Politologie entschieden? Jetzt mußte sie sich mit Sartre und Camus herumquälen. Der Existenzialismus ist doch längst überholt, ausgequetscht, zerredet und zermalmt worden zwischen Hunderten von Buchdeckeln, dachte sie. Und ich will noch eines mehr dazustellen? Na prima.

Um kurz vor vier klingelte es. Nur zu bereitwillig klappte Nan ihren Notizblock zu und ging zur Tür. Arndt stieg eben die letzten Stufen herauf, als sie öffnete. Sie umarmten sich, und unter seiner Jacke spürte Nan seine Rückenmuskeln. Sie drückte daran herum.

„Kann ich bei dir ein paar Hemden bügeln? Au!"

„Zimperliese."

„Laß das! Du weißt doch, daß ich da immer Pickel habe."

„Stell' dich nicht so an. Muskelbepackt bis zum Gehtnichtmehr, und jedesmal jammern, wenn man nur mal drankommt."

Er wand sich verlegen aus ihren Armen. Nan betrachtete ihn, während er sich die Jacke auszog. Immer noch sah sie in ihm den schmächtigen Halbwüchsigen, den sie vor neun Jahren auf dem Pausenhof des kleinstädtischen Gymnasium, das sie beide – und Leo – besuchten, kennengelernt hatte. Der Arndt, der jetzt vor ihr stand, war zwar muskulös und breit gebaut, die strähnige Langhaarfrisur war einem modischen Flat-top gewichen und der jugendliche Flaum auf Kinn und Wangen einem bläulichen Bartschatten, aber die braunen Augen besaßen noch denselben naiv-unschuldigen Ausdruck wie damals.

„Du bist wirklich ein Brocken von Mann geworden, Arndt."

Er errötete leicht. „Ach, Nan, jetzt hör' auf damit. Du siehst mich doch fast jeden Tag, wieso fällt dir das denn jetzt auf?" Er flüchtete in die Küche. Nan folgte ihm.

„Freu dich doch, daß es mir überhaupt auffällt. Möchtest du einen Kaffee?"

Arndts Gesicht hellte sich auf. „Oh, ja, gerne!" Er war schon immer leicht zu erfreuen gewesen.

Während sie den Kaffee zubereitete, holte Arndt das Bügelbrett aus dem Flur und begann umständlich, seine Hemden zurechtzulegen. Nan beobachtete ihn verstohlen. Es war für sie immer eine Qual, Arndt beim Bügeln zuzusehen. Nicht nur, daß es unendlich langsam vor sich ging; soviel Mühe er sich auch gab, es gelang ihm nie, auch nur ein einziges Hemd ohne Falten hinzubekommen. Meistens endete es damit, daß Nan ihm den Rest abnahm, einfach, weil sie es nicht mehr aushalten konnte, ihm zuzusehen.

„Gib schon her", sagte sie. Arndt zierte sich, aber dann drückte er ihr erleichtert das Bügeleisen in die Hand und setzte sich mit übereinandergeschlagenen Beinen an den Tisch.

„Leo kommt diese Woche", sagte Nan beiläufig, während sie mit schnellen Bewegungen über die Manschetten eines roten Hemdes fuhr.

Arndt sah sie mit großen Augen an. „Leo?"

„Ja. Er hat auf's Band gesprochen. Ich hab's gespeichert."

Arndt war schon im Flur, bevor sie zu Ende gesprochen hatte. Von der Küche aus konnte Nan seinen andächtigen Gesichtsausdruck sehen, mit dem er Leos Stimme lauschte. Er ist immer noch in ihn verliebt, dachte Nan. Mist. Seit neun Jahren ist er in ihn verliebt.

Nan hatte gewußt, daß Arndt schwul war, noch bevor er selbst es begriffen hatte. Seine Bewunderung für Leo und seine Gier, möglichst oft mit ihm zusammen zu sein, war entgegen Arndts Beteuerungen von Anfang an mehr als nur freundschaftliche Zuneigung gewesen. Zahllose Stunden hatte Arndt in Leos Windschatten verbracht, dankbar für jedes Wort, das er an ihn gerichtet, für jeden Blick, den Leo ihm zugeworfen hatte. Leonard, der große, schöne Leo, kraftvoll, lebendig und unbeschwert, der sich treiben ließ wie ein Blatt in ewigem Aufwind, ziellos und lebenslustig, damals schon und heute immer noch.

Arndt wandte sich vom Anrufbeantworter ab. „Meinst du, er bleibt länger?"

Nan zuckte die Achseln. „Ich schätze, er weiß es selbst nicht.“ Sie ließ das Eisen über den Kragen des vorletzten Hemdes gleiten. Arndt kam wieder in die Küche und machte sich daran, seine Hemden zusammenzulegen. Seine Stirn war in angestrengte Falten gelegt, und nach einer Weile sah er auf.

„Warum macht Leo eigentlich nichts?“ Er sah Nan fragend an. „Ich meine, er ist doch so... so toll, er kann alles mögliche, ist klug und hat lauter Ideen... Ich finde, er sollte studieren.“

Nan stellte das Bügeleisen ab und zog den Stecker aus der Dose. Dann setzte sie sich Arndt gegenüber und kippte den Stuhl nach hinten. „Du kennst ihn doch. Er hält nichts lange aus. Ständig muß er etwas Neues anfangen. Er hat eben noch nichts gefunden, das ihn genug fesselt.“

Arndt schwieg. Nan betrachtete ihn nachdenklich. Du hättest gerne, daß Leo studiert, dachte sie, am besten in Berlin, am besten irgendetwas, was lange dauert, damit du ihn in deiner Nähe hast. Am liebsten würdest du ihn heiraten, in deine Wohnung setzen, füttern und immerzu anstarren, damit du es ja nicht verpaßt, sollte sich ein Wunsch auf seiner Stirn zeigen, den du ihm davon ablesen könntest. Armer Arndt.

Als hätte er gemerkt, daß sie über ihn nachdachte, sah Arndt vorsichtig auf. Sie warf ihm einen Kußmund zu. Er drehte den Kopf zur Seite, aber sie sah, daß er lächelte.

Die Klingel schrillte. Noch bevor Nan reagieren konnte, war Arndt aufgesprungen. „Ich mach' schon auf.“

Nach ein paar Sekunden war aus dem Flur Tamaras heisere Stimme zu hören. Nan nahm vorsichtshalber die Füße vom Tisch und kippte den Stuhl wieder in die Waagerechte. Einen Moment später kam Tamara, gefolgt von Arndt, in die Küche.

Mit drei langen Schritten war Tamara am Küchentisch und stellte eine Sektflasche vor Nan, die unwillkürlich zurückwich. Nur gut, daß der Stuhl wieder auf allen vier Beinen stand.

„Ich habe heute den Vertrag unterschrieben“, verkündete Tamara triumphierend. Die kurzen braunen Locken hingen ihr wirr in die Stirn, das schmale Gesicht mit den markanten Zügen war leicht gerötet.

„Na endlich! Herzlichen Glückwunsch!"

Tamara strahlte sie an. Dann setzte sie sich ihr gegenüber und winkte Arndt, der bis dahin mit den Händen in den Taschen seiner Jeans hinter ihr gestanden hatte, neben sich. „Laßt uns drauf anstoßen!" Sie machte sich daran, die Flasche zu öffnen.

Arndt kratzte sich am Ohr. „Soll ich gehen? Ich meine, du hast doch nicht damit gerechnet, daß ich da bin, deswegen..."

Tamara gab ihm einen Klaps auf die Schulter. „Blödsinn! Hol' lieber die Gläser!"

Arndt stand auf und ging zum Küchenschrank. Der Korken schoß mit einem lauten Knall aus der Flasche und prallte gegen die Decke, bevor er dicht neben Nan zu Boden fiel.

Tamara betrachtete Nan. Ihre blauen Augen waren zu kleinen Schlitzen zusammengekniffen. Nach einem Moment streckte sie auffordernd eine Hand über den Tisch. Nan sah verdutzt darauf hinunter, blickte zögernd zu Tamara auf, die sie immer noch forschend beobachtete, dann legte sie ihre eigene Hand in Tamaras. Sanft und doch fest umfaßte Tamara Nans Finger mit beiden Händen und drückte sie leicht. Nan schaute auf. Tamara lächelte jetzt, belustigt, aber auch ein wenig verlegen. Erst als Arndt mit den Gläsern an den Tisch kam, lösten sie ihre Hände voneinander. „Stör' ich nicht vielleicht doch?" Unschlüssig blieb Arndt stehen. Tamara richtete sich auf und lachte. „Nein", sagte sie, den Blick auf Nan gerichtet. „Ganz und gar nicht."

Nan griff nach der Sektflasche und schenkte ein. Mit halben Ohr hörte sie zu, wie Tamara von ihrem Vertrag erzählte, aber insgeheim dachte sie nach.

Sie wußte immer noch nicht genau, ob Tamara ihre Annäherungsversuche ernst meinte, ob es sich überhaupt um Annäherungsversuche handelte. Sie war ihr fremd und nah zugleich; fremd, weil sie aus einer unbekannten Welt kam und sehr exotisch wirkte – sie besaß eine ungestüme Vitalität und einen Charme, dem jeder in Minutenschnelle erlag, selbst der reservierte Arndt taute in Tamaras Gegenwart binnen Sekunden auf –; und nah, weil sie mit einer unglaublichen Geschwindigkeit Nans Stimmungen sondierte und darauf reagierte. Tamara wußte oft, wie Nan sich gerade fühlte, noch bevor Nan selbst ihren Zustand registriert hatte – „Wird's dir zuviel?" Und tatsächlich war Nan dann gerade irgendetwas zuviel.

Obwohl sie sich mittlerweile schon fast ein halbes Jahr kannten, war Tamara für Nan immer noch undurchschaubar, ganz im Gegensatz zu ihrer geradlinigen Direktheit. Oder vielleicht gerade deswegen. Nan zuckte instinktiv die Achseln. Sie spürte Tamaras Blick.

„Du hast nicht zugehört", stellte Tamara fest.

Nan sah von Arndt, der sie gespannt beobachtete, zu Tamara.

„Nein – äh, doch. Nur halb. 'Tschuldigung."

Tamara schüttelte den Kopf. Ihre Verlegenheit war wie weggeblasen. Jetzt blitzte unverhohlener Schalk in ihren Augen. „Hast du wenigstens an mich gedacht?"

„Tamara, du bist unmöglich", sagte Arndt belustigt.

Tamara zog in gespielter Arroganz die Mundwinkel herunter. Ihre hohen Wangenknochen schimmerten im Sonnenlicht, das durch das Küchenfenster einfiel. „Isch sprräschen immer nurr die Wahrrheit."

Arndt prustete in sein Glas. Nan sah zu ihm hin. Er schien schon leicht angeschickert zu sein. Tamara langte über den Tisch und zog sie am Haar. „Trink, Schwesterchen, trink!"

Nan hob ihr Glas an die Lippen und trank.

„Siehst du", sagte Tamara triumphierend, „du kannst mir einfach nicht widerstehen!" Arndt kicherte. Nan mußte lachen.

„Eigentlich", sagte Tamara einen Moment später, „wollte ich dich fragen, ob du mit mir zum Stoffgroßhandel fährst, Nan."

„Dann frag doch."

Tamara lächelte, unberührt. „Nan, möchtest du vielleicht mit mir zum Stoffgroßhandel fahren?"

Nan schämte sich sofort ein bißchen. „Gerne."

„Na", sagte Tamara und hob eine Augenbraue, „das ist ja wirklich ganz furchtbar lieb von dir." Dann grinste sie versöhnlich. Arndt kicherte.

Nan mußte ebenfalls grinsen. Sie sah Tamara in die Augen. Schöne Augen, grün und tief.

Arndt ging als letzter die Treppen hinunter, in der rechten Hand seinen großen Seesack mit den frischgebügelten Hemden darin, die jetzt sicherlich gerade wieder fröhlich zerknitterten. An der Tür küßte er Nan und Tamara auf die Wange.

„Sehen wir uns die Tage im „Kühlschrank"?"

Nan nickte. „Bestimmt."

Er sah zu Tamara. Sie zuckte die Achseln und warf ihm eine Kußhand zu. „Tschüß, du Süßer."

Arndt lächelte geschmeichelt und ging. Nan sah ihm nach. Je weiter er sich entfernte, desto kräftiger wirkte er, bis er schließlich aussah wie ein Mann in der Menge und nicht mehr wie der Junge, den sie kannte.

Tamara ging voraus zum Auto. Nan hob die Augen und sah in den Himmel, der sich langsam verdunkelte. Im Wagen legte sie den Kopf auf die Nackenstütze. Tamara trat die Kupplung durch und fuhr los. Nan sah durch das Seitenfenster weiter in den Himmel. Es dämmert, dachte sie.

Kapitel 2

VII

Zwei schwere Plastiktüten voller Lebensmittel in der linken Hand, ging Wally langsam die Oranienstraße hoch in Richtung Görlitzer Bahnhof. Der ganze Arm schmerzte schon bis hinauf in die Schulter, aber sie biß die Zähne zusammen und ging weiter, wobei sie im Stillen ihre Schritte zählte. Kurz vor der Kreuzung hatte sie ihr selbstgestecktes Ziel erreicht, sie setzte die Taschen ab, schüttelte den linken Arm aus und machte sich dann an die nächsten hundert Schritte, die Plastiktüten diesmal in der rechten Hand. Wally trug Einkaufstüten grundsätzlich nie auf beide Hände verteilt. Mit je einer schweren Tüte in jeder Hand kam sie sich immer unerträglich schwerfällig vor. Genauso, dachte sie, müssen sich schwangere Frauen fühlen. Lieber handelte sie sich schmerzende Arme ein, als daß sie einen plumpen Anblick bot.

Am Ende der Straße konnte sie den Himmel sehen. Dicht über den Häusern schien eine graubraune Dunstglocke zu hängen. Wally legte den Kopf in den Nacken und sah nach oben. Direkt über ihr leuchtete der Himmel in einem strahlenden Blau. Von der Dunstglocke war nichts zu sehen, obwohl sie da sein mußte. Bei der Vorstellung, unter einer unsichtbaren Wolke aus Abgasen und schlechter Luft zu gehen und zu atmen, war ihr unbehaglich zumute. Sie merkte, daß sie vergessen hatte, ihre Schritte zu zählen. Zur Strafe fing sie noch einmal von vorne an.

Eines von Wallys Übeln war, wie sie sehr wohl wußte, ein nicht unerheblicher Mangel an Selbstdisziplin. Sie neigte zur Faulheit, auch wenn sie es vor anderen nie zugegeben hätte. Sie fand, daß es notwendig war, sein Leben so angenehm wie nur möglich zu gestalten, und zwar, indem man in sein Innerstes horchte und sein Handeln dem Echo anpaßte. Was Wally meist aus ihrem Innersten heraushörte, war der Wunsch nach Frieden, Harmonie und einem geruhsamen Voranschreiten ohne Hast und Eile. Dies war ihr ureigenes, angemessenes Tempo. Wenn die Hauptsache im

Leben war – und für Wally war es das –, möglichst glücklich zu sein, dann war es nur logisch, daß sie vieles langsam tat und manches eben auch gar nicht. Sie wußte, daß sie anderen Menschen mit ihrer Art oft auf die Nerven ging, aber der Grund dafür ging ihr nicht ein: Wenn Wally sich nicht an der Hektik um sie herum störte, warum störten sich andere dann an ihrer Ruhe? Nan sagte manchmal, Wally würde sie entfernt an ein Walroß erinnern, nicht wegen ihrer äußerlichen, sondern wegen ihrer inneren Schwerfälligkeit. Sie hatte Wally vorgeschlagen, ab und an in der Mitfahrzentrale auszuhelfen, aber Wally wollte nicht. Ständig mit fremden Leuten telefonieren, Termine koordinieren und Fahrtkosten ausrechnen und so... nein, nein. Viel zu hektisch. Auch die Aussicht, mit ihrer besten Freundin zusammenzuarbeiten, konnte sie da nicht locken. Wally wollte lieber ihre Ruhe.

Die Tüten rissen an ihren Fingern, aber sie biß die Zähne zusammen. In letzter Zeit war es mit ihrer Ruhe allerdings nicht weit her. Diese ewigen Streitereien mit Anja – erst vorhin wieder, bevor sie einkaufen gegangen war. Und immer ging es um das gleiche. Hoffentlich hatte Anja sich inzwischen ein wenig beruhigt. Wally merkte, daß sie erneut vergessen hatte, ihre Schritte zu zählen, aber jetzt war es ihr egal. Vielleicht geht es einfach zu Ende mit uns, dachte sie, während sie in die Manteuffelstraße einbog. Ihr Magen zog sich schmerzhaft zusammen. Es geht nicht zu Ende, widersprach sie sich selbst. Es geht nicht zu Ende. Wir können es retten. Ich kann es retten. Ich muß etwas tun. Aber, verdammt nochmal, was?

Ihr Herz klopfte laut, als sie die Wohnung betrat. Das Grau der Wände im Flur wirkte kühl und abweisend auf sie. Sie ging in die Küche. Auch hier sah alles anders aus als sonst. Der gemachte Abwasch stand auf dem Abtropfbrett in der Spüle, von einem Glas glitt ein Rest Schaum herunter und fiel geräuschlos ins Becken. Anja hatte gründlich aufgeräumt. Wally schauderte. Es war, als ob sie ihre Spuren beseitigt hätte. Als ob sie schon fort sei.

Sie räumte die Einkäufe aus und lauschte dabei nach dem hinteren Teil der Wohnung. Von irgendwoher kamen leise Geräusche: das Quietschen einer Schranktür, Schritte, das Rascheln von Stoff. Wally richtete sich auf und streckte sich. So ist das, wenn jemand aus deinem Leben geht, dachte sie nüchtern. Jemand packt seine Koffer und geht, und ein voller Kühlschrank bleibt übrig.

Langsam schlenderte Wally durch den langen Flur. An jedem Raum, an dem sie vorbei kam, blieb sie kurz in der offenen Tür stehen und sah hinein. Es sah tatsächlich alles anders aus, und jetzt wußte sie auch, warum: Anja hatte begonnen, ihre Sachen auszuräumen. Im Bad fehlte eine Reihe Kosmetika, im Wohnzimmer war das Bücherregal halb leergeräumt, und die wie ein Storch geschwungene Lampe, die Wally Anja auf einer Reise nach Spanien geschenkt hatte, war verschwunden. Die vorletzte Tür war die zum Schlafzimmer. Wally lehnte sich gegen den Türrahmen.

Anja hockte mit dem Rücken zur Tür vor dem Schrank inmitten eines Stapels Kleiderstücke und faltete ihre Sweatshirts zusammen. Um sie herum standen drei verschieden große Kartons und ein offener Koffer. Auf dem Bett lagen Anjas Jacken und ihr Wintermantel. Wally stand reglos und vermochte kaum zu atmen. Es war ein Anblick, den sie erwartet hatte, aber auch das Wissen darum hatte sie nicht vor dem Schmerz zu bewahren vermocht. Jetzt, in diesem Moment, wird in mir eine Wunde gerissen, und ich weiß nicht, ob sie je wieder heilen kann, dachte Wally und wunderte sich gleichzeitig über die scharfgestochene Klarheit, mit der ihr dieser Gedanke durch den Kopf fuhr. Anja packt, und ich stehe daneben und sehe zu.

„Hallo“, sagte sie fest.

„Hallo.“ Alles hatte Wally erwartet, nur nicht diesen munteren, fast heiteren Ton. Sie hätte gern Anjas Gesicht gesehen, aber Anja drehte sich nicht um. Wally ging einen Schritt in das Zimmer hinein und blieb stehen.

„Wieso packst du denn jetzt schon?“

„Ich packe jetzt, weil ich mich entschieden habe, morgen zu fahren und nicht erst nächste Woche.“ Es klang tatsächlich heiter.

Wally schob den Wintermantel zur Seite und setzte sich auf das Bett. Die Sprungfedern in der Matratze quietschten leise. Anja hob den Kopf und sah Wally direkt in die Augen. Ihr Blick war klar und gerade, nichts in ihrem Gesicht deutete auf die Tränen hin, die ihr heute morgen noch über die Wangen gelaufen waren. Sie sieht aus, als ob sie sich richtig wohlfühlt, dachte Wally. Kann das sein? Oder kann es sein, daß ich nach fünf Jahren innerhalb eines Tages verlernt habe, hinter ihre Fassade zu sehen?

Sie wußte nicht, was sie sagen sollte. Anja war es, die das Schweigen brach. „Ich habe für morgen früh um neun den Umzugswagen bestellt. Die Umbuchung ist zum Glück ohne Probleme gelaufen."

Zum Glück? dachte Wally. Wieso zum Glück?

„Es hat ja keinen Sinn, wenn ich noch eine Woche hierbleibe. Es gäbe nur eine einzige Quälerei, und das wollen wir uns doch beide nicht antun. Ich denke"- Anja stand auf und hockte sich dann neben Wally hin – „es ist besser so. Es hat ja doch keinen Zweck, und ich will nicht, daß wir am Ende noch alles kaputtmachen."

Sie legte ihre Hand auf Wallys Oberschenkel und sah sie an. Sie lächelte leicht, fast entschuldigend, aber in dem deutlichen Versuch, Wally aufzumuntern. Wally war sprachlos. Sag doch was, forderte sie sich im Innern auf, sag endlich was, halt sie zurück, versuch, nochmal mit ihr über alles zu reden... Sie brachte nichts über die Lippen. In ihrem Kopf hämmerten widerstreitende Gedanken, Empfindungen und Erinnerungen aufeinander ein, aber hinter allem lag ein Gefühl der Lähmung.

Anja verstärkte den Druck auf Wallys Oberschenkel und hob eine Augenbraue. „Hm?" machte sie auffordernd. Wally betrachtete Anjas Gesicht, ihr Blick blieb an der Nase hängen. Diese Nase hab ich so oft geküßt, dachte sie.

Anja seufzte und setzte sich neben Wally aufs Bett. „Wally, versteh' mich doch. Wenn du nicht mitwillst" – sie zuckte die Achseln und stieß hörbar die Luft aus – „dann muß ich eben alleine gehen. Und dann gehe ich lieber sofort. Ich kann diese Galgenfrist einfach nicht ertragen. Ich kann mich nicht mehr mit dir herumstreiten." Sie blickte Wally zögernd an. Wally schwieg immer noch. Ihr Kopf war leer.

„Wally, komm doch." Anja sah sie immer noch mit einer hochgezogenen Augenbraue an. Wallys Blick blieb erneut an Anjas Nase hängen. Mit einemmal durchfuhr sie die Erkenntnis, daß der Grund, warum sie nichts zu sagen vermochte, ganz einfach der war, daß es nichts zu sagen gab. Es war vorbei. Es gab nichts mehr, worum sie kämpfen konnte. Unmerklich, ohne daß sie es bemerkt hatte, war der Zeitpunkt verstrichen, an dem sie beide noch etwas hätten verändern können. Die plötzliche Erkenntnis traf Wally mit solcher Heftigkeit, daß sie Anjas Hand abschüttelte und aufstand. Sie sah auf Anja herunter. Anja blickte einen kurzen Moment verunsichert zu ihr auf, dann gewann sie ihre Haltung wieder.

„Es ist doch am besten, wenn wir uns so schnell wie möglich daran gewöhnen. Findest du nicht auch?"

Nein, finde ich nicht. Ich will mich nicht daran gewöhnen, dachte Wally, und gleichzeitig nickte sie langsam.

Anja faltete die Hände in ihrem Schoß und blickte zu Boden.

Wally ging aus dem Zimmer. Die nächste Tür war die zum Arbeitszimmer. Sie setzte sich in den Drehstuhl vor Anjas Schreibtisch und schwenkte ihn herum. Nüchtern betrachtete sie die Einrichtung. Die Arbeitsplatte mit den Werkzeugen und Materialien zur Schmuckverarbeitung an der Wand, das Regal mit Anjas Fachbüchern.

Anja trat in den Türrahmen. „Was machst du?"

„Nichts." Wally wunderte sich, wie ruhig ihre eigene Stimme klang.

„Soll ich dich alleine lassen?"

Wally zögerte und schwang den Stuhl ganz herum, damit sie Anja ansehen konnte. Ihr ist das alles wurscht, dachte sie und wußte gleichzeitig, daß das nicht stimmte. Der Nerv in Anjas Wange, der immer bei starker seelischer Belastung unkontrolliert zu zucken begann, war kräftig in Bewegung. Wally sah eine ganze Weile hin, solange, bis Anja gequält zu lächeln anfing.

„Wollen wir nachher vielleicht essen gehen, wenn ich fertig gepackt habe?"

Wally nickte. Natürlich, wir gehen essen. Macht man das so, wenn man sich trennt? Laß es dir schmecken, auf unsere Trennung?

„Na gut, dann packe ich weiter." Anja verschränkte die Arme ineinander, um sie gleich darauf wieder fallen zu lassen. „Okay?" Der Nerv in ihrer Wange hatte sich beruhigt.

Wortlos schwenkte Wally den Sessel wieder herum. Sie hörte, wie Anja hinter ihr noch einen Moment im Türrahmen stehenblieb, bevor sie wieder ins Schlafzimmer ging.

Wally fühlte, wie Tränen der Ohnmacht in ihrer Kehle hochstiegen. Sie schluckte und zwang sie zurück. Scheißdreck, dachte sie. Ihr Blick fiel auf den kleinen Metallschrank in der Ecke, den sie selbst gebaut hatte. Durch die Glasscheibe konnte sie die ihre uralte Reiseschreibmaschine erkennen, die sie dort neben anderem Gerät aufbewahrte. Darauf, dachte sie, konnte sie Anja dann ja ein paar Briefe schreiben: Hallo, wie geht es dir? Wie ist das Wetter in Bombay?

Eine Woge heißer Wut stieg in Wally hoch. Ohne nachzudenken, stand sie auf und war mit ein paar Schritten in der Ecke. „Ich schreib' dir keine Briefe“, sagte sie laut und trat mit voller Wucht zu.

Der junge, blonde Notfallarzt zog an der schweren Metalltür und hielt sie für Wally auf.

„Die Krücken benutzen Sie am besten einige Tage, und dann versuchen Sie es mal vorsichtig mit dem Gehgips. In zwei Tagen melden Sie sich ja ohnehin bei Ihrem Hausarzt, der wird Ihnen dann weiteres sagen.“ Er lächelte und wartete, bis Wally sich mitsamt den Krücken durch die Tür bugsiert hatte. „Auf Wiedersehen und gute Besserung.“

„Danke.“

Hinter der durchsichtigen Verbindungstür lag die Wartehalle der Erste-Hilfe-Station. Die orangefarbenen Plastiksitze waren fast bis auf den letzten Platz besetzt. Ein Teenager in einer College-Jacke trug einen blutigen Verband um die Hand, ein älterer Mann mit Halbglatze hielt seinen Bauch mit beiden Händen und beugte sich leicht schwankend vor und zurück, während die verstört aussehende Frau neben ihm aufgeregt auf ihn einredete. Andere Leute saßen schweigend und mit ausdruckslosen Mienen auf ihren Plätzen.

Mühsam humpelte sie auf die Glastür zu. Anja saß mit dem Rücken zu ihr, Wally konnte nur ihren Hinterkopf über der Plastikrückenlehne des Sitzes sehen. Plötzlich hoffte sie, Anja wäre eingeschlafen und sie, Wally, könnte unbemerkt an ihr vorbei zum Ausgang und hinaus gehen.

Die Vorstellung wurde im nächsten Moment zunichte gemacht – aber der Wunsch, Anja aus den Augen zu gehen, blieb irgendwo in Wally haften und setzte sich fest –, denn Anja blickte über die Schulter nach hinten und entdeckte Wally hinter der Tür. Der ärgerliche Ausdruck in ihrem Gesicht wich einem erleichterten und zugleich besorgten. Sie kam eilig auf Wally zu, öffnete ihr die Tür und sah hinunter auf das leuchtend weiße Gipsbein.

„Oh Gott. Und?"

„Bänderriß. Sechs Wochen Gips", sagte Wally. Sie war immer noch wie betäubt, obwohl sie eigentlich keinen Schmerz verspürte. Die ganze Aufregung um ihren verletzten Fuß hatte sie kalt gelassen. Anja dagegen war fast hysterisch geworden. Nach dem lauten Knall, mit dem die Glasscheibe des Schrankes zersplittert war, und dem darauffolgenden Krach, den der umfallende Schrank verursachte, war Anja käsebleich ins Zimmer gelaufen gekommen. Die nächsten zehn Minuten hatte Wally teilnahmslos zugesehen, wie Anja sich abmühte, den Schrank von Wallys verdrehtem Bein zu heben und ihren Fuß aus der zertrümmerten Schreibmaschine, in der er sich verfangen hatte, zu befreien. Nachdem es ihr endlich gelungen war, entdeckte Wally, daß sie den Fuß nicht belasten konnte, ohne vor Schmerz aufzuschreien. Daraufhin entspann sich ein wütendes Wortgefecht, in dessen Verlauf Wally sich standhaft weigerte, ins Krankenhaus zu fahren. Es war der pure Trotz, das wußte sie, aber dennoch wollte sie um keinen Preis irgendetwas von dem tun, was Anja vorschlug. Am Ende gab sie nach, aber weniger aus Vernunftgründen, sondern weil sie das Geschrei einfach nicht mehr ertragen konnte.

Anja lief vor Wally her und hielt ihr die Türen auf. Wally ärgerte sich über das behutsame Getue. Einen Dolch ins Herz stoßen, das kann sie ohne Zögern, aber um meinen blöden Fuß macht sie ein verdammtes Theater, dachte Wally, während sie ihr, ungeschickt auf den beiden Krücken balancierend, nach draußen folgte. Direkt vor dem Eingang standen mehrere Taxis bereit. Anja half Wally in das erste hinein, setzte sich zu ihr und gab dem Fahrer die Adresse. Der Wagen fuhr an. Wally sah schweigend aus dem Fenster und betrachtete die Passanten.

Anja legte die Hand auf Wallys Knie.
„Wally."
Wally sah weiter aus dem Fenster.
„Wally, guck' mich doch mal an."
Wally drehte sich langsam zu ihr um. Anja sah unglücklich aus. Worüber macht sie sich Sorgen? dachte Wally. Um meinen Fuß?
„Ich bleib doch noch die Woche da, in Ordnung?"
Wally wandte den Kopf ab und blickte wieder aus dem Fenster. „Nein. Du hast doch schließlich den Umzugswagen umgebucht."
Sie sah zur gegenüberliegenden Straßenseite. Eine junge Frau rannte den Gehweg entlang, einen Kinderwagen vor sich herschiebend.

VIII

„Also, dieser Uwe ist echt wahnsinnig sexy. Und so behaart..." Bernie verdrehte schwärmerisch die Augen zum Himmel. Arndt verdrehte die Augen ebenfalls, wenn auch nicht gerade schwärmerisch. Wann immer er Bernie traf, hatte der soeben einen neuen, faszinierenden Typen kennengelernt. Mit Sicherheit unterschied sich der Neue, Uwe, im großen und ganzen nicht besonders von seinem Vorgänger und auch nicht von seinem Nachfolger. Wenn man Bernies Erzählungen Glauben schenkte, war die Welt voll von schlanken, großen, behaarten Sportsmännern – man brauchte nur zuzugreifen. Arndt schlang die Arme um sich, um die spätwinterliche Kälte zu vertreiben. Für Bernie mochte die Welt so aussehen, für ihn, Arndt, jedenfalls nicht. Leider nicht.

Mit langen Schritten gingen sie nebeneinander die Mommsenstraße entlang. Ihr Ziel war ein griechisches Restaurant in einer Seitenstraße des Kudamms, eine gute Viertelstunde Fußweg entfernt. Bernie plapperte unaufhörlich. Arndt versenkte das Kinn im Fellkragen seiner Jacke und musterte seinen Freund, der sich, einen halben Kopf kleiner, bemühen mußte, mit ihm Schritt zu halten. Bernds blondgefärbte Haare waren streng nach hinten gekämmt, seine Wangen gerötet, und seine Augen glänzten. Eine

Haarsträhne hatte sich gelöst, die Spitze fiel genau auf das pfenniggroße, herzförmige Muttermal auf Bernies Wange. Ob er das fühlt? fragte sich Arndt. Er selbst hatte so gut wie gar kein Muttermal, und aus irgendeinem Grund war er der Überzeugung, daß die Haut eines Muttermals taub sei.

„... und dann hab' ich zu ihm gesagt, klar, gerne. Hörst du zu?"

„Ja doch. „Klar, gerne." Und dann?"

Bernie warf ihm eine mißtrauischen Blick zu. Dann fuhr er mit seinem Redeschwall fort. Arndt ballte die Hände in seinen Taschen zu Fäusten und atmete tief ein. Mitte März, und vom Frühling keine Spur. Es roch nach Abgasen, vermischt mit etwas Unidentifizierbarem. Der Geruch der Großstadt. Arndt sog noch einmal tief die Luft ein. War es nicht doch schon ein klein wenig milder geworden?

Mit der rechten Faust hielt Arndt einen kleinen Stein umfangen. Er tastete über die grobkörnige Oberfläche. Welcher war es? Der Diabas? Oder der Syenit? Arndt entschied sich für den Syenit. Der grau-rosa gefärbte Stein stand ihm deutlich vor Augen. Mit den Fingerspitzen vermeinte er, die verschiedenen Farben anhand der Oberflächenstruktur unterscheiden zu können, obwohl er wußte, daß es unmöglich war. Dennoch bildete er es sich ein. Er stellte sich gerne vor, Dinge zu ertasten, die nur mit dem Auge zu unterscheiden waren: Farben, Muster...

In allen seine Taschen trug er ein kleines Stück Stein mit sich herum. Er liebte es, zu raten, um welche Steinart es sich handelte, und meistens tippte er richtig. Die größeren Stücke lagen zuhause, überall in seiner kleinen Wohnung verteilt. Er konnte sich stundenlang damit beschäftigen, sie zu befühlen, anzusehen, sich die Orte auszumalen, von denen sie stammten: tiefe, dunkle, totenstille Geröllschichten in fremden Ländern, Millionen Jahre alt. Steine überdauerten. All der Sand an Stränden, in Spielkästen, alles war einmal Stein gewesen. Jeder Stein, auch der größte, wurde irgendwann einmal zu Sand gemahlen, zerschmettert, fortgeschwemmt. Stein wurde zu Sand, Sand zu Staub, aber er ließ sich nicht *vernichten.* Die Vorstellung beruhigte Arndt. Ihm wurde langsam warm. Er ließ den Stein los und knöpfte seine Jacke auf.

„Jedenfalls, in den könnte ich mich echt verknallen." Bernd sah zu Arndt auf. Sie saßen in einer Nische ganz hinten, unmittelbar neben dem Durchgang, der zu den Toiletten führte, notgedrungen, denn fast alle anderen Tische waren besetzt. Arndt machte es nichts aus, aber Bernie war unzufrieden. Er konnte die anderen Gäste nicht beobachten, und vor allem konnten sie ihn nicht sehen.

„Und er?" fragte Arndt vorsichtig tastend, in der Hoffnung, die Erwähnung etwaiger Liebesschwüre Uwes nicht soeben verpaßt zu haben.

Bernie grinste. „Er auch. Will ich hoffen. Weißt du jetzt endlich, was du nimmst?" Er klappte seine Speisekarte zu, zündete sich eine Zigarette an und lehnte sich in seinem Stuhl zurück. Arndt wedelte den Rauch zur Seite.

„Sorry", sagte Bernie und hielt die Zigarette weg, „ich vergesse immer wieder, daß du ja nicht rauchst."

Arndt zuckte die Achseln. „Ich nehme Moussaka." Er klappte ebenfalls seine Speisekarte zu.

Bernie musterte ihn. „Arndt, ernsthaft, du solltest dir endlich mal einen flotten Typen suchen. Wenn auch nur für eine Nacht." Er grinste, und Arndt wurde rot. Es war sein empfindlicher Punkt, und Bernie wußte das nur zu genau.

„Das ist nichts für mich", sagte Arndt ausweichend. „Wenn, dann hätte ich gerne jemanden zum Lieben."

„Jaja", Bernie rutschte auf seinem Stuhl umher, „du möchtest ja immer gleich heiraten. Amüsier' dich doch lieber mal ein bißchen, es gibt so viele schöne Männer. Heiraten kannst du immer noch."

Der Kellner, eine hagere Gestalt, dessen Schnäuzer wie eine natürliche Verlängerung der mürrisch herabgezogenen Mundwinkel wirkte, kam und nahm die Bestellung auf. Bernie warf ihm ein kokettes Lächeln zu, und der Kellner lächelte erfreut zurück, bevor er den Tisch verließ.

Mißmutig betrachtete Arndt das zurechtgelegte Besteck. Alle hatten leicht reden. Schäkerten herum, hatten Spaß, nur er nicht. Er wurde ärgerlich, auf Bernie, auf sich selbst, auf die ganze Welt. Mit einem Mal fand er das ganze Leben ungerecht. Und er selber hockte mittendrin, bemitleidete sich selbst und jammerte. Grauenhaft. Grantig nahm er das Messer zwischen die Finger und spielte damit, bis es ihm mit einem leisen Klirren auf den Fußboden fiel. Er bückte sich, aber sein Arm war nicht lang genug. Das Messer lag ganz auf der anderen Seite des Tisches, genau zu Bernies Füßen. Seufzend zog Arndt seinen Stuhl zurück und beugte sich hinunter.

Bernie war schneller. Sie sahen sich unter dem Tisch hindurch an.

„Erster", sagte Bernie.

„Ich glaube, mir geht das Nichtstun auf die Nerven", murmelte Arndt und haßte den frustrierten Klang seiner eigenen Stimme.

Sie setzten sich wieder aufrecht hin.

„Auch Arnie, mach' dir einen schönen Sommer, genieß endlich mal das Leben, und im Herbst fängst du dann mit dem Architekturstudium an. Das wolltest du doch, oder?" Bernie reichte ihm das Messer und lehnte sich behaglich zurück.

„Ja, wahrscheinlich." Arndt putzte griesgrämig die Klinge ab. Weder war Architekt sein Traumberuf, noch half ihm die Aussicht auf ein Studium im Oktober jetzt. Jetzt fühlte er sich schlecht, jetzt. Und außerdem würde er bestimmt sowieso keinen Studienplatz kriegen. Er seufzte tief. Sein Magen knurrte.

Bernie verschränkte die Arme hinter dem Kopf. „Gehen wir nachher noch in den „Kühlschrank"?"

Arndt sah langsam auf, und in Bernies Augen schien sich sein eigener, entsetzlich muffeliger Gesichtsausdruck zu spiegeln. Arndt fuhr sich mit der Hand über den Schopf und bemühte sich, seine Gesichtsmuskeln zu entspannen. Aus den Augenwinkeln sah er den Kellner, der sich mit zwei riesigen, dampfenden Tellern in den Händen und einem Lächeln auf den Lippen ihrem Tisch näherte.

„Ja, warum nicht", sagte Arndt und grinste schief.

IX

HB 2. Es mußte hier irgendwo sein. Nan ging um das Regal herum und sah nach den Signaturen auf der Rückseite. HB 4a – Europäische Filmgeschichte. Sie seufzte und trat einen Schritt zurück.

Zu beiden Seiten des Regals standen riesige Karteikästen mit kleinen schwarzen Aufklebern auf der Vorderseite einer jeden Schublade. Nan ging zum linken Kasten und beugte sich herunter. Systematischer Katalog bis 1895. Allmählich hatte sie den Eindruck, daß sie sich in einem Irrgarten befand. Sie nahm ihre durchsichtige Plastiktüte fester unter den Arm und machte sich auf in Richtung Ausleihe.

Nan konnte schon nicht mehr zählen, wie oft sie schon hier gewesen war, und trotzdem verlief sie sich immer wieder aufs neue. Während sie mit durch den dunklen Teppichboden gedämpften Schritten die Treppen hochging, sah sie sich die anderen Bibliotheksbenutzer an. Alle trugen ernste, konzentrierte Gesichter zur Schau und Mappen oder Hefter – wahlweise lose oder in durchsichtigen Plastiktüten verstaut – unterm Arm. Niemand außer ihr selbst blickte suchend oder desorientiert um sich.

Nan sah einen jungen Mann mit braunen, halblangen Haaren und eng zusammenstehenden Augen über einer großen Nase. Er kam auf sie zu und starrte die ganze Zeit auf etwas, das sich unmittelbar links hinter Nan befinden mußte. Ohne die Augen davon zu lösen, ging er an ihr vorbei. Sie drehte sich um. Er lief wie von Schnüren gezogen auf eine Bücherwand zu. Noch bevor er dort angelangt war, streckte er eine Hand aus, griff im nächsten Moment sicher ein Buch heraus, klemmte es nach einem kurzen Blick auf die Signatur unter den Arm und ging weiter zu einem der vielen Schreibtische, die überall im Saal verteilt standen.

Nan kniff die Lippen zusammen. Alle außer ihr selbst schienen ganz genau zu wissen, wonach sie suchten, wo sie es finden würden und was sie damit wollten. Leicht frustriert trottete sie weiter zur Ausleihe. Wie sollte sie je ihre Doktorarbeit schaffen, wenn sie sich noch nicht einmal in der Staatsbibliothek zurechtfand?

Bei ihrer Magisterarbeit hatte sie solche Probleme nicht gehabt, aber nicht etwa, weil sie zu der Zeit – es lag erst ein knappes Jahr zurück – cleverer gewesen war, sondern weil sie sich ein Thema ausgesucht hatte, wozu sie relativ wenig Literatur benötigte. Jetzt lag der Fall anders.

Damals habe ich aber auch gedacht, daß ich das nie im Leben schaffe, versuchte sie sich zu trösten. Sofort bezog die intellektuelle Widersacherin in ihr Stellung: Aber jetzt ist es viel schwieriger, das geht nicht mehr so nebenbei.

Die Magisterarbeit habe ich auch nicht nebenbei gemacht! wehrte sie sich.

Doch, konterte die innere Stimme hämisch, und außerdem, für das, was du jetzt vorhast, bist du weder schlau noch gebildet genug, noch hast du überhaupt eine überzeugende Motivation!

Nan verzog den Mund. In der Tat war dieser letzte Aspekt problematisch. Ihre Doktorarbeit war eine Notlösung, ein Zeitaufschub, weil sie nicht genau wußte, was sie im Grunde wollte. Eigentlich schwebte ihr ein selbständiger, spannender Beruf vor, vielleicht in einem Verlag, der sich mit der Herausgabe von philosophischen Buchreihen befaßte. Sie könnte ja auch Volkshochschulkurse geben – „Heute spricht Frau Doktor Schwartzkopff zum Thema: Welche philosophischen Ratschläge soll ich meinem Kind fürs Leben mitgeben?“ Haha.

Rechts neben dem Ausleihschalter hing der Lageplan an der Wand. Nan betrachtete das wirre Durcheinander aus Linien und Rechtecken. Nach einigem Suchen entdeckte sie HB 2. Es mußte das Regal sein, aus dem der junge Mann so treffsicher sein Buch gezogen hatte. Hoffentlich war es wenigstens nicht jenes gewesen, das Nan brauchte.

Eine Weile später saß sie in der Cafeteria, vor sich eine Tasse dünnen Kaffees, und blätterte unkonzentriert in dem dicken Band, den sie endlich gefunden hatte. Schon beim ersten Durchsehen wurde ihr klar, daß sie es für ihre Arbeit nicht verwenden konnte. Zu allgemein. In allen diesen Nachschlagewerken über die Geschichte der französischen Philosophie stand mehr oder weniger dasselbe, nur in verschiedenen Worten. Sie legte es weg und widmete sich ihrem Kaffee.

Kurz darauf ließ sich ein flüchtiger Bekannter aus Studientagen neben ihr auf die gepolsterte Bank fallen.

„Hallo. Na, wieder fleißig?“

Er hatte rote, kurzgeschnittene Haare, im Nacken ein wenig länger, und einen breiten Mund. Nan lächelte ihm zu und versuchte, sich an seinen Namen zu erinnern. Er fiel ihr nicht ein.

Er kramte in seiner Tüte und holte eine Packung Camel heraus. Mit einem fragenden Nicken hielt er Nan die Packung hin. Sie lehnte ab. Er steckte sich eine Zigarette in den Mund und begann, erneut in seiner Tüte zu wühlen. Nan nahm ihr Feuerzeug aus der Innentasche ihrer Jacke und reichte es ihm. Er zündete seine Zigarette an, sog den Rauch tief ein und atmete ihn durch Mund und Nase wieder aus. Nan sah weg. Sie fand es abstoßend, wenn Leute durch die Nase rauchten. Er begann zu plaudern.

„Ich finde nie einen Pult. Immer ist alles besetzt. Ich möchte mal wissen, was die Leute hier alle wollen. Manchmal finde ich“ – er zielte mit der Zigarette auf den Aschenbecher, aber die Asche fiel daneben – „also, ich finde, die sollten die Bibliothek an gewissen Tagen nur für Leute im Examen freigeben.“

„Hm“, machte Nan.

Unbeirrt fuhr er fort. „Ich finde das wirklich nicht in Ord nung. Sieh dir doch mal den Betrieb hier an!“ Er beschrieb mit der Hand einen vagen Kreis, der die gesamte Cafeteria miteinschloß. „Viele von denen sind doch bestimmt überhaupt keine Studenten!“

„Das hier ist eben eine öffentliche Bibliothek. Du solltest vielleicht in die Uni-Bibliothek gehen, wenn dich das stört.“

Er sah Nan mißbilligend an. Zum zweitenmal schnippte er seine Asche neben den Aschenbecher. Nan widerstand dem Drang, sie wegzupusten.

„Die Uni ist einfach überlastet“, sagte er streng, „und wenn der Senat dafür schon kaum Forschungsgelder bereitstellt, soll er wenigstens dafür sorgen, daß die Studenten ihre Forschungen woanders weiterbetreiben können.“

Nan zuckte die Achseln. „Ich finde, die Studenten haben den Zugang zum Wissen nicht gepachtet.“ Sie sah sich um und fragte sich, wen sie da eigentlich verteidigte. Sie hätte schwören können, daß sämtliche Personen, die sich in der verräucherten Cafeteria aufhielten, einen Studentenausweis vorzeigen konnten.

Der Rothaarige schnaufte verächtlich. Er hob einen Arm und wischte sich über die Stirn.

„Du hast ja eine seltsame Art, zu diskutieren“, entgegnete er, offensichtlich beleidigt.
„Ich diskutiere doch gar nicht.“
„Nennst du das etwa keine Diskussion?“
„Nein“, sagte Nan gepreßt.
„Was verstehst du denn unter einer Diskussion?“ Er hustete abgehackt in die geballte Faust und sah Nan auffordernd an. Sie verdrehte die Augen.
„Ach komm, fang bloß nicht damit an. Ich habe wirklich keine Lust, dir einen Vortrag zu halten, was ich unter einer Diskussion verstehe.“ Sie hoffte, daß das ausreichte, um ihn zu vertreiben.
Mit der unsensiblen Dickfelligkeit vieler Intellektueller überhörte er die Attacke und wechselte das Thema. „Bist du dieses Semester auch beim Bogenschneider?“
Nan begann, ihre Sachen zusammenzuräumen. „Nein. Ich gehe nicht mehr zur Uni.“ Sie nahm die leere Tasse und stand auf.
Er sah mit großen Augen zu ihr auf. „Hast du dein Studium abgebrochen?“
Sie zögerte einen Moment. Wann, wenn nicht jetzt, fand sich schon eine Gelegenheit, wo man mit Freuden lügen konnte? Leichthin sagte sie: „Genau!“
Er schüttelte traurig den Kopf. „Das ist aber schade! Du hast doch immer so gute Beiträge geliefert. Und wenn ich an das Referat über Simone Weil denke, das du bei der Rügemann gehalten hast...“
Nan drängelte sich an ihm vorbei. „Ich muß gehen. Tschüß.“
Er lächelte freundlich. „Vielleicht sehen wir uns bald mal wieder. Überleg’ dir das doch nochmal mit dem Abbrechen, ist doch schade drum.“
Sie war schon an der Glastür. Blödmann.

X

Martin stand immer noch vor dem Regal mit dem schwarzen Wollstoff und hielt eine Lage prüfend zwischen Daumen und Zeigefinger. Tamara wartete hinter ihm, von einem Fuß auf den anderen tretend, und sah ungeduldig auf ihre Armbanduhr.

„Martin..."

Er winkte abwehrend mit einer Hand. Tamara seufzte leise, aber hörbar.

„Ich verstehe nicht", sagte Martin, ohne sich umzudrehen, „warum du, ausgerechnet du, kein Interesse hast, dir diese ausgezeichnete Qualitätsware näher anzusehen. Wo schließlich du diejenige bist, die hinterher mit dem Anzug Erfolg einheimsen will."

Tamara seufzte noch einmal, diesmal lauter. „Martin, ich habe etwas vor. Außerdem haben wir den Stoff doch schon längst ausgesucht."

„Aber dieser hier scheint mir fast ein wenig besser zu sein. Fühl' doch mal!" Er trat zur Seite und hielt ihr das Material hin. Tamara strich darüber und beugte sich näher heran.

„Ich sehe da keinen Unterschied!" Sie blickte unwirsch zu Martin auf. Er lächelte hinterlistig. Sie sah sich den Stoff noch einmal genauer an und betrachtete das Etikett. Es war exakt der gleiche Stoff, den sie vor einer halben Stunde, bevor sie zu den Cordstoffen gegangen waren, in ihren Einkaufswagen gelegt hatte.

Mit heruntergezogenen Augenbrauen packte Tamara den Wagen und schob los in Richtung Kasse. Martin kicherte hinter ihr.

„Du bist ein richtig alberner Kerl."

„Ich wollte dich nur auf die Probe stellen. Verzeihst du mir?" Sein Tonfall war der eines kleinen Jungen, der etwas angestellt hat. Tamara beschloß, ihm eine Lektion zu erteilen. Zudem war sie tatsächlich ein wenig sauer, weil sie es wirklich eilig hatte.

„Ich bin der Meinung, daß du dir reichlich viel herausnimmst. Vor allem, wenn man in Betracht zieht, daß ich eine ausgebildete Modedesignerin bin und du nur ein kleiner Assistent."

Hinter ihr blieb es still. Unbewegt schob sie den Wagen zur Kasse, zahlte, wuchtete die schweren Stoffballen auf ihre Schulter und trat hinaus auf den Parkplatz. Martin schlich wie ein geprügelter Hund hinter ihr her. „Soll ich das nicht lieber tragen?“ fragte er eingeschüchtert. Tamara ignorierte ihn. Am Kofferraum fiel ihr dummerweise der Autoschlüssel hinunter. Wegen dem Gewicht der Stoffballen schaffte sie es nur bis halb in die Knie. Martin hob den Schlüssel auf und steckte ihn in das Kofferraumschloß.

Tamara kam nicht mehr hoch. Sie wankte unter der Last. Ungeschickt mit der Schulter gegen den Kofferraum gelehnt, ein Bein in der Hocke, das andere weit zur Seite gestreckt, um sich Halt zu verschaffen, war sie gezwungen, mit beiden Händen den Stoff festzuhalten. Eineinhalb Meter entfernt stand Martin, die Arme zu beiden Seiten herabhängend. Tamara sah ihn nur vom Gürtel an abwärts, weil der Stoff ihr die Sicht versperrte. Sie spürte, wie die Ballen auf ihrer Schulter ins Rutschen gerieten.

„Hilf mir doch endlich!“ krächzte sie wütend. Wie ein Hund, der auf das Zeichen seines Herrchens gewartet hat, sprang Martin ihr sofort bei. Er hielt den Stoff, und sie konnte sich endlich aus der unbequemen Haltung befreien. Sie reckte den Kopf und sperrte ohne ein Wort den Kofferraum auf. Martin wuchtete den Stoff hinein und sah sie scheu von der Seite an.

Tamara hatte sowieso schon Mühe, sich das Grinsen zu verkneifen, und bei seinem Anblick mußte sie einfach lachen. Martin stimmte erleichtert mit ein.

„Haha, hast du blöde ausgesehen!“ gröhlte er fröhlich. Tamara versuchte, eine strenge Miene aufzusetzen, mußte aber nur noch mehr lachen. „Und du erstmal! Wie ein richtig verblödeter Dackel!“

Am Ernst-Reuter-Platz setzte Tamara Martin ab. Er stieg aus, knallte die Tür zu und winkte. Dann, als sie losfuhr, zeigte er eine vollendete Parodie auf ihre unter Stoffballen wankende Gestalt. Tamara mußte wieder kichern. Sie tippte sich an die Stirn und fuhr los.

Im Studio schwitzte nur eine einsame Gestalt unter den Gewichten, als Tamara durch die Tür trat. Die Frau am Empfang kannte sie bereits und grüßte freundlich. Tamara huschte in die Umkleideräume, zog sich um und begann mit den Aufwärmübungen. Bei den letzten Liegestützen trat die Trainerin zu ihr.

„Hallo! Deine wievielte Stunde ist das jetzt? Die zehnte?"

Tamara nickte. Ihr war schon jetzt entsetzlich heiß.

Die Trainerin verschränkte die Arme vor der Brust und wartete, bis Tamara aufgestanden war.

„Das gleiche wie beim letzten Mal. Brauchst du Anleitung oder weißt du Bescheid?"

Tamara wischte sich über die Stirn. „Ich weiß Bescheid. Danke."

„Gut. Wenn du mich brauchst, du weißt ja, wo ich bin. Ich komme nachher mal vorbei. Dann besprechen wir die nächste Stunde."

Tamara nickte und ging zum ersten Übungsgerät. Während sie die Gewichte stemmte – sie hatte doch ein halbes Kilo mehr aufgelegt als letztes Mal –, dachte sie nach. Sie hatte schon immer muskulöser sein wollen. In Moskau war sie einmal in einem Bodybuilding-Studio gewesen, aber die Männer dort hatten sie dermaßen beäugt, daß sie nicht wieder hingegangen war. Die Entdeckung, daß es in Berlin Fitness-Studios gab, in denen ausschließlich Frauen trainierten, war für Tamara eine Offenbarung gewesen. Nun quälte sie sich zwei- bis dreimal wöchentlich, wann immer sie Zeit fand, unter den Gewichten und auf den Streckbänken ab. Ein wenig schämte sie sich dafür. Es war im Grunde auch nicht viel anders, als heimlich Schlankheitspillen zu nehmen.

Tamara setzte das Gewicht ab und sah sich um, während sie zur Streckbank ging. Mittlerweile waren drei weitere Frauen eingetroffen, die in einer Ecke gemeinschaftlich ihre Aufwärmübungen machten. Tamara musterte sie argwöhnisch. Ob alle Frauen, die Bodybuilding machten, lesbisch waren oder dazu neigten? Bodystyling, verbesserte sie sich. Die Überlegung war bestimmt purer Unsinn. Sie jedenfalls trainierte ihren Körper, um sich selbst besser zu gefallen. Den Männern war das doch sowieso egal. Und Nan würde bestimmt auch nicht auf der Stelle mit ihr ins Bett springen, wenn Tamara ihren Oberarm entblößte und dicke Muskelpakete darauf hüpfen ließ.

Trotzdem ließ sie der Gedanke nicht los. Sie überlegte, ob es nicht doch eine Rolle spielte, daß sie gesehen hatte, wie kräftig Nans Unterarme waren. Wenn sie ihre eigenen damit verglich... Sie setzte sich auf, rollte den Ärmel ihres Sweatshirts hoch und begutachtete ihren Bizeps. Schon größer geworden. Als sie den Ärmel wieder herunterrollte, fing sie den amüsierten Blick einer Frau auf, die zwei Geräte weiter trainierte. Tamara wurde rot. Peinlich berührt stand sie auf und eilte zu den Gewichten zurück, obwohl das gegen die Anleitung verstieß.

Bin ich verknallt in Nan oder zieht sie mich einfach nur sexuell an? fragte sie sich, während sie erneut die Gewichte aufnahm. Oder will ich bloß überhaupt mal mit einer Frau schlafen? Der Schweiß lief ihr herunter. Mit Mühe stemmte sie die Stange wieder hoch. Zusammengenommen stimmte alles. Sie hatte Lust, mit einer Frau zu schlafen. Und zwar mit Nan. Tamara keuchte vor Anstrengung. Ihre Arme zitterten unter der Last, aber sie biß energisch die Zähne zusammen. Wenn sie bloß wüßte, wie sie es anstellen sollte! Sie verfluchte ihre mangelnde Erfahrung. Instinktiv wußte sie, daß sie bei einer Frau nicht die gleichen Reize ausspielen durfte wie bei einem Mann. Frauen reagierten anders. Wer wüßte das besser als sie selbst?

Langsam ließ sie die Gewichte wieder herunter und ruhte sich aus. Warum suchte sie sich nicht einfach wieder einen Mann? Da gab es diese Probleme nicht. Sie stand auf und ging zur Umkleidekabine. Für heute war es genug.

Unter der Dusche drehte sie das Wasser so heiß, wie sie es gerade noch ertragen konnte. Ich will aber keinen Mann, ich will Nan, dachte sie. Wenigstens einmal. Sie streckte die Arme über den Kopf und ließ den heißen Wasserstrahl in ihre Achselhöhlen prasseln. Und wenn ich mich in Nan verliebe? Der Gedanke flößte ihr Furcht ein. Sie drehte das heiße Wasser ab und den Kaltwasserhahn voll auf. Eisern biß sie die Zähne zusammen und wappnete sich gegen den Schock. Gänsehaut überlief sie am ganzen Körper. Unwillkürlich stöhnte Tamara auf. Es hörte sich fast an wie beim Liebesspiel. Sie stöhnte noch einmal, versuchsweise. Dann noch einmal lauter und wieder, diesmal mit geöffnetem Mund. Wasser drang ihr in Mund und Nase. Sie verschluckte sich, prustete und mußte lachen. Ich muß mir unbedingt etwas einfallen lassen, dachte sie.

XI

Wally lag, das Gipsbein ungeschickt angewinkelt, bis zur Hälfte unter dem Bett und versuchte, den Stecker der Nachttischlampe in die Dose zu stecken, als es klingelte. Unterdrückt fluchte sie, blieb still liegen und horchte angestrengt. Lohnte sich die Mühe? Es klingelte wieder. Na gut. Sie begann, sich rückwärts zu schieben, aber auf halber Strecke blieb sie am unteren Rand des Bettkastens hängen. Blind tastete sie nach hinten, fand die Stelle, an der sich ihr Gürtel verhakt hatte, und kam nach einiger Mühe frei. Es klingelte schon wieder.

„Ja!" schrie sie. Staubflocken wirbelten auf und setzten sich in ihrer Nase fest. Wally ließ den Kopf mit der Wange auf den Boden sinken, nahm alle Kraft zusammen und schob sich mit einem heftigen Ruck nach hinten. Als sie endlich an der Tür angelangt war, klingelte es zum vierten Mal. Sie riß die Tür auf.

„Ach, du bist es."

Marion, die kleine, pummelige, energiegeladene Inhaberin des Ladens, in dem Wally selbsthergestellten Schmuck und Gürtel auf Kommissionsbasis verkaufte, lächelte sie freundlich an. „Ich war gerade im Nachbarhaus, da dachte ich, ich schaue mal bei dir rein." Sie ging an Wally vorbei in die Wohnung. Wally klappte die Tür zu und blieb stehen. Wie konnte sie Marion rasch wieder loswerden, ohne es sich mit ihr zu verderben? Sie wollte niemanden sehen, und schon gar nicht Marion, die mit ihrem unaufhörlichen Geplapper nur häppchenweise zu ertragen war. Wally räusperte sich.

„Ich hab' leider gar keine Zeit."

Marion war schon in der Küche. Wally blieb nichts anderes übrig, als ihr zu folgen, wobei sie sich unbeholfen an der Wand abstützen mußte, da sie die Krücken in der Eile neben dem Bett liegengelassen hatte.

„Marion, ich habe leider überhaupt keine Zeit", wiederholte Wally. Ihr unerwünschter Gast war dabei, neugierig die halbleeren Regale an der Wand zu mustern.

„Wo ist denn euer ganzes Geschirr geblieben? Hat Anja schon was für Bonn eingepackt?"

Wally griff dankbar nach der Erklärung. „Ja."
„Das ist aber unpraktisch. Immerhin seid ihr ja noch ein paar Tage hier. Sowas macht man doch besser in einem Aufwasch." Marion setzte sich an den Küchentisch, legte die große Ledertasche – in ihrem eigenem Schmuck- und Kleiderladen erhältlich – ab und knöpfte ihre Jacke auf.
Wally klopfte mit dem Gipsbein an den Türrahmen. „Marion, ich habe wirklich keine Zeit. Ich muß packen." Vor ein paar Tagen wäre das noch nicht einmal gelogen gewesen. Aber vor ein paar Tagen hatte Wally ja auch noch gedacht, daß sie die nächsten Wochen mit Anja in Bonn verbringen würde.
„Ein halbes Stündchen wirst du doch schon noch Zeit haben. Wir werden uns ja schließlich ein Weilchen nicht sehen."
Na und? dachte Wally im Stillen.
„Paß auf, wir haben noch gar nicht die Endabrechnung für die letzte Lieferung gemacht." Marion kramte in ihrer Tasche und förderte einen Quittungsblock zutage. Ernsthaft musterte sie ihre Notizen.
„Hat das nicht Zeit bis nächste Woche?"
Marion rückte ihre Brille zurecht und sah hoch. „Nächste Woche bist du doch gar nicht mehr da. Solange kann ich wirklich nicht warten, ich brauche die Belege für meinen Steuerberater."
Wally gab auf und setzte sich hin. Nach ein paar Minuten hatten sie alles erledigt. Wally schüttelte den Kopf. Von zehn gelieferten Ringen hatte Marion ganze drei verkauft, und bei den Gürtelschnallen sah die Bilanz auch nicht viel besser aus. Die Materialkosten waren gerade mal abgedeckt.
Marion lehnte sich im Stuhl zurück und warf einen begehrlichen Blick auf die Espressomaschine. Wally bot ihr ein Glas Wasser an. Marion lehnte ab.
„Geht deine Kaffeemaschine nicht?"
„Nein", sagte Wally, beglückt, daß Marion ihr bereits die zweite passende Ausrede geliefert hatte.
Marion zeigte auf die Whiskyflasche auf der Anrichte. „Schenkst du mir einen winzigen Schluck davon ein? Ich hab schon so lange keinen Bourbon mehr getrunken."

Wally holte widerwillig ein Glas, in der Hoffnung, daß das einsame Trinken Marion ungemütlich vorkommen und sie zu einem schnelleren Abgang bewegen würde. Als sie sah, wie genüßlich Marion in kleinen Schlucken von ihrem Getränk nippte, fand sie sich damit ab, daß diese Strategie nicht aufgehen würde, und goß sich selbst ein halbes Glas voll ein. In hastigen Schlucken stürzte sie den Inhalt herunter und stand entschlossen auf.

„Marion, tut mir leid, aber ich habe wahnsinnig viel zu tun. Sei mir nicht böse, wenn ich dich vor die Tür setze."

Marion kippte sich einen kleinen Schluck nach, trank langsam aus – Wally konnte förmlich zusehen, wie sie sich die Flüssigkeit auf der Zunge zergehen ließ – und machte sich zum Gehen bereit.

„Na gut", sagte sie, „ich will dich ja nicht aufhalten. Wo ist denn Anja? Ich hätte sie gerne noch gesehen."

„Einkaufen", antwortete Wally kurz. Wut stieg in ihr auf. Marion schnüffelte, ganz ohne Frage. Wahrscheinlich hatte sie irgendetwas läuten gehört. Sensationslüsterne Schnüfflerin! Sie verkehrte zwar nicht in den gleichen Kreisen wie Wally, aber die ganze Stadt tratschte doch herum. Schließlich hatte Marion sie auch gar nicht nach dem Gipsbein gefragt, nicht mal eine Bemerkung darüber verloren. Das war doch der beste Beweis dafür, daß sie schon haarklein über alles im Bilde war! Die Zähne zusammengebissen, humpelte Wally hinter der kleinen Gestalt her zur Tür. Verdammte Tratschtüten, allesamt!

„Ach", sagte Marion an der Tür, „was hast du denn eigentlich mit deinem Bein gemacht? Ich habe ganz vergessen, dich danach zu fragen."

„Ich bin hingefallen", erwiderte Wally, unverhohlen zornig.

Marion sah sie mit hochgezogenen Augenbrauen an. „Macht dich das so wütend? Naja, so kurz vor Anjas Umzug, das ist ja auch ärgerlich. Das behindert einen ja doch ganz schön beim Tragen."

Wally ermattete innerlich. „Jaja, aber das wird schon gehen." Sie öffnete die Tür. Marion lächelte sie an, verschlagen, wie Wally fand.

„Wenn ihr noch vorher mal bei mir im Laden vorbeikommen wollt, würde ich mich freuen", sagte Marion, „schaut mal, ob ihr noch eine Minute Zeit findet."

Wally nickte stumm. Geh endlich.

„Wenn nicht, dann grüß Anja noch mal ganz herzlich, und wir sehen uns ja dann in ein paar Wochen wieder." Sie faßte Wally am Arm. *Herzlich!*

„Du meldest dich, ja?"

Wally unterdrückte den Drang, Marions Hand wegzuschlagen, und lächelte schief. „Ja. Tschüß." Zur Genugtuung klappte sie die Tür dicht hinter Marion zu und stellte sich vor, wie der Luftzug Marions dämlichen Seidenrock nach vorne blies. Hoffentlich guckte sie schön dumm.

Die Arme schlenkernd, marschierte Wally unbeholfen in die Küche. Die Flasche und die beiden Gläser standen einsam auf dem Tisch. Sie betrachtete das Stilleben einen Moment lang, dann nahm sie die Gläser und trug sie zur Spüle. An Marions Glas klebte Lippenstift. Angeekelt verzog Wally den Mund, während sie es abspülte. Ihr eigenes Glas hielt sie kurz unter Wasser, dann überlegte sie es sich anders.

Mit dem vollen Glas und der Flasche hüpfte Wally auf einem Fuß ins Schlafzimmer zurück. Vor dem Bett waren Staubflocken auf dem Fußboden verteilt, die saubergewischte Stelle, an der sie sich unters Bett geschoben hatte, hob sich deutlich von dem staubigen Boden ringsum ab. Wally runzelte die Stirn. Wie lange hatte sie schon nicht mehr gesaugt? Sie konnte sich nicht erinnern. Meistens hatte Anja im Schlafzimmer gesaugt, Wally kümmerte sich eher um die Wäsche und den Abwasch. Jetzt hatte sie sich um alles zu kümmern.

Wally setzte sich auf die Bettkante, nahm einen großen Schluck und setzte Glas und Flasche ab. Breitbeinig, die Unterarme auf den Schenkeln und die Hände zwischen den Beinen locker herabbaumelnd, saß sie da und überlegte, was sie tun sollte. Staubsaugen? Anjas Fotos zerreißen? In eine Kiste packen? Alles wegräumen, was sie an Anja erinnerte? Dazu müßte sie ausziehen. Auch das nützte nichts. Sie selbst erinnerte sich an Anja. Ein ödes Gefühl stieg in ihr hoch und machte sich breit. Wally ließ die Schultern sinken.

„Sitz gerade!" sagte sie zu sich selbst. Sie setzte sich wieder gerade hin und schluckte. Der Kloß in ihrer Kehle machte ihr das Schlucken schwer. Sie hörte sich selber atmen, krampfhaft, nahe am Schluchzen. Wally atmete tief durch und trank den Whisky in einem Zug aus. Dann straffte sie die Schultern und stand auf. Die Krücken unter den Armen, humpelte sie in den Flur, wo das Telefon stand. Sie betrachtete es eine Weile, bevor sie sich daneben an die Wand lehnte und langsam zu Boden gleiten ließ.

Das Freizeichen ertönte: zweimal, dreimal, viermal. Wally registrierte, daß ihre Hand zitterte. Sie schüttelte sie leicht, aber das Zittern hörte nicht auf. Während sie angespannt lauschte, hörte sie sich im Innern selbst sprechen, die Sätze, die sie sich zurechtgelegt hatte, hektisch, viel zu schnell, immer wieder von vorne. Beim achten Läuten legte sie auf.

Mit einem tauben Gefühl im ganzen Körper humpelte sie schwerfällig in der Wohnung herum. Sie betrachtete alles ganz genau, jeden Gegenstand, auf den ihr Blick fiel. Ihr war, als müßte ihr irgendetwas ein Zeichen geben, ihre Gedanken in eine bestimmte Richtung lenken, aber die Gegenstände waren und blieben Gegenstände. Alles stand für sich, umhüllt von Vergangenheit. Kein Schimmer von Zukunft zu entdecken. Wally ging wieder ins Schlafzimmer zurück.

Rückwärts ließ sie sich aufs Bett fallen und spürte verwundert, daß ihr die Muskeln am ganzen Körper weh taten. Über ihr, auf dem Bettpfosten, stand die Nachttischlampe. Wally setzte sich wieder auf. Sie hatte die Nachttischlampe von Anjas Seite auf ihre stellen wollen, deshalb war sie unters Bett gekrochen – anders ließ sich der Stecker nicht herausziehen. Wenn sie, Wally, schon in der gemeinsamen Wohnung blieb, dann wollte sie wenigstens möglichst viel darin ändern. Sie legte die Lampe vorsichtshalber auf das Kopfkissen und war gerade im Begriff, zum zweiten Mal unters Bett zu kriechen, als ihr einfiel, daß es ihre Seite und Anjas Seite gar nicht mehr gab. Wally setzte sich wieder auf die Bettkante, legte das Gesicht auf ihre Knie und schloß die Augen. Die Lampe konnte also da stehen bleiben, wo sie die letzten drei Jahre gestanden hatte.

Sie öffnete die Augen. Zwischen ihren Beinen hindurch sah sie auf die Whiskyflasche, die, umrahmt von einem nackten Fuß und einem Gipsfuß, auf dem Fußboden stand. Sie schloß die Augen wieder und griff blind nach der Flasche, setzte sie an, ohne ihre Haltung zu verändern (schwierig! eine schwierige Aufgabe!) und bekam ein wenig Whisky in den Mund, ein weitaus größerer Teil platschte auf den Boden. Wally stöhnte, richtete sich auf und hob die Flasche erneut an die Lippen. Während die Flüssigkeit ihre Kehle hinunterglitt (wieder eine schwierige Aufgabe: trinken, ohne zu schlucken), spürte sie, daß ihr Kopf sich langsam anfühlte, als sei er aus Watte. Sie setzte die Flasche ab. Toll, dachte sie, Walburga Lohmann verarbeitet ihren Liebeskummer. Sie fing an zu weinen, erst leise, aber dann konnte sie das Schluchzen nicht mehr unterdrücken. Die Geräusche, die sie von sich gab, hörten sich in ihren Ohren erbärmlich an; sie wollte still sein, sich selbst nicht mehr hören müssen, aber immer mehr Laute kamen. Hastig warf sie sich aufs Bett und preßte das Gesicht ins Kissen. Während sie versuchte, sich zu beruhigen, brachen langgezogene Heultöne aus ihr heraus. Es war, als ob jemand anders weinte. Ein Teil ihres Bewußtseins stand neben ihr und hörte erstaunt und leicht belustigt zu. Ich hasse mich, dachte sie verschwommen.

XII

Arndt lag flach auf dem Fußboden, das Kinn auf die verschränkten Hände gestützt. Lily lehnte an seiner Hüfte. Vor seinem Gesicht, einige Zentimeter entfernt, lag Arndts liebstes und größtes Stück, ein handballgroßer Brocken geschichteten Schiefertons. Er ließ den Blick über die einzelnen, deutlich voneinander abgesetzten Schichten wandern.

Er hatte den Stein nun schon so oft betrachtet, dennoch war er immer wieder fasziniert von der Harmonie, mit der sich die verschiedenen Schichten aneinanderschmiegten. Mit einem Finger strich er über die scharfe Kante und fuhr dann die feinen, leicht geschwungenen Linien nach. Dann sprang er auf und holte vom Schreibtisch die große Lupe, die er letztes Jahr von seinen Eltern zum Geburtstag bekommen hatte.

Er legte sich wieder hin und hielt die Lupe dicht vor den Stein. Lily war auf den Sessel gesprungen und äugte mißtrauisch zu ihm herunter. Arndt schob sich noch dichter heran. Wie anders die Dinge wirkten, wenn man sie genau besah! Nun konnte er feine Körnchen erkennen. Besäße er ein Mikroskop, könnte er Tage damit zubringen, den ganzen Brocken anzusehen, und würde immer wieder etwas entdecken, das ihm zuvor entgangen war.

Arndt ließ die Lupe sinken und rollte sich auf den Rücken. Auf die Perspektive kommt es an, dachte er. Nahe genug rangehen. Eigentlich kann das Leben weder langweilig noch unerfüllt sein, wenn man nur versteht, es aus dem richtigen Blickwinkel zu betrachten. Entdeckt man an einer Stelle nichts Befriedigendes, muß man an einer anderen ansetzen. Und genau hinsehen.

Er setzte sich auf und beugte sich nach vorne, um die verkrampften Muskeln zu lockern. Dann stand er auf und ging, gefolgt von Lily, in die Küche.

Ich muß mir endlich überlegen, was ich mit meinem Leben anfangen will, dachte er, während er Kakao anrührte. Das kommt dazu, man muß auch bereit sein, den Blickwinkel zu wechseln. Er nahm den Becher mit zurück und setzte sich aufs Bett, von wo aus er die Regalwand im Blick hatte. Den Kakao langsam in kleinen Schlucken schlürfend, ließ er den Blick über seine Steinsammlung schweifen. Millionen von Jahren in einem Raum versammelt.

Hoffentlich versauere ich nicht zwischen all den Steinen, dachte Arndt. Er legte die Hand auf den Oberschenkel und spürte seine eigene Körperwärme. Jemanden zu lieben würde bestimmt einiges leichter machen.

Lily strich schnurrend um seinen Rücken. Er faßte hinter sich und ließ die Hand durch ihr weiches Fell gleiten. Sie schnurrte lauter.

XIII

„Ach du lieber Gott!“ sagte Wally angewidert und schlürfte geräuschvoll aus ihrem Sektglas. Nan stand neben ihr und bemühte sich nach Kräften, sich das Lachen zu verkneifen. Seit sie die Galerie betreten hatten – Tamara hatte den genialen Vorschlag gehabt, auf diese Vernissage zu gehen, um Wally ein wenig aufzuheitern –, mäkelte Wally an allem herum: an den Bildern („Sowas kann mein kleiner Neffe besser!"), den Gästen („Widerliche Schnösel!"), den Räumlichkeiten („Unser Wäschekeller muffelt nicht so!").

„Ist doch wahr", murmelte Wally, „sowas Albernes!" Sie deutete mit der Hand, in der sie die Krücke hielt, hinüber zu einem aus roten Kreidekreisen bestehenden Bild an der gegenüberliegenden Wand. Davor stand Tamara, eifrig ins Gespräch mit einem untersetzten Mann mit Schirmmütze vertieft.

Wally schlürfte wieder an ihrem Sekt. „Außerdem zieht es hier zum Gotterbarmen."

Nan grinste in sich hinein. Tamara, die sich umgedreht hatte und nun mitsamt ihrem Begleiter auf sie zukam, hatte offensichtlich nichts gehört.

„Gefällt es euch?" fragte sie lächelnd.

„Naja", murmelte Nan ausweichend. Wally brummte in ihr Glas.

„Ist Geschmackssache", sagte Tamaras Begleiter milde lächelnd.

„Stimmt", erwiderte Wally mit Nachdruck.

Tamara sah etwas betreten drein. „Das ist übrigens Tom." Tom lächelte. Wally starrte ihn an.

„Tag", sagte Nan. Mehr fiel ihr nicht ein. Tom war der ausstellende Maler.

„Viel Spaß noch", sagte er, „Ich muß mich den anderen Gästen widmen. Wiedersehen, Tamara. Laß mal von dir hören, wenn du in Amiland bist." Er nickte in die Runde und machte sich davon.

„Amiland!" knurrte Wally verächtlich. Nan lachte.

„Reg' dich nicht auf, Wally", sagte Tamara gut aufgelegt. Sie sah von Wally, die gerade ihr Sektglas leerte, zu Nan.

„Wollt ihr noch bleiben?"

„Um Himmels willen, nein", sagte Wally, wischte sich mit der Hand über den Mund und humpelte unverzüglich auf den Ausgang zu.

„Fandet ihr es wirklich so schrecklich?" fragte Tamara, während sie auf die Hauptstraße einbog. Die Luft war mild, aber es nieselte leicht. An den Blättern der Bäume am Straßenrand sammelten sich Tropfen, die im Laternenschein glitzerten. Tamara hatte das Seitenfenster heruntergekurbelt, und das satte Geräusch sich drehender Reifen auf nassem Asphalt untermalte das Motorengeräusch des alten Kadetts.

„Wir haben wohl nicht das richtige Kunstverständnis", sagte Nan. Wally grunzte. Sie saß in unbequemer Stellung neben Tamara auf dem Beifahrersitz, da sie nicht genügend Platz hatte, um ihr Bein auszustrecken.

Nan beobachtete Tamara im Rückspiegel. Aufmerksam huschten ihre Augen hin und her, den Verkehr sondierend. Nan genoß es, ihr dabei zuzusehen. Es war, als ob sie durchs Schlüsselloch schaute, verborgen und doch in Gefahr, jederzeit entdeckt zu werden.

Sie hielten an einer Ampel. Tamara sah in den Rückspiegel. Ihre Blicke trafen sich und blieben aneinander hängen. Nan lächelte zuerst. Tamara lächelte langsam zurück.

„Wo fahren wir eigentlich hin?" fragte Wally.

„Ich weiß nicht", sagte Tamara und sah wieder geradeaus. „Wohin wollt ihr denn?"

Wally zuckte die Schultern.

„Willst du nach Hause?" fragte Nan sie.

„Nein! Ihr etwa?"

„Ich nicht", antwortete Nan.

Tamara schüttelte den Kopf.

„Wohin würdest du denn gerne?" fragte Nan Wally.

„Egal. Aber nicht in den „Kühlschrank"."

„Wieso nicht?" Die Ampel schaltete auf Grün, Tamara fuhr an und sah Wally fragend an.

„Weil ich da immer hingehe", sagte Wally.

„Stimmt, wir können auch mal woanders hin." Nan konnte Wally nur zustimmen. Der „Kühlschrank" war die einzige Bar, die sie beide mit schöner Regelmäßigkeit besuchten. Da lebte man schon in einer europäischen Metropole und ging doch immer nur in dieselben Bars. Kein Wunder, daß Berlin so provinziell wirkte, wenn die Einwohner sich verhielten, als würden sie in einem Dorf leben.

Tamara schaltete einen Gang runter. „Nun sagt doch endlich, wohin. Ich kann keine Vorschläge machen, ich kenne mich hier nicht so gut aus."

Wally legte die Stirn in Falten. Nan überlegte.

„Soll ich erstmal halten, hilft euch das beim Nachdenken?"

„Nein", sagte Nan, der endlich etwas eingefallen war. „Fahr links, zum „Anderen Ufer"."

Wally gab ein ersticktes Geräusch von sich. „Oooch! Da ist es immer so langweilig!"

„Fällt dir was Besseres ein?"

„Wir können ja vorbeifahren und reingucken", sagte Tamara beschwichtigend, „und wenn es langweilig aussieht, fahren wir woanders hin."

„Dann fahren wir an der „Zulu-Bar" vorbei. Und dann können wir beim „Pelze" gucken und in der „Begine"!" rief Nan, froh, daß ihr jetzt noch mehr einfiel, wo sie hingehen könnten.

„Naja", sagte Wally skeptisch.

Vor dem „Anderen Ufer" verlangsamte Tamara die Geschwindigkeit. Alle drei starrten sie angestrengt nach rechts. Das Café war hellerleuchtet, aber die wenigen Gäste ließen sich an einer Hand abzählen. Sie sahen links hinaus, zur gegenüberliegenden „Zulu-Bar". Dort war alles dunkel.

„Wie spät ist es denn?" fragte Wally.

Tamara sah auf ihre Uhr. „Kurz vor neun. Kein Wunder, daß nichts los ist."

Das „Pelze" war ebenfalls geschlossen, und in der ‚Begine", einem Frauencafé ein Stückchen weiter, saßen drei einsame Gestalten an verschiedenen Tischen. Wally verschränkte die Arme vor der Brust und schwieg.

Tamara drehte sich an der Ampel zu Nan um und hob fragend die Augenbrauen.

„Ich weiß, wo wir noch hinfahren könnten. Mal was ganz anderes", sagte Nan.

Im „Kühlschrank" waren, wie immer um diese Tageszeit, die meisten Tische bereits besetzt. Schwule in Jeans und Lederjacken saßen einträchtig neben Männern in Bundfaltenhosen und Jacketts und kurzhaarigen Frauen mit geschminkten Mündern. Am Tresen hockten drei gelangweilt dreinblickende Punks, weiter hinten plauderte eine herausgeputzte Transe mit einem Alt-Hippie, dessen Halbglatze anzeigte, daß seine langhaarigen Zeiten bald unwiderruflich vorbei sein würden. Wally steuerte umgehend ihren Stammplatz am Ende des Tresens an, nickte dem Barkeeper zu und wuchtete sich seufzend auf den Hocker. Nan überließ Tamara den freien Platz neben Wally und zog einen Hocker von weiter hinten heran.

„Bestellt ihr mir einen Kaffee?" Tamara hängte ihre Jacke über den Stuhl und verschwand in Richtung Toilette. Nan setzte sich. Wally sah sie an. Sie hatte Ringe unter den Augen, ihre Oberlippe war ein wenig vorgeschoben, was ihren Mund verletzlich wirken ließ, und an der Form ihrer Wangen erkannte Nan, daß sie die Zähne zusammengepreßt hielt. In den vergangenen Tagen hatte Wally sich verdammt gut gehalten, aber jetzt sprach der Kummer, den sie mit sich herumschleppte, nur allzu deutlich aus ihren Augen.

„Gibt's was Neues?" fragte Nan. Wally verzog die Lippen, dann lächelte sie schief. „Anja stellt sich stur. Wir haben heute telefoniert, aber sie will immer noch nicht, daß ich komme. Sie braucht Distanz, meint sie." Wally zuckte mit den Achseln und zog die Bierflasche, die ihr der Barkeeper zugeschoben hatte, zu sich heran. „Tja. ich kann nur hoffen, daß sie nach ein paar Tagen Funkstille merkt, daß sich die Gefühle auch mit Distanz nicht wegmachen lassen." Sie nahm einen Schluck und seufzte tief auf. „Ich kann das alles nicht glauben. Es kommt mir so unwirklich vor."

„Warte erstmal ein wenig ab, Wally. Das Ganze ist wirklich eine schwierige Situation, aber das letzte Wort ist noch nicht gesprochen." Nan fand selbst, daß sich ihre tröstenden Worte ein wenig hohl anhörten, aber war es nicht in der Tat so, daß die Probleme zwischen Anja und Wally sich unweigerlich in den nächsten Wochen klären würden? Klären mußten?

„Ach Nan", sagte Wally und kratzte sich am Kopf. Sie sah zu Nan auf, und in ihren braunen Augen kämpften Schmerz, Selbstmitleid und Sarkasmus um die Vorherrschaft. Am Ende gewannen alle drei. Wally grinste gequält. „Mist. Und wenn... Liebe vergeht, Freundschaft besteht." Sie lachte auf.

„Wohl dem, der sie sät." Tamara schwang sich auf ihren Hocker und lächelte sie beide an. Ein warmes, prickelndes Gefühl durchzog Nan, als Tamaras Knie leicht an ihr Bein stieß, und sie sah darauf hinunter und genoß die Berührung. Nur zwei Lagen Stoff lagen zwischen ihrer beider nackten Haut...

„Ihr kommt doch beide zu der Präsentation im Juli?" Tamara sah sie über den Rand ihrer Kaffeetasse hinweg an, und der Blick ihrer dunklen Augen schien sich tief in Nan hineinzubohren. Für einen Moment, einen winzigen Moment war eine Intimität zwischen ihnen beiden, die alles andere verdrängte; Tamaras Augen, ihre vollen Lippen, die feinen Falten zu beiden Seiten der Nase – all diese Einzelheiten füllten Nans Bewußtsein aus. Ein Strom floß zwischen ihr und Tamara, und erst als Tamara langsam den Kopf hob und wegsah, erst als Wallys Stimme an ihr Ohr drang und sie daran erinnerte, wo sie war und was sie gerade taten, erst da konnte Nan die Augen von Tamara lösen.

„Aber sicher", sagte Wally. „Nicht wahr, Nan? Nan!"

Eine Stunde später herrschte Hochbetrieb im „Kühlschrank". Der Lärmpegel war erheblich gestiegen, und an den Tischen und überall dazwischen drängelten sich die Gäste. Nan brauchte geschlagene zehn Minuten, um sich bis zur Toilette durchzuwinden, soviele Bekannte traf sie unterwegs. Schließlich stand sie in der schummerigen Beleuchtung des an den Gastraum anschließenden Ganges und musterte die Plakate an der Wand, während sie darauf wartete, daß die Kabine frei wurde.

„Ah, die Königin der Nacht!"

Nan drehte sich um. Tina lächelte sie an. Kinnlange blonde Locken umrahmten ihr weiches Gesicht, und die dunkelrot geschminkten Lippen leuchteten im Dämmerlicht. „Hallo, Tina." Nan breitete die Arme aus. Tina schmiegte sich an sie, und Nan roch ihr Parfum, ein leichter, zartwürziger Duft, der Nan schwach an Wald und Wiesen erinnerte.

„War schön heute Nacht“, flüsterte Tina in ihr Ohr. Hinter ihnen öffnete sich die Toilettentür, und sie mußten sich voneinander lösen, um die Heraustretende vorbeizulassen. Tina warf den Kopf zurück. „Wann steht die nächste Wiederholung an?“ Sie blinzelte vielsagend.

Nan mußte lachen, aber sie zögerte mit der Antwort. Im Bezug auf Tina war sie sehr vorsichtig, um keinen Preis wollte sie, daß zuviele Gefühle mit ins Spiel kamen. Es war ein Spiel und sollte eines bleiben. Tina wußte das und gab vor, diese Einstellung zu teilen, aber unausgesprochene Sehnsüchte hingen in der Luft. Nan wollte, daß sie dort hängen blieben. Ihre Beziehung war klar, leicht und angenehm und, ohne daß sie es ausgesprochen hatten, genau definiert: Sie telefonierten miteinander, um sich zu verabreden, trafen sich, gingen miteinander ins Bett und wieder auseinander. Wenn sie sich zufällig irgendwo sahen, ging Nan manchmal mit Tina nach Hause, manchmal nicht. Sie handelte dabei weniger nach ihrem Gefühl als nach Prinzip: Es sollte keinesfalls zu einer Selbstverständlichkeit werden. Sie liebte Tina nicht.

„Bald, ja“, sagte Nan. „Aber nicht heute. Ich will bald gehen.“ Sie griff nach Tinas Hand, hob sie an die Lippen und küßte sie leicht. Im Halbdunkel erinnerte Tinas Gesicht Nan daran, wie sie aussah, wenn sie zusammen in Bett waren: heiß und verschwitzt, feuchte wirre Locken an der Wange klebend, wie sie mit glänzenden Augen zu Nan aufsah, verlangend und sich zugleich verweigernd. Das liebte Tina: Jäger und Hase spielen. Und zuletzt ließ sie sich immer fangen.

„Gut, schöne Frau“, sagte Tina und grinste verschmitzt. „Du rufst mich an, ja? Ich gehe wieder rein.“

„Mußt du gar nicht...“ Nan deutete auf die Toilettentür, aber Tina schüttelte den Kopf.

„Nein, ich bin dir nachgestiegen.“ Sie lachte.

Nan sah ihr nach, in sich eine Mischung aus Verlangen und Verwunderung, und während sie die Toilette betrat und die Tür hinter sich schloß, fragte sie sich zum ersten Mal ernsthaft, wie es mit Tina und ihr weitergehen würde. Wie und wie lange noch? Und irgendwie kannte sie die Antwort bereits.

Gegen halb zwölf brachen sie auf. Wally hatte vier weitere Biere getrunken und war nicht mehr ganz nüchtern. Wohlig seufzend kroch sie durch die Autotür, die Tamara ihr aufhielt, auf die Rückbank und streckte sich dort aus. Nan blieb unschlüssig stehen.

„Was ist?" rief Wally von innen. „Hast du Hemmungen?"

Nan sah Tamara an. „Du brauchst mich nicht zu fahren, ich kann den Bus nehmen."

„Ich weiß, daß ich das nicht brauche." Tamara kniff die Augen zusammen. Blaues Licht fiel auf ihre Züge. Es schien von der Neonreklame des „Kühlschranks" herab, einem kleinen blauen Plexiglaskühlschrank mit schwarzem Schriftzug, der über der Tür angebracht war.

„Du mußt wegen mir nicht extra einen Umweg machen."

Tamara lehnte sich von der anderen Seite über das Autodach. „Ich fahr dich gerne. Ich -" Sie zögerte. Die Sekunden dehnten sich. Tamara tastete Nans Gesicht mit ihren Blicken ab, versuchte, dahinter zu gelangen, hineinzusehen, um zu erkennen, wie die Weichen gestellt waren. Nan verharrte regungslos. Feigling, hallte es in ihrem Hinterkopf.

„Was ist denn los da draußen?" Wally klopfte von innen gegen das Dach. Beide, Nan und Tamara, mußten wider Willen lächeln.

„Komm schon", sagte Tamara leise. Nan setzte sich wortlos auf den Beifahrersitz. Tamara stieg ebenfalls ein und warf ihr einen kurzen Blick zu, während sie den Wagen startete. Wally lag friedlich auf der Rückbank, das Gipsbein auf der Ablage.

„Ich könnte mich jeden Abend betrinken, um der Wahrheit nicht ins Auge sehen zu müssen", sagte sie mit Befriedigung in der Stimme. Kurze Zeit später drang ein lautes Schnarchen von der Rückbank, das erst verstummte, als sie Wally in der Manteuffelstraße weckten.

„Danke für's Fahren."

Sie standen am Askanischen Platz. Tamara nickte und schaltete die Zündung aus. Dann drehte sie sich zu Nan hin. In der schummerigen Beleuchtung der Laternen wirkten ihre Augen fast schwarz.

„Bevor ich weggehe, möchte ich gerne mal mit dir ans Meer fahren."

Nan spürte, daß Tamaras Vorsicht nicht minder stark war als ihre eigene. Sie gab ihr ein Zeichen: Komm näher. Keine Angst, hier liegen keine Tretminen. Und wenn doch, bin ich fort, bevor sie hochgehen.

„Vielleicht im Mai, dann ist es schon wärmer."

Tamara drückte ihre Zigarette aus. Ihr Ausdruck im Profil schien neutral, aber als sie einen kurzen Blick zu Nan hinüberwarf, lag Unsicherheit darin. Nan zögerte nur kurz, dann beugte sie sich vor und schlang die Arme um Tamaras Hals, drückte sie einen Moment lang fest an sich. Tamara legte ihre Hand auf Nans, ihre Finger glitten in den Ärmel und streichelten die weiche Haut an der Innenseite von Nans Unterarm. Nan legte die Hand auf Tamaras weichen Nacken. Gleichzeitig gaben sie sich frei. Nan faßte nach dem Türgriff. „Bis bald."

„Bis bald." Tamaras Mund umspielte ein kleines, verschwörerisches Lächeln. Nan war sich sicher, daß sie den gleichen Ausdruck im Gesicht trug. Sie stieg aus dem Auto und wartete, bis der Kadett um die Ecke gebogen war. Dann drehte sie sich um. Aus dem dunklen Hauseingang erhob sich ein schwarzer Schatten und kam auf sie zu.

„Schwesterchen! Das hat aber lange gedauert!" sagte Leo.

Kapitel 3

Er zog den Reißverschluß ganz nach oben und klopfte sich zur Sicherheit noch einmal gegen die Brust. Alles gut verstaut. Zufrieden nahm er den Helm vom Motorradsitz und setzte ihn auf. Den Kinnriemen ließ er so locker, wie es gerade noch zu vertreten war. Während er auf seine alte Yamaha stieg, sah er sich unauffällig nach dem Hauseingang um. Die Gestalt war verschwunden. Anerkennend lächelte er in sich hinein. Der Typ war zwar neu im Geschäft, aber die wichtigsten Regeln schien er schon begriffen zu haben: Wenig Worte machen und alles schnell und unauffällig über die Bühne bringen.

Beim dritten Versuch mit dem Kickstarter sprang die Maschine an. Er rollte ein paar Meter vorwärts, wartete auf eine Lücke im Verkehr und nahm schwungvoll die Kurve zwischen den parkenden Autos. Die Gneisenaustraße hinauf ging es zügig, aber vor den Yorckbrücken wurde der Verkehr dichter. Geschickt stieß er in freiwerdende Lücken, überholte und scherte mit dem richtigen timing wieder rechts ein. Vor der nächsten Ampel warf er einen Blick auf seine Armbanduhr. Hoffentlich war der andere Typ pünktlich. Ungeduldig ließ er die Maschine im Leerlauf aufheulen. Die Ampel sprang auf Grün, und er donnerte los.

Den von links einscherenden grauen BMW bemerkte er erst, als es schon fast zu spät war. Er stieg auf die Bremsen und krallte seine Hände mit aller Kraft um den Lenker. Das Vorderrad stellte sich quer. Panik schoß in einer heißen Welle in ihm auf. Er registrierte am Rande, daß der BMW mit kreischenden Bremsen neben ihm hielt; seine Augen waren starr auf den größer werdenden Kofferraum vor ihm gerichtet. Halt, dachte er verzweifelt, halt! Die Maschine bockte, schleuderte. Dann kam sie schräg zum Stehen; einen Moment lang hielt er ihr enormes Gewicht, dann ließ er es fallen und sprang gleichzeitig zur Seite. Benommen stand er neben der jaulenden Yamaha. Autotüren öffneten sich, Leute kamen auf ihn zu. Zitternd griff er an seine Brust. Unter der dünnen Lederjacke spürte er die kleinen Päckchen mit dem weißen Pulver.

„Nichts passiert, alles okay", beruhigte er die Leute. Der BMW-Fahrer stand bleichgesichtig vor ihm. Er winkte ab und beugte sich zu seiner Maschine hinunter, um sie hochzuziehen.

„Alles okay." Er gab Gas und schlängelte sich zwischen den Autos hindurch. Nur weg, dachte er. Vielleicht sollte ich aufhören mit dem Scheiß. Wenn mir was passiert wäre! Die bräuchten nur meine Jacke aufzumachen und ich wäre geliefert. Er verringerte das Tempo. Ich höre auf, je eher desto besser. Nur noch fünf, sechs Mal. Dann ist Schluß.

XIV

Nan schob den Drehstuhl ein Stück zurück und legte die Füße auf den Tisch. Die Sonne schien auf ihre Lederstiefel, und während Nan den Wünschen des Anrufers lauschte, strich sie mit der Hand über den glänzenden Schaft. Das Leder war weich und warm, und das lag nicht nur an den Sonnenstrahlen. Die dicken Socken, die Nan trug, waren eindeutig nicht mehr angebracht bei diesem Wetter. Mit jedem Tag wurde es wärmer, und die Bäume schräg gegenüber der Mitfahrzentrale waren fast über Nacht grün geworden. Der Sommer war nicht mehr fern.

„Auf Wiederhören." Nan legte den Hörer auf und streckte sich. Die Stille tat ihr gut. Sie war alleine im Laden, wie eigentlich meistens, und sie genoß es, einfach dazusitzen und das Treiben auf dem Rosa-Luxemburg-Platz zu beobachten. In der Ferne entdeckte sie eine hohe Gestalt in Jeans und dunkler Jacke, die mit weitausholenden Schritten näherkam. Nan kniff die Augen zusammen. Die Umrisse verschwammen, die Gestalt wurde unscharf, aber der Gang war unverwechselbar. Nan grinste und lehnte sich zurück.

„Tag", sagte Leo und zuckte zusammen, als die Tür mit einem Scheppern hinter ihm ins Schloß fiel. „Deinen Job möchte ich haben. Du siehst ja nicht gerade aus, als ob du dich zu Tode schuften mußt." Er lachte breit und zwinkerte Nan zu, bevor er sich, die Hände in den Hosentaschen, langsam um die eigene Achse drehte und den Raum gründlich inspizierte.

„Ich bin dir eben ähnlicher, als du glaubst", erwiderte Nan. „Du hast dich ja bislang im Arbeitsleben auch noch nicht sonderlich verausgabt." Amüsiert betrachtete sie ihren Zwillingsbruder. Sie war immer wieder überrascht, wie ähnlich sie beide sich sahen. Er war einen halben Kopf größer als sie und hatte breite Schultern und recht schmale Hüften, aber das Gesicht war wie eine schärfer geschnittene Ausgabe ihres eigenen. Beide hatten sie hohe Wangenknochen und dichte dunkle Augenbrauen, sein Mund war ein wenig voller als ihrer und seine Nase größer, aber zwischen ihrer beider Augen gab es kaum einen Unterschied: Sie beide hatten große, blaue, tiefliegende Augen, deren oberer Teil der Iris von den schweren Lidern mit den langen dunklen Wimpern nie ganz freigegeben wurde.

„Noch nicht, stimmt", sagte Leo und setzte sich auf den Stuhl gegenüber von Nans Arbeitstisch. „Aber das kann sich bald ändern."

„Ach?" Nan versuchte, ihn mit einem zweifelnden Blick zu ärgern, aber Leo ließ sich nicht beeindrucken. Er zog ein paar Geldscheine aus der Hosentasche hervor und reichte sie Nan, ohne zu zählen. „Hier, für die Miete. Zähl' mal nach, das müßten hundertfünfzig sein."

Nan sah verwundert auf das Geld nieder. „Du brauchst keine Miete zu zahlen. Woher hast du das denn überhaupt?"

Er überhörte ihre Frage galant. „Ich will aber was dazugeben. Mit Kim habe ich schon gesprochen, sie ist einverstanden. Wenn du nichts dagegen hast, bleibe ich nämlich noch drei, vier Wochen. Dann suche ich mir etwas anderes." Mit einem zufriedenem Lächeln lehnte er sich zurück, die Arme hinter dem Kopf verschränkt. Nan zählte das Geld und steckte es ein. Sie würde nicht weiter nachfragen.

„Willst du nicht zurück nach Hamburg?"

Er sah sie aus seinen schrägen Augen offen an. „Nein, ich glaube nicht. Ich finde, ich sollte mich langsam mal um meine Zukunft kümmern. In Hamburg mache ich immer so weiter wie vorher. – Krieg' ich einen Kaffee?"

Nan sah ihn forschend an, dann nahm sie die Beine vom Tisch und stand auf. Leo blieb sitzen. Während sie Kaffeewasser aufsetzte, hörte sie, wie er vor sich hin summte und in den Papieren auf dem Tisch kramte. Dann verstummte er abrupt. „Übrigens, Nan, da hat eine Frau Schöler angerufen, wegen dem Termin bei deinem Doktorvater. Er geht in Ordnung."

Nans gute Laune bekam einen empfindlichen Knacks. Bestimmt würde ihr Doktorvater sie wieder fragen, ob sie sich schon um ein Stipendium oder eine Doktorandenstelle gekümmert hatte, und wieder würde sie sagen müssen, daß sie sich noch nicht entschieden hatte. Peinlich. Nan nahm zwei Becher und die Kaffeekanne und trug sie zum Tisch, wo der Platz, auf dem ihre Füße gelegen hatten, mittlerweile von Leos ungeputzten Cowboystiefeln okkupiert worden war.

„Meine Güte. Du guckst, als hättest du eine Vorladung beim Obersten Gerichtshof." Leo besah sie mitleidig.

„Mir ist auch so." Nan reichte ihm einen Becher. „Jetzt erzähl aber mal, was heißt das, du willst dich um deine Zukunft kümmern?"

Leo fuhr sich durch das halblange, zurückgekämmte braune Haar und beugte sich nach vorne, um das nagelneue Telefon genauer zu betrachten. „Ach, hab ich nur so gesagt." Er strich mit dem Finger über das hypermoderne Gerät. Wie auf Befehl begann es zu klingeln. Nan hob ab. „Mitfahrzentrale Rosa Luxemburg, Schwartzkopff, guten Morgen."

Während sie mit dem Kunden sprach, versuchte sie, Leos alberne Grimassen zu ignorieren. Schließlich legte sie auf und sah ihn streng an. „Also?"

„Was?" fragte er unschuldig.

„Lenk' nicht ab."

Leo seufzte. „Wirklich – hab' ich nur so gesagt." Er sah zur Seite.

„Hast du nicht." Nan blieb hart.

„Naja", sagte er, „ich habe mir was überlegt. Ich würde gerne Luftfahrttechnik studieren. Die Bewerbungsunterlagen habe ich auch schon." Er warf Nan einen vorsichtigen Seitenblick zu. Dann hob er in gespielter und doch ehrlicher Hilflosigkeit die Hände und ließ sie wieder sinken. „Ach, Nan, ich weiß auch nicht. Was soll bloß aus mir werden?"

Nan betrachtete ihn ruhig. Ihr Bruder war ein sehr sensibler, zugänglicher Mensch, der aufgrund seiner witzigen Art nach außen hin oft oberflächlich scheinen mochte, es im Grunde aber nicht war. Sie kannte kaum jemanden, der sich so viele Gedanken machte wie Leo. Darin waren sie sich ähnlich. Nur setzte er es anders um als Nan; sie besaß nicht seine Leichtigkeit, und er nicht ihre Schwere.

„Wieso willst du plötzlich seriös werden?" Sie fand sich selbst gemein, daß sie seine Ambitionen in Frage stellte, anstatt ihn zu unterstützen, aber sie hatte schon so oft solche Pläne aus seinem Munde vernommen, die Wochen später wieder im Sande verlaufen waren.

Leo blickte sie offen an, und für einen Moment sah er wieder so verletzlich aus wie früher, als sie beide noch Kinder gewesen waren. Er war immer der Empfindlichere von ihnen beiden gewesen, derjenige, der zuerst zu weinen angefangen hatte, wenn sie sich zankten. Jetzt schob er das Kinn vor.

„Ich möchte etwas Anspruchsvolleres machen als Tresenjobs oder in einer Galerie herumstehen", gab er zur Antwort. „Etwas, das mich begeistert. Luftfahrtingenieur wäre vielleicht was. Flugzeuge haben mich immer fasziniert."

„Du wolltest doch mal Pilot werden", sagte Nan. Leo sah sie prüfend an. Sie wußte, daß er ihren Gedankengang verfolgt hatte.

„Wenn du denkst, das ist ein Kleiner-Jungen-Traum, dann irrst du dich, Nan."

„Aber es ist doch auch der gleiche Traum – Geschwindigkeit, Kontrolle, Freiheit!" Ihr Tonfall war sarkastischer, als sie beabsichtigt hatte.

„Klar", sagte Leo locker. „Nicht, daß wir uns jetzt streiten, aber wenn wir schon dabei sind – was ist die Philosophie, mit der du dich beschäftigst, anderes als der Wunsch nach geistiger Geschwindigkeit, geistiger Freiheit und nicht zuletzt geistiger Kontrolle?"

Sie sahen sich an. „Geistiger Kontrolle?" fragte Nan zweifelnd, aber die Antwort, die er ihr gab, hätte von ihr selbst stammen können.

„Das Leben in seinen Zusammenhängen erfassen zu wollen, das ist es doch. Damit willst du doch auch nur diese wirre Welt mit deiner eigenen Existenz in Einklang bringen, wenigstens in deinem Kopf. Oder?"

„Zum Teil schon." Nan wollte sich nicht ganz geschlagen geben. Zum Glück fragte er nicht nach. Und zum Glück klingelte das Telefon erneut.

Während Nan telefonierte, betrachtete Leo ebenso hingebungsvoll die Spitzen seiner Cowboystiefel, wie sie selbst vorhin die Schäfte ihrer eigenen Stiefel besehen hatte. Er wirkte vollkommen zufrieden. Hinter ihm schien die Sonne in den Raum hinein und warf einen warmen Lichtkranz um seine Gestalt.

Als Nan auflegte, sah Leo auf und lächelte sie an. „Ist es nicht schön, daß der Winter endlich vorbei ist? Das könnte doch wirklich ein guter Sommer werden, nicht wahr?"

Nan lächelte zurück. „Oh ja", sagte sie, und es war nicht nur so dahingesagt. Vielleicht würde es wirklich ein guter Sommer werden.

XV

Die kleine Nähmaschine ratterte und knatterte, und mit jedem Zentimeter, den sich der Stoff vorwärts schob, wurde das Motorengeräusch lauter.

„Scheiße", murmelte Tamara zwischen zusammengebissenen Zähnen hindurch. Hoffentlich gab das Ding nicht den Geist auf, bevor die Naht fertig war.

Ein hoher Summton mischte sich in das Motorengeknatter. Tamara hielt das Hosenbein fester in beiden Händen, sie hatte die irrwitzige Vorstellung, daß die Maschine den Stoff gleich verschlingen würde. Im nächsten Moment riß der Oberfaden, und der Summton wurde noch heller. Tamara ließ das Fußpedal los, und schlagartig war nur noch der gepreßte Gesang von Karl Keaton aus dem Radio zu hören.

„Mist!" Gerade auf den letzten zwei elendigen Zentimetern mußte das Garn reißen! Mißmutig starrte Tamara auf das Hosenbein. Dann spannte sie den Oberfaden wieder ein und nähte das letzte Stück so behutsam wie möglich. Die Nähmaschine war ein uraltes russisches Fabrikat und gehörte Ihrem Cousin. Ihre eigene stand im Atelier.

Tamara zog die Hose an und sah an sich hinunter. War das jetzt gelungen oder nicht? Im Badezimmer stieg sie auf den mitgebrachten Küchenstuhl und klappte, wobei sie enorme Schwierigkeiten hatte, das Gleichgewicht zu halten, die Türen des Alibert-Schrankes auf und zu, aber sie konnte nur die Hüftpartie erkennen. Für eine Modedesignerin war sie, arbeitstechnisch gesehen, wirklich hervorragend ausgestattet. Langsam wurde sie wütend.

Mit einer der Schranktüren in der Hand – sie herauszuhebeln hatte fast zehn Minuten gedauert – begutachtete sie die Hosenbeine. Viel war nicht zu erkennen, aber es schien in Ordnung zu sein. Vorsichtig schlüpfte sie wieder aus der Hose und ging zurück ins Zimmer. Fast der gesamte Fußboden war bedeckt mit Schneiderutensilien, Schnittbögen und Stoffstücken. Die Ärmel weit ausgebreitet, lagen die Vorder- und Rückenteile des zur Hose gehörigen Jacketts aufeinandergelegt da.

Tamara blieb stehen und betrachtete ihr Werk. Kritisch kniff sie die Augen zusammen und versuchte, sich Nan darin vorzustellen. Hoffentlich gefiel ihr der Anzug. Das Problem der Übergabe war leider noch nicht gelöst. Wie sollte sie ihr den Anzug schenken, ohne in peinliche Verlegenheit zu geraten?

Sie sah auf die Armbanduhr. Es wurde langsam Zeit. Sie legte die Hose neben das Jackett und stieg dann hinüber, um zu ihrem unordentlichen Kleiderhaufen zu gelangen.

Eine Viertelstunde später zog Tamara die Tür hinter sich zu und rannte die Treppen hinunter. Die milde Luft draußen empfing sie wie ein gutes Vorzeichen. Ha, dachte sie und hüpfte auf ihren Wagen zu. Mal sehen, ob das heute nicht ein guter Tag und vor allem eine aufregende Nacht wird!

Ihr Herz hüpfte mit.

XVI

Der Cassettenrecorder schaltete sich mit einem unangenehm lauten Klacken aus. Nan zuckte zusammen und schlug die Augen auf. Jetzt war sie endgültig wach. Sie kämpfte sich unter den beiden Bettdecken hervor und streckte einen Arm aus, um das Band umzudrehen. Dann überlegte sie es sich anders und drückte auf die Off-Taste. Nachdem sie die Decken ganz heruntergestrampelt hatte, verschränkte sie die Arme hinter dem Kopf und sah an die Decke. Die Kälte strich wie ein eisiger Handschuh über ihren Körper, sie konnte fühlen, wie sich ihre Brustwarzen versteiften. Nan schloß die Augen und lauschte den leisen Gesprächs- und Musikfetzen, die vom angrenzenden Zimmer herüberdrangen. Leos Stimme war deutlicher zu vernehmen als Kims. Die beiden lachten. Nan lächelte. Sie fühlte sich wohl. Alles in Ordnung.

Kurz darauf hörte sie Schritte auf den Flur näherkommen. Leise klopfte es, und Kim steckte ihren Kopf herein.

„Nan?"

„Ich bin wach." Nan langte zur Lampe und schaltete sie ein.

Kim kam herein und setzte sich auf den Bettrand.

„Ich dachte, du schläfst vielleicht noch. Es ist schon zehn."

„Ich stehe gleich auf. Kommst du denn mit?"

Kim schüttelte den Kopf. „Ich bleibe zu Hause. ich will Jop einen Brief schreiben."

Etwas in ihrem Tonfall ließ Nan hellhörig werden. Sie griff nach ihren Zigaretten und zündete sich eine an. „Ist irgendetwas?"

Kim grinste verlegen und zog unbeholfen die Schultern hoch. Sie räusperte sich. „Ich habe heute morgen einen Flug nach Fairbanks gebucht."

Nan richtete sich auf und starrte Kim verblüfft an. „Du hast *was?*"

Kim verzog die Lippen. Sie sah aus, als würde sie sich schämen, aber als sie sprach, schwang in ihrem Tonfall ein unterdrücktes Triumphgefühl mit. „Ja, ehrlich. Ich fliege nach Fairbanks. Zu Jop. Und dann nach Amerika." Sie sah Nan zweifelnd an, so als erwarte sie, von ihr getadelt zu werden, dann setzte sie hinzu: „Es ist ein Halb-Jahres-Ticket."

Nan ließ sich wieder in die Kissen sinken. Erst Tamara, und jetzt auch noch Kim... Es würde mich nicht verwundern, dachte sie, wenn als nächstes Arndt kommt und sagt, daß er auch nach Amerika will.

Kim kratzte sich am Kopf. Die schmale Strähne, die sie über der Stirn hatte stehen lassen, fiel ihr ins Gesicht, und sie pustete sie wieder nach oben. „Findest du das nicht gut?“ fragte sie vorsichtig.

Nan streckte die Hand aus und zwirbelte die Strähne zwischen den Fingern. Das feine Haar fühlte sich flauschig an. „Doch“, sagte sie und mußte lächeln, „ich finde es sehr gut. Wann soll's denn losgehen?“

„Ach, im August“, antwortete Kim. Dann zögerte sie. „Ich dachte, vielleicht kann Leo hier solange wohnen – er will doch länger hierbleiben, oder? Ich meine, sonst zahle ich die Miete weiter oder wir finden jemand anders für die Zeit...“

Nan winkte ab. „Darüber mach' dir erstmal keine Sorgen, das wird schon laufen. Aber du kommst doch wieder, oder?“

Kim beugte sich vor und legte ihre Arme um Nan. „Aber sicher, darauf kannst du dich verlassen“, sagte sie bedeutungsschwanger. Draußen klingelte es an der Tür.

„Das ist wahrscheinlich Georg“, sagte Kim und stand auf. „Wenn du fertig bist – komm rüber, ich mache Kaffee.“

Nan stieg aus dem Bett und ging zum Fenster. Sie öffnete es weit und beugte sich hinaus. Auf dem Askanischen Platz war immer noch reichlich Verkehr, aber es stank nicht mehr so nach Abgasen wie tagsüber. Das übriggebliebene Portal des Anhalter Bahnhofs erstrahlte in dem rötlichen Licht, das die beiden Lampen rechts und links davor abgaben. Die große rasenbewachsene Fläche dahinter, auf der sich einst der Rest des mächtigen Gebäudes befunden hatte, lag im Dunkeln. Aus den Fenstern des Postamtes daneben fiel Licht, Nan konnte schemenhafte Gestalten zwischen riesigen Regalwänden ausmachen, die sich teils flink, teils gemächlich bewegten.

Nan verschränkte die Arme hinter dem Kopf und sah nachdenklich hinaus. Erst nach einer Weile merkte sie, daß sie in sich hineinlächelte.

In Kims Zimmer lief der Fernseher mit ausgeschaltetem Ton. Leo und Georg saßen auf dem Fußboden, zwischen sich ein Tablett mit Kaffeetassen und Bierflaschen, Kim hockte dahinter auf dem einzigen Sessel. Alle drei blickten zu ihr auf, und Leo spitzte die Lippen und pfiff bewundernd.

„Wow! Da werden die Weiber aber reihenweise in Ohnmacht fallen", sagt er grinsend. Georg warf sich platt auf den Bauch und rang die Hände. Er trug enge Lederhosen und schwarze, ungeputzte Cowboystiefel, und sein blondes kurzes Haar stand ungleichmäßig in die Höhe. Er war seit vielen Jahren mit Leo befreundet, und wann immer Leo in Berlin war, hingen die beiden zusammen und schlugen sich die Nächte um die Ohren. Genau das hatten sie auch heute vor.

„Oh, bitte, erhöre mein Werben doch endlich!" rief Georg. „Ich kann es nicht mehr länger ertragen, daß die Schönste der Welt für mich nur ein verächtliches Lächeln übrig hat! Lieber Gott, bitte, mach' eine Frau aus mir!" Er ließ die Stirn auf den Boden fallen und stieß einen gequälten Schluchzer hervor.

„Komm lieber wieder hoch, du erkältest dich sonst noch." Nan marschierte unberührt zum großen Wandspiegel, dem einzigen in der Wohnung. Sie überprüfte rasch ihr Äußeres. Georg kroch hinter ihr her und zerrte sie am Hosenbein.

„Ach, bitte!"

Nan schüttelte ihn ab und mußte wider Willen grinsen. „Gott, bist du albern. Gibt es noch Kaffee?"

„Aber sicher", sagte Kim. Sie sah äußerst zufrieden aus. Nan setzte sich neben sie auf die Armlehne und nahm die Tasse entgegen, die Leo ihr reichte. Georg machte es sich zu ihren Füßen bequem und legte einen kleinen Spiegel und eine Rasierklinge auf das Tablett. Aus der Brusttasche seiner Lederweste zog er ein Briefchen Koks, schüttete es auf dem Spiegel aus und begann, das weiße Pulver mit der Klinge zu zerdrücken.

„Wollt ihr?" fragte er, ohne die Augen zu heben.

Kim bejahte. Nan war unschlüssig. Sie nahm fast nie etwas, aber heute konnte ein bißchen nicht schaden.

„Nur ganz wenig", sagte sie. Georg teilte das Häufchen in vier Linien, drei dicke und eine schmalere, dann reichte er

Kim den Spiegel nach oben. Leo gab ihr einen abgeschnittenen Strohhalm, und Kim zog das Pulver geschickt durch die Nase ein. Nachdem Nan an der Reihe gewesen war und den Spiegel an Leo weitergereicht hatte, fragte sie Kim: „Und du kommst wirklich nicht mit? Wie um aller Welt willst du denn schlafen, wenn du dieses Zeug nimmst?"

Kim zog die Nase hoch und bemühte sich, ein Niesen zu unterdrücken. „Ich will ja auch nicht schlafen. Ich will einen euphorischen Brief schreiben und dann hier sitzen und mich am Leben erfreuen. Jetzt habe ich ja allen Grund." Sie verschränkte die Hände vor der Brust und seufzte genüßlich auf.

Nan trank den letzten Schluck Kaffee. Sie spürte bereits, wie die Wirkung einsetzte. Das Zahnfleisch über den Vorderzähnen war taub geworden, und ihr Herz schien schneller zu schlagen. Sie fühlte sich leichter, aber nicht schwerelos.

„Mal sehen, was du heute nach Hause bringst", sagte Leo. Er grinste Nan frech an. Die Haare waren ihm in die Stirn gefallen, und seine Pupillen waren so stark geweitet, daß seine Augen viel dunkler als gewöhnlich wirkten. Ich sehe jetzt genauso aus, dachte Nan.

„Bring du erstmal was nach Hause, Brüderchen. Nicht immer woanders schlafen!"

Leo legte die Hand auf seinen Hosenlatz und zwinkerte Nan zu. „Mal sehen."

Georg war schon wieder dabei, Koks zurechtzumachen. „Laß uns noch was ziehn, und dann mal los, Alter." Eine bogenförmige, eingedrückte Linie zog sich von Ohr zu Ohr durch das Haar auf seinem Hinterkopf, die nur von seinem Motorradhelm herrühren konnte. Nan beugte sich vor und strich mit den Fingern darüber und gegen den Strich, aber die Haare stellten sich wieder genauso störrisch auf wie vorher.

„Hat keinen Sinn, aber trotzdem danke,", sagte Georg. „Da hilft nur Wasser. Oder Sex", er blickte auf, als sei ihm gerade wieder sein ständiges ironisches Werben um Nan eingefallen, und der Schalk blitzte in seinen Augen. „Küß mich", bat er mit melancholischem Gesichtsausdruck. Die

Iris seiner braunen Augen war so dunkel, daß sie mit den geweiteten Pupillen zu verschmelzen schien, was seinen Augen einen seltsam starren, nahezu leblosen Ausdruck gab. „Geht nicht, ich hab' Lippenstift drauf", sagte Nan und stand auf. Georg widmete sich schon wieder dem Koks. Sie beugte sich herunter und drückte ihm einen fetten Kuß auf die Wange.

„Das geht nie wieder ab, ist wasserfest", erklärte sie. Er lachte, wischte sich aber vorsichtshalber mit dem Handrükken über die Wange und begutachtete das Ergebnis. Nan küßte Leo und Kim ebenfalls.

„Ich gehe. Viel Spaß!"

Alle drei winkten ihr mit lippenstiftverschmierten Wangen zu. Nan ging noch einmal ins Badezimmer und zog sich die Lippen nach.

„Viel Spaß!" sagte sie zu ihrem Spiegelbild. Das Spiegelbild lächelte verschlagen.

XVII

Ohrenbetäubender Techno-Sound hämmerte durch die rauchgeschwängerte Luft. Bereits im Vorraum der Discothek, der durch einen schwarzen Vorhang vom eigentlichen Tanzraum abgetrennt war, spürte Arndt die Erschütterungen, die von den tanzenden Körpern und den lauten, rhythmischen Bässen verursacht wurden. Es roch nach Rauch und Schweiß, und der Garderobier gegenüber starrte Arndt ungeniert an. Immer wieder wehte ein Schwall heißer Luft herein, wenn der Vorhang von ein- und ausdrängenden Gästen zur Seite geschoben wurde.

Arndt nestelte am Reißverschluß seiner Jacke und schielte unruhig zum Eingang. Hoffentlich löste Bernie sich bald von dem kraftstrotzenden, blonden Türsteher, den er, kaum daß sie hereingekommen waren, in ein angeregtes Gespräch verwickelt hatte. Arndt stand unbeholfen da, in eine Ecke gepreßt, und kam sich wie ein Dorftrampel vor. Er wollte seine Jacke abgeben und ein kaltes Bier trinken. Wenn der Garderobier nur nicht so starren würde!

Endlich kam Bernie, sein Jackett im Gang lässig abstreifend, auf Arndt zu. Bevor er bei ihm angelangt war, warf er es, ohne hinzusehen, auf die Garderobentheke.

„Hast du deine Jacke immer noch nicht abgegeben? Nun mach' aber mal!"

Nach einem gespielt strafenden Blick auf Arndt wandte Bernie sich dem Garderobier zu, der ein breites Grinsen aufgesetzt hatte.

„Dein Freund denkt wohl, daß ich beiße."

Bernie schürzte die Lippen und zeigte einen vollendet arroganten Augenaufschlag. „Er ist eben ein wenig schüchtern. Aber mach' dir nichts draus" – Bernie legte eine Hand auf den Arm des Garberobiers – „das ist mit Sicherheit nicht persönlich gemeint. Eigentlich steht er nämlich auf Blonde."

Arndt spürte, wie er rot vor Ärger und Verlegenheit wurde. Er wußte zwar, daß Bernie es nicht böse meinte, aber ein wenig taktvoller könnte er schon sein. Im Grunde, dachte Arndt, während er mit zusammengebissenen Zähnen die Jacke auszog und sie dem Garderobier reichte, wobei er jeglichen Augenkontakt vermied, im Grunde brauche ich mich nicht darüber zu ärgern. Schließlich kenne ich das alles zur Genüge. Cool bleiben, ermahnte er sich. Immer schön cool bleiben.

Um sein neu erstarktes Selbstbewußtsein zu demonstrieren, überhörte er gekonnt den weiteren Wortwechsel zwischen Bernie und dem Garderobier und ging voraus in den großen, in dunklen Farben gehaltenen Tanzsaal. Zuckendes Neonlicht über der Tanzfläche erhellte blitzartig die Gesichter der gedrängt stehenden Männer. Vereinzelt waren auch Frauen zu sehen, zwei, drei Lesben hier und da, die anderen gehörten zu jener Sorte besonders feminin herausgeputzter Frauen, die sich gerne mit Homosexuellen umgaben. Die Tanzfläche war brechend voll. Zwischen den sich zu den Techno-Klängen rhythmisch oder auch arhythmisch bewegenden Männern in Jeans oder Leder konnte Arndt auch einige ausmachen, die mit nackten, schweiß- (oder war es Öl?) glänzenden Oberkörpern tanzten. Arndt bahnte sich festen Schrittes einen Weg zur Bar, schob sich zwischen zwei hünenhafte Schnauzbärtige und bestellte ein Bier.

„Hey, bring mir einen Gin-Tonic mit!“ rief Bernie hinter ihm. Arndt tat ihm den Gefallen. Als er sich umdrehte, hatte Bernie ihm bereits wieder den Rücken zugewandt und taxierte die Umstehenden. An seinem unruhig in alle Richtungen zuckenden Hinterkopf war deutlich abzulesen, daß er noch kein potentielles Flirt-Objekt gesichtet hatte. Er wandte sich zu Arndt um und hob die Augenbrauen.

„Mann, ist das voll hier drinnen! Ich weiß gar nicht, wo ich zuerst hingucken soll.“ Er warf einen kurzen Blick auf die beiden Typen neben Arndt, dann sah er ihn direkt an. „Bist du stinkig oder was?“

„Nein“, sagte Arndt gelassen, „überhaupt nicht. Ich kenn' doch deine Art.“

Bernie fixierte ihn scharf, aber seine Aufmerksamkeit wurde Sekunden später wieder von etwas Interessanterem in Anspruch genommen. Links von ihm war ein großer dunkelhaariger Mann aufgetaucht, der sich langsam zur Theke vorschob.

Mit seinem Bier in der Hand ging Arndt an den Rand der Tanzfläche. Er lehnte sich an eine Säule, stützte einen Fuß daran ab und sah sich um. So viele schöne Männer. Unglaublich, wie viele Schwule es in Berlin gab. Vielleicht wäre ich in einer kleinen Stadt doch besser aufgehoben, dachte er. Da ist die Auswahl zwar nicht so groß, aber überschaubarer – und es gibt nicht so viel Konkurrenz. Er spürte, wie sich sein mangelndes Selbstbewußtsein wieder breitzumachen versuchte. Ich bin nicht geschaffen für dieses offensive Balzverhalten. Alle protzen sie mit irgendetwas, und sei es auch nur ein neues Hemd, aber ich?

Er nippte an seinem Bier und überlegte, welche herausragenden Eigenschaften er besaß, die er einsetzen könnte, um sich besser darzustellen. Seufzend zuckte er die Achseln. Wahrscheinlich kann ich mich nicht gut verkaufen, dachte er. Darum geht es ja letztenendes doch: sich möglichst gut zu verkaufen, aus dem wenigen, was man vorzuweisen hat, möglichst viel zu machen.

Er wechselte das Standbein. Aus dem Augenwinkel registrierte er, daß ein Typ in der Nähe ihn beobachtete. Arndt sah unauffällig genauer hin. Der Typ war mittelgroß, mittelblond und sah langweilig aus. Ihre Blicke trafen sich, und der Typ verzog seine schmalen Lippen zu einem einladenden Lächeln. Arndt sah weg. Wenn er schon Chancen hatte, dann aber auch immer ausgerechnet bei Männern, die ihn absolut nicht interessierten. Mißmutig trank er sein Bier aus und machte sich auf den Weg zur Theke, um neues zu holen.

Bernie war mit dem Dunkelhaarigen in ein angeregtes Gespräch vertieft. Als er Arndt entdeckte, winkte er ihm zu und hob in Brusthöhe, so, daß sein Gesprächspartner es nicht sehen konnte, die beiden Finger der linken Hand zum V-Zeichen. Arndt nickte ihm anerkennend zu, was Bernie mit einem Kußmund quittierte, dann ging er zurück zur Tanzfläche.

An der Säule lehnte jetzt ein junger Mann um die Zwanzig in Lederhose und dunklem Rolli. Seine kurzen dunklen Haare waren nach hinten gekämmt, das feingeschnittene Gesicht wurde von schmalen Koteletten, die in einer nach oben schwingenden Spitze endeten, umrahmt. In seinen schlanken Händen hielt er ein Glas mit einer hellen Flüssigkeit und einem Strohhalm. Bei seinem Anblick wurde Arndt hellwach – er liebte knabenhafte, zartgliedrige Männer mit melancholischen Augen. Er wußte, daß er zu romantischen Übertreibungen neigte, aber dennoch – solche Augen rührten etwas in ihm an, etwas tief im Verborgenen Liegendes, eine geheime Sehnsucht.

Arndts Kehle zog sich leicht zusammen, hastig nahm er einen Schluck und stellte sich so, daß er den Typ im Auge behalten konnte, ohne direkt in dessen Blickwinkel zu stehen. Der Dunkelhaarige beugte den Kopf zu seinem Glas hinunter; lange dichte Wimpern senkten sich über seine dunkelbraunen Augen. Arndt konnte seinen Haaransatz sehen: winzige kleine Löckchen über verletzlich scheinender heller Haut. Arndt schob seine Hand in die Hosentasche. In seinen Fingerspitzen kribbelte es. Zu gerne würde er über die Haut dort streichen: Weichheit.

Der Typ sah auf und geradewegs in Arndts Augen. Arndt wollte den Blick abwenden, aber es war zu spät. Ein kleines Lächeln erschien auf den Lippen seines Gegenübers, die immer noch den Strohhalm hielten, dann senkte er wieder den Kopf über sein Glas. Arndts Herz klopfte nervös.

In der nächsten Viertelstunde wiederholte sich das Gleiche mehrere Mal. Einmal ging der Typ fort, und Arndt fürchtete schon, er würde die Disco verlassen, überlegte, ob er ihm nachgehen sollte, aber ein paar Minuten später war er wieder da, mit einem neuen Glas in der Hand. Er stellte sich wieder an seinen Platz, der freigeblieben war, hob das Glas und prostete Arndt mit einem charmanten Lächeln zu. Während Arndt verwirrt sein Glas hob, legte sich eine Hand von hinten auf seine Schulter.

„Arnie! Na, 'ne heiße Nummer aufreißen?"

Leo. Die Stimme ließ Arndt immer noch, nach all den Jahren, das Blut aus dem Gesicht weichen. Benommen drehte er sich um. Leo strahlte ihn an. Er sah wieder einmal blendend aus, seine blauen Augen glänzten, und die Lederklamotten standen ihm großartig.

„Redest du nicht mehr mit mir?" Leo lachte aufgeräumt. Dann schlang er seine Arme um Arndt und machte ein paar alberne Tanzschritte mit ihm. Arndt trottete unbeholfen mit. Sein Gehirn war wie umnebelt, ihm fiel kein einziger vernünftiger Satz ein. Leo ließ ihn los und zog ihm das Bier aus der Hand. „Darf ich?" Er nahm einen Schluck und lachte wieder. „Hab ich mir doch fast gedacht, daß du hier bist. Ich wollte dich noch anrufen, aber dann hab ich es gelassen. Wollte dich überraschen."

Arndt war jetzt vollkommen durcheinander. Angestrengt versuchte er, seine Gedanken in klare Bahnen zu lenken. Hieß das, daß Leo wegen ihm hier war? Aber wieso? Wieso suchte er ihn in einer Schwulendisco?

Leo stand neben ihm, kreiste mit den Hüften zur Musik und drehte sich eine Zigarette. Arndt nahm sich zusammen.

„Bist du alleine hier?"

„Nee, mit Georg." Leo deutete mit dem Ellenbogen zur Tanzfläche, wo Arndt nach ein paar Sekunden Georg entdeckte, der, ebenfalls von Kopf bis Fuß in Leder gekleidet, mit wild schlenkernden Armen einen heißen Tanz hinlegte. Zwei Männer tanzten begeistert um ihn herum und begafften ihn lüstern, aber Georg lachte sie nur freundlich an. Arndt fühlte sich plötzlich schlagartig ernüchtert. Er spielt mit ihnen, dachte er. Die blöden Schwulen, die geil auf jeden Männerarsch glotzen, die kann man ja auch hervorragend verarschen.

„Georg hat ja wieder mächtig Spaß", sagte Leo neben ihm. Arndt sah ihn an. Jedenfalls ist er nicht wegen mir hier, dachte er, plötzlich verbittert, er will sich bloß mit Georg amüsieren gehen. Erstmal ein paar Kerle anstacheln, und dann später 'ne Braut aufreißen. Wut stieg in Arndt hoch, und er starrte Leo mit zusammengekniffenen Augen an. Was denkt er denn wohl eigentlich von mir? Ob er mich überhaupt ernstnimmt? Vielleicht bin ich für ihn ja auch nur irgendsoein kleiner doofer Schwuler. Er hätte am liebsten laut losgeschrien. Düstere Enttäuschung machte sich in ihm breit, überrollte ihn, nahm ihm jegliche Möglichkeit, die Außenwelt um ihn herum noch wahrzunehmen und realistisch einzuschätzen.

Leo warf ihm einen kurzen Blick von der Seite zu, und Arndt, der ihn weiter finster anstarrte, ohne es zu merken, wurde durch Leos erst erstaunten, dann ungläubigen Gesichtsausdruck aus seinen Gedanken geholt.

„Meine Güte!" sagte Leo erschrocken, „was ist denn mit dir los? Hab' ich dir was getan?"

Ja, dachte Arndt langsam, seit zehn Jahren tust du mir etwas. Seit zehn Jahren komme ich nicht von dir los. Einen Moment lang schwankte er, ob er all das lang Angestaute, all die Frustrationen der ewig scheinenden Zeit der Entbehrung in Worte fassen sollte. Jetzt wäre der richtige Moment, Leo seine unerfüllte Liebe zu gestehen. Aber Arndt ließ, ohne es eigentlich zu wollen, den Moment vorüberstreichen. Etwas hielt ihn davon ab – vielleicht war es die Erkenntnis, daß der Traum endgültig vorüber sein würde, wenn er davon sprach. Leos bestürzter Gesichtsausdruck, der Schatten von unbewußtem Begreifen, der sich in den sorgenvollen Falten über dem jungenhaften Gesicht ausdrückte, milderten Arndts Wut und seine Enttäuschung. Stattdessen erkannte er plötzlich eine Wahrheit über sich selbst, die immer unter den aktuellen Gefühlen verborgen geblieben war: Er brauchte das Unerfüllte, vielleicht auch das Unerfüllbare, die Melancholie war nicht nur eine lästige, lähmende Bürde, mit der er ständig zu kämpfen hatte, sondern ein untrennbar mit seinem Selbst verbundener Wesenszug, der ihm, so paradox es auch schien, Auftrieb gab. Seine Sehnsüchte füllten eine Leere in ihm, die sonst allgegenwärtig und unausweichbar wäre.

Arndt straffte die Schultern und versuchte, sich zu lockern. „Ach“, sagte er, „Ich war gerade etwas daneben. Alles okay.“

Leo lächelte zögernd. „Ehrlich?“

„Ja, klar“, erwiderte Arndt. Er nahm Leo die leere Flasche aus der Hand. Zum allerersten Mal, seit er Leo kannte, fühlte er sich ihm eine Spur überlegen. Er wußte nicht, ob er sich gut dabei fühlte oder nicht. Eine Spur Beschämung war auf jeden Fall dabei, so als hätte er Leo belogen. Aber so war es ja nicht, nicht eigentlich.

„Willst du ein Bier, Leo?“

„Ich auch!“ schrie Georg, der hinter Leo aufgetaucht war, Sein Gesicht war gerötet, und die kurzen Haare standen noch mehr von seinem Kopf ab als sonst. Leo nickte, ein Lächeln auf den Lippen. Er ist so schön, dachte Arndt vage, und für einen winzigen Moment zog sich etwas in ihm schmerzhaft zusammen. „Gut, dann hol' ich drei.“ Er wandte sich zum Gehen, und sein Blick blieb zufällig an Leos schwarzem Rolli, den er unter der Jacke trug, hängen. Siedendheiß durchzuckte Arndt eine Erinnerung. Er drehte sich um. Der Typ stand immer noch an der gleichen Stelle, er sah mit leicht arrogantem Gesichtsausdruck stur geradeaus, und dicht neben ihm stand ein Mann mit Schnäuzer, der leise auf ihn einredete. Der Schönling wandte den Blick in Arndts Richtung, sah ihm ins Gesicht und durch ihn hindurch. Dann drehte er sich seinem Gesprächspartner zu und schenkte ihm ein verführerisches Lächeln. Arndt ging.

Leo und Georg blieben nur auf das Bier. Arndt begleitete sie zum Ausgang, wo die Toiletten lagen. Vier Männer standen dort einträchtig nebeneinander, hielten ihre Schwänze in der Hand, starrten an die Decke und warteten, daß der blockierte Urinstrahl sich endlich löste. Keiner sah den anderen an. Arndt mußte warten, denn die einzige Toilettenkabine war ebenfalls besetzt. Nach ein paar Sekunden spritzten die ersten Urinstrahlen in ein Becken, gleich darauf pinkelten auch die anderen drei. Arndt konnte sich ein Grinsen nicht verkneifen. Aus der Kabine kam ein großer, blonder Mann mit grauen, fast stechenden Augen. Er hob kurz die Augenbrauen, als Arndt an ihm vorüberging, und verzog den Mund zu einem kurzen Lächeln. Arndt nickte und versperrte die Tür hinter sich. Es gibt aber schon nette Typen, dachte er, als er die Hose aufmachte.

Der Schönling stand immer noch an der gleichen Stelle, als Arndt zurückkam, jetzt aber wieder alleine. Anscheinend schien er doch Interesse zu haben, denn er warf Arndt mehrfach wieder einen seiner sehnsüchtig-einladenden Blicke zu. Arndt war wie beflügelt. Der Abend begann ihm zu gefallen. Als er sah, wie der andere sein leeres Glas abstellte, raffte er all seinen Mut zusammen. Langsam ging er auf ihn zu. Dicht vor ihm, aber nicht zu dicht, blieb er stehen.

„Möchtest du etwas trinken?"

Der Typ sah ihn an, und Arndt wurde von der Verachtung, die in seinem Blick lag, fast zurückgeschleudert. Komm mir bloß nicht zu nahe, schienen seine Augen zu sagen, was bildest du dir eigentlich ein?

„Nein, danke", sagte der Dunkelhaarige mit Nachdruck, und seine Lippen schürzten sich leicht angewidert, bevor er gelangweilt wieder geradeaus sah.

„Nichts für ungut, war ja nur 'ne Frage", sagte Arndt, hob die Hände und ging mit aufrechten Schultern zurück. Schön blöd reingefallen war er. Anhimmeln durfte man diese Schönlinge, dann bekam man auch noch schöne Augen gemacht, aber wehe, man wagte es, ihnen zu nahe zu treten. Trotzdem – es wurmte ihn.

Er überlegte gerade, ob er Bernie suchen sollte, um zu gehen, als sich jemand vor ihn hinstellte. Es war der Blonde, der aus der Toilettenkabine gekommen war.

„Hättest du Lust, etwas mit mir zu trinken?"

Arndt zögerte einen Moment. Eigentlich hatte er die Nase voll für heute abend. Aber dann besann er sich. Warum eigentlich nicht?"

„Gerne", sagte er.

XVIII

„Wally, komm doch endlich!“

Wally stand vor der Fensterscheibe eines Eisenwarengeschäftes und betrachtete mit mürrischem Gesichtsausdruck ihr Spiegelbild.

„Du mußt zugeben, daß das absolut lächerlich aussieht. Wie so ein Hanswurst!“ Sie drehte sich mit geöffneten Armen und nach außen gekehrten Handflächen um. Nan ließ den Blick an ihr herunterwandern. Die Haare lagen gut, die Klamotten waren in Ordnung, und der linke Stiefel war blitzblank geputzt. Alles in allem machte Wally einen tadellosen Eindruck, beste Voraussetzungen für eine Eroberung. Wenn da nur nicht der schmutzigweiße Gipsfuß wäre...

„Natürlich sieht das komisch aus mit dem Gipsfuß, aber du hast ihn nun mal.“

„Wenn ich einen weißen Turnschuh anhätte, würde das nicht so lächerlich wirken“, maulte Wally.

„Ich bitte dich, Wally, du ziehst doch nie Turnschuhe an!“ Nan schüttelte den Kopf.

„Ja, aber guck mich doch mal an!“ Wally breitete die Arme erneut aus. „Ausstaffiert wie ein Ober-KV, und dann unten dieses Ding! Wie Rumpelstilzchen!“

„Wally!“ Nan stöhnte und verdrehte die Augen. Wally war im Moment wirklich unerträglich. Sie, die fast nie ein Wort über ihr Äußeres verlor, hatte seit der Trennung von Anja damit begonnen, sich ständig über den Gipsfuß aufzuregen. Sie haßte ihn mit Inbrunst.

„Du siehst nicht lächerlich aus wegen dem Gipsfuß. Du siehst höchstens lächerlich aus, wenn du so dastehst, mit ausgebreiteten Armen.“

Wally funkelte sie an und verschränkte die Arme, aber sie rührte sich nicht vom Fleck.

„Wally, komm jetzt. Du siehst gut aus. Du versteckst einfach den Fuß unterm Barhocker, und alle werden dich anhimmeln.“

„Haha“, grummelte Wally, aber sie setzte sich in Bewegung. Nan seufzte auf. Die Krise schien fürs erste vorüber. „Außerdem will ich sowieso keine kennenlernen. Kann ich gut drauf verzichten", murrte Wally hinter ihr. Nan verdrehte die Augen. Die Krise war wohl doch noch nicht vorüber.

„Geh ruhig tanzen, geh ruhig!" Wally winkte mit der Hand in Richtung Tanzfläche. „mach' schon!"

Nan grinste. „Danke schön!"

Wally hob die Achseln. „Ach, bitte. Hauptsache, du verrenkst dir nicht den Fuß." Ein dämonisches Lächeln erschien auf ihren Lippen. „Deine Schnecke wartet schon!"

Nan ging zur Tanzfläche und schob sich zwischen einem langhaarigen Pärchen hindurch auf Tina zu. Tina legte ihre Arme um sie. Ihr rechtes Bein preßte sich zwischen Nans Schenkel.

„Na, wie geht's?" flüsterte sie rauh.

Nan legte eine Hand auf ihren Hintern und zog sie enger an sich. „Gut, und dir?"

„Hervorragend. Ich amüsiere mich prächtig. Aber ich hoffe" – sie warf den Kopf zurück und sah Nan lasziv in die Augen – „mich später noch mehr zu amüsieren."

Nan lächelte mit vorgeschobenem Kinn und zog Tina wieder an sich. Tinas Antrag schmeichelte ihr, aber sie hatte nicht die geringste Lust, Versprechungen über den weiteren Verlauf des Abends zu machen. Aber es war ja noch früh.

„Sag bloß, du weichst mir aus?" Tina biß ihr sanft in den Hals, und Nan zuckte zurück, nur leicht, aber Tina registrierte ihr Zögern. „Feigling", sagte sie leise, fast zärtlich. Ein schneller Trommelwirbel knallte aus den Boxen, und Nan kam aus dem Takt. Tina löste sich von ihr. Sie musterte Nans Augen eindringlich, und für einen Moment fragte sich Nan, was Tina wohl darin sah. Sah sie die Zweifel?
„Wir sprechen uns später noch", sagte Tina, lachte und tanzte mit extrem wiegenden Hüften davon.

Wally unterhielt sich angeregt mit einer Frau, die Nan flüchtig vom Sehen kannte. Sie setzte sich auf den gerade freiwerdenden Hocker neben Wally und ließ den Blick durch den Raum schweifen. Es herrschte reges Gedränge, und sie entdeckte viele bekannte Gesichter, aber die meisten Frauen hatte sie noch nie gesehen und sie schienen alle so jung zu sein, viel jünger als Nan. Sie nippte an ihrem Bier und dachte nach. Vielleicht kam sie langsam in das Alter, in dem sich Torschlußpanik breitmachte. Seit sie sich im vorletzten Herbst nach über drei Jahren von Lena getrennt hatte, war da nichts mehr von Bedeutung gewesen. Flüchtige Affairen, in denen Sex die Hauptrolle gespielt hatte. Sie fühlte sich wohl dabei. Manchmal, an gewissen Tagen, kam eine Sehnsucht in ihr hoch, eine Sehnsucht nach Nähe, nach Wärme und nach dem Schutz, den eine feste Beziehung bietet, aber diese Sehnsucht hielt nie lange vor. Probleme, jemanden fürs Bett zu finden, hatte sie nie. Es gab immer irgendwo eine Tina. Nan schauderte bei dem Gedanken. Eigentlich bin ich ein Arsch, dachte sie. Aber solange ich die Karten offen auf den Tisch lege, ist es doch in Ordnung. Ihr Blick fiel auf Tina, die schräg gegenüber auf der anderen Seite der Tanzfläche stand und sich unterhielt. Eben lachte sie, und ihre Lippen entblößten makellos weiße Zähne. Nan sah sie nachdenklich an. In den letzten Tagen hatte ihre Begeisterung für Tina ein wenig nachgelassen. Es gab keinen Grund dafür, nichts Greifbares, die Nächte waren immer noch genauso leidenschaftlich, vielleicht mehr noch, weil sie sich besser kannten, aber dennoch, etwas fehlte. Ich könnte Tina nie wirklich lieben, dachte Nan, aber dieser Gedanke war nicht neu. Sie hatte das von Anfang an gewußt. Aber vielleicht hatte sie es mittlerweile einfach zu oft *gedacht.*

Wally drehte sich zu ihr um. Ihre Bekannte war gegangen.

„Na, worüber denkst du nach?"

„Über mich." Nan pulte das Etikett von der Bierflasche.

Wally sah zu Tina, dann wieder zu Nan. Ihr Gipsfuß wippte im Takt zur Musik.

„Nan, ich kenne dich. Du peilst schon wieder die Nächste an, auch wenn du es noch nicht weißt."

Nan sah sie skeptisch an.

Wally grinste. „Keine Bange, kommt schon bald eine. Da mach' ich mir keine Sorgen." Sie sah sich forschend um, aber noch während sie die Umstehenden betrachtete, veränderte sich ihre Miene. Nan erkannte den Ausdruck sofort: eine Mischung aus Bedrückung, Angst und Wut. Ganz offensichtlich dachte Wally an Anja.

Wally spürte Nans Blick und sah sie an. „Jaja, ich weiß, was du denkst“, sagte sie und grinste schief. „Du denkst, da sitzt sie und überlegt schon wieder, wie sie Anja zurückerobern kann.“

„Und“, fragte Nan und stützte die Ellenbogen auf die Theke, „tust du das?“

Wally überlegte, dann zuckte sie die Achseln und sah Nan offen an. „Ich denke immer noch, wir könnten das wieder hinkriegen. Ich muß nur den Knackpunkt finden, den Punkt, an dem sich das Ganze verfahren hat.“ Sie schwieg einen Moment und spielte mit ihrem Whiskyglas, und an ihren leicht verschleierten Augen sah Nan, daß sie vollkommen in ihren Gedanken gefangen war. Nan wartete ab. Sie kannte Wally gut genug, um zu wissen, daß sich das Angestaute in ihr nur in einem ungebrochenen Wortfluß lösen konnte, und jede Frage, jede Bemerkung einer anderen Person wirkte dann bei ihr wie ein Stöpsel, den sie nicht imstande war, aus eigener Kraft wieder herauszuziehen.

Wally trank des letzten Schluck von ihrem Whisky, schwenkte das Glas in der Hand und stellte es dann auf der Theke ab, die mit feuchten Ringen, die von der Unterseite der Gläser und Flaschen stammten, überzogen war. „Aber es gibt zwei Hindernisse“, fuhr sie energisch fort, „und beide scheinen mir fast unüberwindbar zu sein. Das eine ist: Vielleicht gibt es diesen Knackpunkt gar nicht. Nichts, worauf ich den Finger legen kann. Es ist viel zu viel, ein riesiger Berg von Problemen. Wenn sie chronologisch aufzuarbeiten wären, ginge es ja noch, aber sie haben sich mit den Jahren so vermischt – ich könnte nicht mehr sagen, welche zuerst da waren. Mir kommt es vor, als ob sich die ganzen Kleinigkeiten gegenseitig bedingen, so sehr, daß sie sich zu einem festverwobenen Gepinst von Schlechtigkeit verbunden haben. Und es ist unmöglich, eines herauszulösen, ohne alles mitzuziehen. Wie soll ich hunderttausend Probleme auf einmal in Angriff nehmen?“ Sie blickte Nan gequält an. „Das andere ist, daß ich es nur mit Anja zusammen machen kann. Und sie will nicht. Jedesmal, wenn wir telefonieren, sagt sie, sie kann nicht und es hätte keinen Zweck.“ Wally rutschte unruhig auf ihrem Hocker nach vorne. „Ich verstehe das nicht – eigentlich müßten wir doch an einem gleichen Punkt sein. Wir haben so viele Jahre miteinander verbracht, wir waren uns fünf Jahre lang nah. Wir haben uns nie so weit voneinander entfremdet, daß wir nicht mehr wußten, was die andere über bestimmte Dinge dachte. Und auf einmal scheint es mir, als ob ich Anja irgendwo unmerklich verloren habe. Als ob sie mir abhanden gekommen ist." Wally seufzte und verstummte. Ein neues Stück setzte ein, eines der aktuellen Hip-Hop-Stücke, und Nan beobachtete abwesend, wie sich die Tanzfläche hinter Wally augenblicklich füllte.

„Bist du dir sicher, daß ihr nicht vielleicht die Liebe abhanden gekommen ist?" fragte Nan.

Wally musterte sie nachdenklich. „Sie sagt, nein." Ihre Augenlider senkten sich. „Aber ich beginne daran zu zweifeln. Wer gibt schon gerne zu, daß er jemanden nicht mehr liebt? Sie würde sich eher die Zunge abbeißen, als das zu sagen. Aus Angst, mir weh zu tun." Ihre Stimme klang spöttisch.

„Ich bin sicher, daß sie dich nicht anlügt, jedenfalls nicht bewußt", erwiderte Nan. Beziehungen gingen meist eher zu Ende als die Liebe. Die Liebe hallte nach, und irgendwann wußte man nicht mehr, ob es noch Liebe war oder nur Erinnerung. Wenn man erkannte, daß es die Vergangenheit war, die man liebte und die man festhalten wollte, dann erst war auch die Liebe vorbei.

„Nein", sagte Wally, wieder ernüchtert, „das glaube ich auch nicht. Sie hat nie gelogen – sie verdrängt höchstens. Aber was soll ich dagegen tun?" Sie blickte Nan offen an, und es war keine rhetorische Frage. Sie verlangte nach einer ehrlichen Antwort.

„Ich weiß es nicht", sagte Nan zögernd. „Aber ich weiß, daß, wenn ihr zusammenbleibt, muß eine von euch ihr gesamtes Leben umschmeißen."

Wally schwieg. Sie sah in ihr leeres Glas. Nach einer Weile zuckte sie die Schultern. „Es gibt Momente, da würde ich alles tun, um wieder mit Anja zusammen zu sein. Aber – auch damit wären die Probleme nicht gelöst." Sie lachte kurz, ein trauriges Lachen. „Würde ich mit nach Bombay gehen, könnte ich vielleicht“ – sie hob eine Hand und deutete mit Daumen und Zeigefinger eine winzige Spanne an – „vielleicht mit ihr zusammenbleiben. Aber einen Teil von mir würde ich hier zurücklassen, und was will Anja mit mir, wenn ich nicht mehr vollständig bin?“

„Und was willst du dann mit Anja?“ fragte Nan leise. Wally schüttelte leicht den Kopf. Sie sah Nan an. Ihr Blick war traurig, aber Nan spürte, daß Wally eine Hürde überschritten hatte: Ohne sich dessen bewußt zu sein, begann sie, die Trennung als Realität zu begreifen. Widerwillig zwar, der Schmerz wütete noch mit unverminderter Kraft, aber es waren schon eher Nachwehen als Kampf.

Nan bestellte neue Getränke, und eine Weile saßen beide still da und beobachteten das Treiben um sie herum. Nan sah auf die Tanzfläche. Fünfzig, sechzig Frauen vergnügten sich dort, tanzten, lachten, flirteten. Paare waren darunter, die sich mit Blicken verschlangen, die sich frisch kennengelernt und noch nicht von dem bitteren Geschmack der Entfremdung gekostet hatten. Andere Paare waren darunter, deren Augen unruhig umherschweiften, die nach etwas anderem, etwas Unbekanntem Ausschau hielten, weil sie schon satt waren voneinander. Und einzelne Frauen tanzten dort, deren Bewegungen mehr oder weniger versteckte Signale waren, Signale, daß sie auf der Suche waren nach... nach was? Sex? Nähe? Liebe? Alle sahen sie hungrig aus. Würde Sex den Hunger lindern? Machte Sex satt? War es Hunger oder Appetit?

Und die Gefühle? Nan dachte einen Moment nach, sie dachte an Tina, an Anja, und verschwommen dachte sie auch an Tamara, dann beugte sie sich zu Wally, die aufmerksam etwas hinter Nans Rücken beobachtete.

„Wally, vielleicht sollten wir ganz was Neues ausprobieren. Nach Paris oder irgendwohin fahren und uns eine ordentliche Braut aufreißen.“

„Vielleicht...“ sagte Wally gedehnt. Dann lächelte sie an Nan vorbei. „Hallo! Das ist aber eine Überraschung!“

Nan drehte sich um. Hinter ihr stand Tamara und sah sie an, ein wissendes Lächeln auf den Lippen.

„Oh, hallo, Tamara.“ Das Blut schoß Nan in den Kopf. Tamara lächelte sie an, als ob sie nichts gehört hätte. Dann lehnte sie sich neben Wally an die Theke und begann, sich mit ihr zu unterhalten. Nan musterte sie verlegen. Tamara sah hervorragend aus in ihrem schwarzen Anzug. Der dunkle Lippenstift betonte ihren sinnlichen Mund. Auf eine ungewohnte Art sah sie aufregend aus, und um ihren Mund herum hatte sie eine feine Linie, die vorher noch nicht dagewesen war und auf Entschlossenheit hindeutete. Zugleich schien sie ernster als sonst. Nan zog nachdenklich die Augenbrauen zusammen. Tamara sah auf. Für einen kurzen Moment trafen sich ihre Blicke, und es war wieder wie vor ein paar Wochen, als sie im Auto gesessen hatten, an jenem Abend, an dem Leo gekommen war. Nur, daß es jetzt, sei es durch die Wiederholung, sei es durch den Augenblick und die Umgebung, deutlich war: Tamara wollte etwas. Ihr Blick war unmißverständlich. Nan wandte die Augen ab.

„Ich muß mal aufs Klo", sagte Wally und erhob sich schwerfällig. Im Vorbeihumpeln flüsterte sie leise in Nans Ohr: „Das knistert ja ganz schön zwischen euch beiden."

Nan biß sich auf die Lippen. Am liebsten wäre sie Wally hinterhergerannt und hätte sich mit ihr wie ein Teenager auf dem Klo beraten.

Tamara gab sich seit geraumer Zeit alle Mühe, Nan in ein Gespräch zu ziehen, aber mit jeder Minute wurde Nan nervöser. Sie fühlte sich, als stünde sie im Zentrum eines Sturmes aus Gefühlen, fremden und eigenen, ohne daß sie durchschaute, woher und warum dieser Sturm plötzlich aufgetaucht war. Wallys Kummer, ihre eigene seltsame Beziehung zu Tina, Tamara... Wer wollte was und vor allem, wen? Langsam, aber sicher hatte Nan den Faden verloren und war nach und nach und zuletzt endgültig verstummt. Zu allem Überfluß war zwischendurch auch noch Tina gekommen, hatte sich kurz und betont unauffällig an Nan geschmiegt und ihr ein paar anzügliche Aufforderungen ins Ohr geflüstert. Nan war das Ganze ungeheuer peinlich. Was war eigentlich los mit ihr? Sonst hatte sie doch auch keine Schwierigkeiten, sich mit Tamara zu unterhalten. Wally hatte dreckig gegrinst, während Tamara gelassen die Umgebung betrachtete. Jetzt beugte sie sich vor.

„Ich denke, ich gehe jetzt. Du bleibst sicher noch, oder?"

„Hm“, war alles, was Nan hervorbrachte. Tamara erhob sich. Ihr Blick war auffordernd, aber abwartend.

„Tja“, sagte Nan und verwünschte den unsicheren Ton, in dem dieses kleine dumme Wörtchen aus ihr herauskam.

„Na, dann“, sagte Tamara, und Nan meinte einen Hauch von Belustigung in ihrer Stimme zu erkennen. „Ich ruf' dich an.“

„Gut“, sagte Nan. Sie starrten sich sekundenlang schweigend an. Tamara runzelte die Brauen, dann stand sie auf. „Grüß Wally von mir.“

„Ja. Und – äh, schlaf gut.“

Wally kam ein paar Minuten später von der Toilette zurück.

„Ist Tamara etwa gegangen?“

„Ja“, sagte Nan mürrisch. „Schöne Grüße noch.“

Wally zog die Augenbrauen hoch. „Und du hast sie einfach gehen lassen? Was ist denn los mit dir? Du stehst doch genauso auf sie wie sie auf dich.“

„Ach ja?!“

Wally stieß sie an die Schulter. „Hey! Bist du etwa verliebt?“

„Nein!“ Nan schrie fast. „'Tschuldige. Ach, ich weiß auch nicht, was ich habe. Vergiß es.“

Wallys Blick schweifte unruhig hin und her.

„Vielleicht sollten wir auch gehen.“

Nan stand erleichtert auf. „Ja. Moment noch.“

Tina lehnte an der DJ-Box, die hinter der Tanzfläche auf einem Podest aufgebaut war.

„Tina.“

Sie drehte sich um. Ein erwartungsvolles Lächeln zeigte sich auf ihren Lippen. Nan straffte die Schultern.

„Ich geh jetzt. Mit Wally. Wir sind müde. Okay?“

Das Lächeln erlosch, aber nicht ganz. Tina zuckte bedauernd die Achseln. „Okay. Schade. Sehen wir uns bald?“

„Klar.“ Nan beugte sich vor, um Tina auf die Wange zu küssen. Tina legte die Hand um Nans Nacken und streichelte mit den Fingerspitzen über ihren Haaransatz.

„Dann bis zum nächsten Mal.“ Sie lächelte lasziv, und ihr Blick löste ein seltsames Unbehagen in Nan aus, das ihr den ganzen Weg bis zur U-Bahn nachhing.

An der Möckernbrücke trennten sie sich. Wally fuhr weiter bis zum Görlitzer Bahnhof, und Nan lief die Treppen herunter zum Ausgang. Es war dunkel und windig draußen, und alle paar Sekunden raste ein Wagen die Uferstraße entlang. Nan ging unentschlossen in Richtung Anhalter Bahnhof. Kein guter Abschluß, überhaupt nicht. Mit jedem Schritt wurde ihre Unzufriedenheit größer. Weiter hinten leuchtete die angestrahlte Ruine des Anhalter Bahnhofs, und wenn sie sich anstrengte, konnte Nan dahinter sogar ihr eigenes Wohnhaus erkennen. Sie blieb stehen und kramte in ihrer Manteltasche, bis sie eine Münze fand. Kopf für ja, Zahl für Nein. Nan holte tief Luft und warf die Münze in die Luft. Sie fiel an ihrer ausgestreckten Hand vorbei auf den Bürgersteig, sprang ein paar Mal hoch und verschwand im Gestrüpp am Wegesrand. Nan brauchte ein paar Sekunden, bis sie sie entdeckt hatte. Sie beugte sich herunter. Zahl. Zählt nicht, entschied Nan. Sie warf die Münze noch einmal in die Luft. Diesmal fing sie sie auf. Kopf.

Zufrieden hielt sie die Münze mit der Kopfseite ein paar Sekunden in der Hand und betrachtete sie, während sie im Innern die richtigen Worte probte. Dann steckte sie das Geldstück in die Hosentasche und machte sich eilig auf den Weg.

XIX

Vor und zurück, und noch einmal vor. Endlich stand der Wagen so, wie er stehen sollte, eingeklemmt zwischen einem VW-Bus und einem blitzblankgeputzten Nissan. Tamara stieg aus und knallte die Tür heftig hinter sich zu. Auf der anderen Straßenseite blieb ein nächtlicher Passant, ein Rentner, der seinen altersschwachen Dackel ausführte, stehen und sah vorwurfsvoll zu ihr hinüber. Tamara schnitt ihm eine Grimasse und marschierte mit weitausholenden Schritten auf den Hauseingang zu. Ihre Stiefel glänzten im Laternenlicht.

Hätte ich mir auch sparen können, dachte sie. Das ganze Theater für nichts und wieder nichts. Wütend trat sie gegen einen Laternenpfahl. Die ganze Autofahrt hindurch war es ihr nicht gelungen, sich zu beruhigen, im Gegenteil, die Enttäuschung und Verärgerung über ihren gründlich mißlungenen Verführungsversuch hatte sich immer mehr gesteigert.

Auf der Treppe mäßigte sie ihre Schritte. Jetzt Ärger mit einem Hausbewohner würde ihr gerade noch fehlen. Leise schloß sie auf. Als sie das Chaos in ihrem Zimmer sah, das sie vorhin hinterlassen hatte, kamen ihr fast die Tränen. Wie armselig das Ganze war. Sie ließ ihre Jacke fallen, wo sie gerade stand, und ging in die Küche. Mit einer Büchse Cola in der Hand setzte sie sich auf den Kühlschrank.

Nun gut. Das war also nichts gewesen. Und jetzt? Wut stieg wieder in ihr auf, aber es war auch eine gehörige Portion Selbstmitleid dabei, und das wurmte sie noch mehr. Sie schlug mit der flachen Hand auf ihren Schenkel.

Sie hat anscheinend überhaupt nichts mitbekommen. Kein Wunder, wenn sie so beschäftigt ist mit dieser... diesem herausgeputzten Weibchen da... die zerfließt ja fast vor Hingabe... wahrscheinlich steht sie kein bißchen auf mich, und ich bilde mir das alles nur ein... alles rein freundschaftlich, jaja...

Sie schlenkerte mit den Beinen und kniff die Augen zusammen. Angestrengt starrte sie auf die Wand gegenüber. Die geblümten Kacheln verschwammen vor ihren Augen. Im Grunde schämte sie sich. Sie veranstaltete einen Mordsaufwand – all die Überlegungen, wie sie Nan imponieren konnte, unglaublich, wieviel Stunden sie zusammengerechnet schon damit verbracht hatte – nur, um irgendeinen dämlichen Trieb ausleben zu können. Aber war das denn so wichtig? War dieses übermächtige Verlangen nicht ein Indikator dafür, daß sie versuchte, sich etwas zu beweisen? In ein paar Monaten war sie doch sowieso weg aus Berlin, also, was sollte das?

Ich hör' auf damit, beschloß Tamara energisch, erstens hab' ich keine Chancen, zweitens mache ich mich lächerlich, vor mir, und wenn das so weitergeht, auch noch vor Nan und wem sonst noch alles, und drittens ... Sie kramte verzweifelt in ihrem Gedächtnis, aber ein überzeugender dritter Grund fiel ihr nicht ein. Unzufrieden, aber dennoch leicht besänftigt, sprang sie vom Kühlschrank. Jetzt wird aufgeräumt, und dann geht's ins Bett.

Ein lautes Summen ertönte. Ungläubig blieb Tamara stehen und lauschte. Es summte erneut. Tatsächlich. Jemand klingelte.

XX

Stephan zog seine Jacke aus, legte sie auf die Bettkante und bedeutete Arndt, sich zu setzen. Dann ging er zur Anlage, legte eine Cassette ein und verschwand in der Küche. Die Stimmen der Pet-Shop-Boys waberten durch den Raum.

Arndt ließ sich auf dem Bett nieder und sah sich um. Das geräumige Zimmer war spartanisch eingerichtet. Neben dem Bett hing ein Metallregal mit einer Anlage und Unmengen von CDs und Cassetten an der Wand, und in der gegenüberliegenden Ecke stand ein Hometrainer, auf dem zwei Paar unterschiedlich große Hanteln abgelegt waren. Ein Plakat mit einer anatomischen Zeichnung des menschlichen Muskelapparates vervollständigte die Einrichtung. Arndt mußte grinsen. Stephan hatte ihm erzählt, daß er als Sportlehrer arbeitete. Bernie würde vor Neid erblassen. Ob Stephan wohl besonders gelenkig war?

Ein Schauder, eine Mischung aus Aufregung und Skepsis durchfuhr Arndt. Er bückte sich nach seiner Jacke, zog die Kondome aus der Innentasche und steckte sie in seine hintere Hosentasche. Dann atmete er tief durch.

Stephan kam aus dem Gang ins Zimmer. Arndt konnte nicht umhin, verstohlen auf seinen Unterleib zu schielen. Die weiten Jeans ließen wenig erkennen. In der Hand trug Stephan eine Flasche Bier und eine Dose Diät-Cola. Er reichte Arndt das Bier und ließ sich dicht neben ihm nieder.

„Danke", sagte Arndt. Er setzte die Flasche an und trank. Stephan musterte ihn intensiv von der Seite. „Fühlst du dich gut?"

Arndt lachte. „Ja", sagte er. „Wenn du Angst hast, daß ich betrunken bin, dann kann ich dich beruhigen. Ich weiß, was ich tue."

Stephan lächelte, aber seine Augen waren auf eine eindringliche Art ernst. Arndt wurde auch ernst. Vorher Spaß zu haben war gut, und hinterher auch, auch mittendrin, aber unmittelbar vorher war Ernsthaftigkeit geboten.

„So hatte ich das eigentlich nicht gemeint", sagte Stephan leise. Er stellte seine Cola auf dem Fußboden ab und legte die Hand auf Arndts Schenkel.

„Eigentlich meinte ich damit, ob du dich hier bei mir wohlfühlst." Er sah Arndt direkt in die Augen.

Er ist wirklich nett, dachte Arndt, und der schlichte Gedanke beruhigte ihn.

„Ja, tu ich", sagte er und erwiderte Stephans Blick. Stephans Hand glitt höher,und eine Welle der Erregung durchfuhr Arndt. Er sah auf Stephans Mund, und im nächsten Moment küßte er ihn. Stephans Lippen waren erstaunlich weich. Rückwärts fielen sie aufs Bett, Arndt schob seine Hand unter Stephans T-Shirt, seine andere Hand tastete an dem rauhen Jeansstoff entlang. Sein Mund erkundete die Haut an Stephans Schulter, heiße Finger glitten seinen Rücken entlang, feuchte Lippen auf seinem Nacken. Heißer Atem war in seinem Ohr, und er hörte sich selbst stöhnen, als kräftige Finger die Knöpfe seiner Hose aufrissen und sich gleich darauf um seinen steifen Schwanz legten. Stephans Zunge umkreiste seine Brustwarzen, seine Zähne bissen leicht zu und waren einen Moment später wieder an seinem Hals. Arndt schloß die Augen. Seine Finger strichen über nackte Haut, über feine Härchen, die sich unter der Berührung aufrichteten. Ziellos griff er zu und grub seine Finger in feste Muskeln. Plötzlich schien selbst die Luft siedendheiß. Alles glühte. Doch er wußte: Das einzige, was wirklich glühte, war jener kleiner, harte Teil seines Fleisches im Zentrum seines Körpers.

XXI

Tamara trug einen merkwürdig steifen Gesichtsausdruck, als sie die Tür öffnete. Nan lächelte sie nervös an.

„Hallo. Ich hätte dich angerufen, aber du hast ja nunmal kein Telefon."

„Okay", sagte Tamara schlicht und schloß die Tür hinter ihr. „Setz dich." Sie deutete auf das Sofa. Nan stieg vorsichtig über diverse am Boden verstreute Kleidungs- und Stoffstücke hinweg und setzte sich gehorsam auf die freie Sofaecke. Verwundert betrachtete sie die Unordnung um sich herum. Tamara wich ihrem fragenden Blick aus und verschwand ohne ein Wort in der Küche.

Alleingelassen, fühlte Nan sich schlagartig unbehaglich. Sie knöpfte ihre Jacke auf und streckte die Beine aus. Vorhin hatte sie sich einfach von ihren Gefühlen leiten lassen, ohne groß darüber nachzudenken, aber nun, wo sie hier saß, zweifelte sie an der Richtigkeit ihrer Entscheidung. Hatte Tamara nicht genervt dreingesehen? Wenn sie nun fragte, was Nan hier eigentlich wollte! Nan rutschte tiefer in das Sofa hinein.

Je mehr sie darüber nachdachte, desto nervöser wurde sie. Was wollte sie eigentlich wirklich hier? Sie sollte zuhause im Bett liegen und tief und fest schlafen. Nan verschränkte die Hände ineinander und betrachtete ihre Fingerknöchel. Am besten, sie ginge wieder, und zwar möglichst schnell.

Ein Geräusch ließ sie auffahren. Tamara hatte den Kopf um die Ecke gestreckt. Mißtrauisch begegnete Nan ihrem undurchschaubaren Blick. Sie sahen sich ein paar Sekunden lang ausdruckslos an, dann begann Tamara zu lächeln. Die Wange an den Türrahmen gedrückt, fragte sie: „Wie sieht's aus? Willst du einen Espresso?"

Nan kniff die Augen zusammen. Als sie sah, daß Tamaras Lächeln immer breiter wurde, gab sie ihre reservierte Haltung ein wenig auf. „Ja, okay, wenn du schon einen machst," sagte sie achselzuckend, so als sei sie eben nur auf einen Sprung vorbeigekommen. Tamaras Grinsen verwandelte sich in ein amüsiertes Schmunzeln. Sie schien noch etwas sagen zu wollen, aber dann verschwand ihr Kopf wieder.

Nan zog ihre Jacke aus, legte sie neben sich auf die Sofalehne und zog ihren Tabak heraus. Die Jacke rutschte mit einem leisen Rascheln herunter. Nan bückte sich, um sie wieder hochzunehmen. Ein nachlässig zerknüllter Zettel fiel aus einem zusammengerolltem Bündel Stoff, das neben ihr lag, und flatterte langsam zu Boden. Nan fing ihn auf und strich ihn auf ihren Knien glatt. Es war anscheinend ein Brief, in kyrillischen Buchstaben geschrieben. Sie starrte auf die unbekannten Zeichen, und ihr wurde bewußt, wie sehr sich ihre und Tamaras Welt voneinander unterschieden. Wir haben noch nicht einmal das gleiche Alphabet, dachte sie. Eine andere Sprache, eine andere Kultur. Ich kann mir nicht im entferntesten vorstellen, wie Tamaras Kindheit wohl ausgesehen haben mag.

Sie versuchte, sich an Bilder von Lettland zu erinnern, die sie vielleicht einmal im Fernsehen gesehen hatte, aber sie sah nur graue Häuser und karge, weite Landschaften vor sich. Die Sowjetunion, das war für Nan das Ebenbild der untergegangenen DDR, nur zehnmal trostloser. Ein riesiges Reich ohne klarumrissene Konturen. Sie schüttelte den Kopf, um die Bilder zu verscheuchen, und sah wieder auf den Zettel in ihrer Hand. War das Tamaras Handschrift? Sie wußte es nicht. Hatte sie Tamaras Handschrift überhaupt schon einmal gesehen? Sie knüllte den Zettel wieder zusammen und legte ihn zwischen den Stoff zurück. Plötzlich kam ihr die Tatsache, daß Tamara überhaupt hier war, unglaublich vor. Das dringende Bedürfnis, Tamara anzusehen und mit ihr zu sprechen, überkam sie. Am liebsten hätte sie sie angefaßt, nur um sich zu überzeugen, daß alles Realität war, daß das Leben trotz seiner verwirrenden Vielfalt ganz normal funktionierte. Sie stand auf und ging in die Küche.

„Milch?“ Tamara stand über den Elektroherd gebeugt und goß tiefschwarzen Espresso in zwei blumenbedruckte Gläser.

„Nein, danke, aber Zucker, wenn du hast.“

Tamara kippte aus einer angebrochenen Tüte zwei Fingerbreit Zucker in jedes Glas und verrührte ihn mit dem Griff einer Gabel. Nan sah sich vergeblich nach einem Aschenbecher um. Schließlich schnippte sie die Asche in die hohle Hand.

„Bin ich dir sehr fremd?“ Sie mußte diese Frage einfach stellen.

„Sicher“, sagte Tamara, ohne sich umzudrehen. Sie rührte immer noch.

„Sicher?“

„Ja, sicher.“ Es klang ganz natürlich. War es wirklich so selbstverständlich? Nachdenklich und verwirrt betrachtete Nan Tamaras schlanke Gestalt in der dunklen Hose und dem bis über die Ellbogen aufgerollten weißen Hemd. Sie wünschte, Tamara würde sich endlich umdrehen.

„Ist dir nicht kalt?“

Tamara richtete sich auf, nahm in jede Hand ein Glas und drehte sich zu Nan um. Ihre Wangen waren leicht gerötet, und ihre Augen glänzten dunkel, dunkler als sonst.

„Hier“, sagte sie, die Frage übergehend, und streckte Nan ein Glas hin. „Wenn *dir* kalt ist, macht dich das schnell wieder warm.“ Sie lachte.

Sie schlürften ihren Kaffee und betrachteten über den Rand der Gläser hinweg alles mögliche, nur nicht die andere. Nan nahm die Hand aus der Hosentasche – die Pose erschien ihr irgendwie unangemessen – und umfaßte ihr Glas mit beiden Händen. Das Schweigen dauerte an.

„Gut“, sagte Nan.

„Was?“ Tamara sah sie an.

„Der Espresso.“

„Hm-hm.“

„Bist du nicht müde?“

„Nein, gar nicht. Und du?“

Nan schüttelte den Kopf. Hundert Mark für ein unverfängliches Gesprächsthema.

Tamara warf den Kopf zurück und leckte sich über die Lippen. Ihre Zungenspitze war sehr schmal. Nan fragte sich, wie ihre eigene Zunge aussah. Auch spitz, oder eher breit, so wie die Zungen von Kühen? Ihre Gedanken schienen ihr aus dem Ruder zu laufen. Wenn sie nur diese Nervosität loswerden könnte...

„Wollen wir ins Zimmer gehen?“ fragte Tamara und sah zur Seite.

Nan nickte. Tamara sah sie wieder an, abwartend. Erst einen Moment später begriff Nan, daß sie das Nicken nicht mitbekommen hatte.

„ Ja“, sagte sie.

Tamara machte hinter ihr das Licht in der Küche aus. Jetzt wurde der kleine Raum nur noch von einer niedrigen

Stehlampe, die schwaches Licht spendete, erhellt. Nan setzte sich auf das Sofa, während Tamara eine Cassette in den Recorder einlegte. Dann räumte sie die andere Ecke des Sofas frei und setzte sich. Der halbe Meter zwischen ihnen beiden war von einem Stapel schwarzer Stoffstücke ausgefüllt.

„Was wird denn das?" fragte Nan und ließ ihre Hand über den Stoff gleiten.

„Ach", erwiderte Tamara, „ich näh' da was."

„Für deine Kollektion?"

„Ja."

Nan sah sich um.

„Letztes Mal war es hier viel voller", bemerkte sie. Sie hatte Tamara erst einmal besucht, vor einigen Wochen, und damals hatte sie sich kaum zwischen all den Regalen und Schränken bewegen können. Jetzt befanden sich nur noch das Sofa, die Anlage, eine Matratze und ein Campingtisch mit einer klapperig wirkenden Nähmaschine darauf im Raum.

Tamara zuckte die Achseln. „Mein Cousin hat sein Zeug abgeholt, und ich hab' ja nichts."

„Will er die Wohnung aufgeben?"

„Nein, er hat schon einen neuen Untermieter."

„Ah ja", sagte Nan.

Tamara nickte.

Sie schwiegen eine Weile. Nan begann, sich langsam zu entspannen. Vielleicht ist es ganz gut so, überlegte sie, während sie das Glas in beiden Händen rollte, daß wir nicht darüber reden, warum ich hier bin. Wenn ich gleich gehe, habe ich jedenfalls ein Zeichen gesetzt, und die weiteren Dinge werden sich dann schon entwickeln...

Tamara griff hinter das Sofa und schaltete die Lampe aus. Zuerst war die Dunkelheit vollkommen, aber als Nans Augen sich daran gewöhnt hatten, sah sie, daß ein Lichtschein durch die vorhanglosen Fenster in den Raum fiel. Die Umrisse der beiden Fensterkreuze zeichneten sich wie ein von innen heraus leuchtendes Gemälde auf der gegenüberliegenden Wand ab. Nan sah zu Tamara. Ihre Gesichtszüge waren leicht verschwommen, aber deutlich zu erkennen. Wie in Mondlicht getaucht.

„Ich wollte dir das nur einmal zeigen. Soll ich das Licht wieder anmachen?“

„Nein.“ Ich möchte hier schlafen, dachte Nan, hier liegen und einschlafen. Sie lächelte in sich hinein.

„Warum lachst du?“ fragte Tamara. Nan sah wieder zu ihr hin. Frag sie doch, riet ihr eine innere Stimme. Laß es, riet ihr eine zweite. Nur einfach hier schlafen. Sieh zu, daß du dich jetzt langsam davonmachst.

„Kann ich mit dir schlafen?“ fragte Nan, und der Freud'sche Versprecher stand im Raum, als hätte sie sämtliche Beleuchtungskörper auf einmal angeschaltet.

Tamara stellte ihr Glas ab und stand auf. „Wenn du möchtest, kannst du die rote Zahnbürste benutzen.“

Nan lag auf dem Rücken, einen Arm unter dem Kopf, Tamara auf der Seite neben ihr, zum Fenster gedreht. Sie rauchte, und die Rauchschwaden mischten sich mit dem von draußen einfallenden Licht und stiegen in Kräuseln zur Decke empor, um sich dort in den Schatten zu verlieren.

Nans Herz schlug stark und regelmäßig. Sie lauschte, aber die leise Musik war es nicht, was in ihre Ohren drang. Es waren die Geräusche, die Tamara verursachte: das Einziehen des Rauchs, und wie sie ihn ausstieß, das leise Geraschel der Bettdecke bei ihren verhaltenen Bewegungen. Nan kam es vor, als würde sie mit den Ohren nicht nur hören, sondern auch riechen, so genau prägten sich ihr Tamaras Duft und ihre Laute ein. Die Sinneswahrnehmungen schienen sich zu vermischen – sie schmeckte das Parfum auf der Zunge, den Körpergeruch; und die Wärme, die von Tamara ausging, legte sich wie unzählige kleine Tupfer auf ihre Haut. Sie hörte das leise Zischen, mit dem die Zigarette ausgemacht wurde, und wandte sich zu Tamara. Als hätte sie es schon hundertmal getan, rückte sie dicht an sie heran und legte ihre Arme um sie. Tamara lehnte sich zurück und tastete mit einer Hand nach Nans Schenkel, um ihn dichter an sich heranzuziehen. Aneinandergepreßt lagen sie still da.

Nan drückte ihr Gesicht in Tamaras Nacken. Tamara legte den Kopf nach hinten, dichter an Nan, und Nans Hand glitt wie selbstverständlich unter das Hemd auf ihren

Bauch, zwischen den Brüsten entlang bis zur Kehle hinauf. Dort ließ sie die Hand liegen und spürte das Pochen, bebend und laut, und wieder war ihr, als würde alles sich vermischen: Sie hörte das Klopfen, obwohl sie es doch mit den Fingerspitzen ertastete.

Sie fuhr mit der Hand zu Tamaras Nacken hoch und drückte ihn nach vorne. Tamara stemmte den Po gegen Nans Unterleib und seufzte leise. Nan leckte ihr leicht über die Wirbelsäule; dann preßte sie die Zunge so hart gegen jeden einzelnen der kleinen runden Wirbel, daß es ihr im Kiefer schmerzte. Tamara drückte mit dem Nacken gegen Nans Hand, aber Nan hielt sie. Mit geweiteten Nasenflügeln sog sie den Duft, den unbekannten Duft dieser anderen Frau, ein, und ihr schauderte. Tamaras Finger, die sich mit festem Druck in ihren Schenkel krallten und unendlich langsam daran heraufglitten, bis Nan meinte, daß ihr Bein aufgeschlitzt wurde, ließen sie aufstöhnen. Sie mußte den Kopf in den Nacken werfen und die Zähne zusammenbeißen, und sofort drehte sich Tamara um und war in der nächsten Sekunde über ihr. Im matten Licht glänzten ihre zu kleinen Schlitzen zusammengekniffenen Augen. Gleich darauf öffneten sie sich weit und schienen so groß wie Markstücke.

Tamara flüsterte etwas, aber Nan verstand es nicht. Sie preßte den schlanken Körper fest an sich, die Arme wie Schraubstöcke um ihre Taille geschlungen, aber Tamara stützte sich mit den Handflächen auf Nans Schultern ab und bog den Oberkörper hoch. Nan hielt den Ausschnitt ihres Hemdes mit den Zähnen fest. So verharrten sie sekundenlang, unbeweglich, zitternd, dann stieß Tamara zwischen fast geschlossenen Lippen hervor: „Willst du es zerstören?"

Nan wußte nicht, wie sie es meinte. Das Hemd – oder den Akt – oder gar die Gefühle? Sie zögerte einen Moment unschlüssig, dann beschloß sie, es darauf ankommen zu lassen, und verharrte. Sie starrten sich an, maßen ihre Kräfte, tasteten unbeweglich nach einer Entscheidung – Nan, das Hemd zwischen den Zähnen, und Tamara über ihr, mit funkelnden Augen und vorgeschobenem Kinn, daß die Haut über den Wangenknochen sich spannte. Der Moment dauerte, und dann begann Tamara sich zu bewegen, unsicher erst und langsam, dann, als sie den Rhythmus fand, schneller und sicherer, und Nan spreizte langsam die Beine. Tamara schob sich dazwischen, und als sie mit einer Hand nach unten griff, um Nans Bein hochzuziehen, damit sie es um ihre Taille schlang, und sie ihren Oberkörper noch höher nach oben bog, warf Nan mit einem scharfen Ruck den Kopf nach hinten. Tamara fiel ganz auf sie, und Nan ließ das Hemd fahren und suchte hastig nach Tamaras Mund. Sie schmeckte bitter nach Rauch und süß nach Lust, und Nans Zunge glitt zwischen die weichen Lippen wie eine Hand in einen Handschuh.

Sie lösten sich nur kurz voneinander, um sich die Hemden von den Leibern zu zerren, und Tamara war schneller damit fertig als Nan und preßte sich wieder auf sie, noch bevor Nan ganz aus dem Ärmel geschlüpft war. Tamara half ihr. Stoff riß, aber es war nur ein unbedeutendes Geräusch, das in dem satten Reiben von Haut auf nackter Haut unterging. Tamara setzte sich rittlings auf Nan, den Kopf nach hinten gebeugt, und Nan sah die Linie ihres Kinns und darunter Brüste, bebend, so groß, daß sie genau in ihre Hände passen würden, wenn sie danach fassen würde.

Nan legte ihre Hände auf Tamaras Hüften, die Daumen fast schmerzhaft auf die Hüftknochen gepreßt, und Tamara wand sich, aber Nan griff umso fester nach ihr. Sie sah auf das schwarze Dreieck, das der Slip auf dem schlanken, kreisenden Leib zeichnete, und betrachtete, wie ihre eigenen Daumen unter den Stoff glitten. Dann sah sie auf, während ihre Finger sich langsam den abschüssigen Weg entlang der feuchten Haut bahnten. Tamaras Augen waren über ihr, fixierten sie, ihre Lippen bewegten sich lautlos. Fasziniert beobachtete Nan Tamaras Gesicht. Als ihre Hand über den Hügel strich und auf die heiße Feuchtigkeit zwischen den geöffneten Beinen zuglitt, lehnte Tamara sich in einem gewölbten Bogen herunter, und ihren Lippen entwich die angestaute Spannung mit einem heiseren Stöhnen.

„Paß auf“, flüsterte Tamara, und ihre Augen verschwanden fast unter den Wimpern, „paß auf, ja?!“

XXII

Wally stützte sich mit den Ellenbogen auf die Fensterbank und sah hinaus auf die Straße. Draußen schien es warm zu sein, obwohl Sonne und Himmel unter einer dichten Wolkendecke versteckt waren. Der Besitzer der türkischen Imbißbude gegenüber stand in seinem schmutzigweißen Kittel mit verschränkten Armen vor der Eingangstür seines Ladens und drehte langsam den Kopf von einer Seite zur anderen. Ein schwarzer Hund, der seinen Besitzern, einem jugendlichen Punker-Pärchen, vorauslief, beschnüffelte den Boden um die Abfalltonne des Ladens herum. Der Imbißbudenbesitzer wedelte lustlos mit einem Arm in seine Richtung, aber der Hund ließ sich nicht stören. Erst als das Punker-Pärchen fünfzig Meter weiter um die Ecke bog, ließ er von seiner Beschäftigung ab und rannte eilig hinterher.

Wally richtete sich auf und legte die Handflächen auf die Fensterbank. Ihr tat der Kopf weh, bei jeder heftigen Bewegung zuckte sie schmerzlich zusammen. Mit Daumen und Zeigefinger rieb sie sich die Schläfen, um den Kater zu vertreiben. Obwohl sie nur knappe drei Stunden geschlafen hatte, war sie hellwach, abgesehen von dem Gefühl, daß ihr Gehirn im Schädel hin- und herschwappte, der mit abgestandenem Bier gefüllt schien.

Wally ging zum Tisch, auf dem die Whiskyflasche, die sie heute Nacht nach dem Nachhausekommen noch geleert hatte, stand, flankiert vom übervollen Aschenbecher und zerknüllten Zetteln – ihren mißglückten Versuchen, Anja einen Brief zu schreiben.

In ihrem Kopf hallten Fetzen des Telefongesprächs nach, das sie in der Nacht noch mit Anja geführt hatte – bevor sie sich dem fruchtlosen Unterfangen, den Abschiedsbrief zu verfassen, ausgesetzt hatte. Die einzelnen Sätze schwankten wie die losen Fransen einer einstmals festen Kordel wild in ihrem Kopf hin und her. Wally legte die Stirn in Falten und versuchte, die Enden wieder zusammenzuknüpfen, aber ihr fiel beim besten Willen nicht mehr ein, mit welchen Worten sie das Gespräch beendet hatten. Sie wußte nur noch vage, daß Anjas Stimme sanft und verständnisvoll geklungen hatte, voller Liebe – so jedenfalls hatte Wally es in Erinnerung. Aber was hatte Anja denn wirklich gesagt? Und sie selbst?

Wally hörte ihre eigene Stimme, wie sie fast flehend bettelte: Laß uns es doch noch einmal versuchen, bitte! Liebst du mich denn noch? Liebst du mich noch? Das jedenfalls hatte Anja bejaht. In Wallys durch zuviel Whisky eingeschränktem Horizont hatte nur das Gewicht gehabt, hatte tausendmal mehr gewogen als die abwehrenden, nachfolgenden Worte: Aber es hat keinen Sinn, Wally, sei doch vernünftig. *Das*, befand Wally, vor ein paar Stunden und jetzt immer noch, das waren nur Floskeln, geboren aus Angst und Resignation. Gemeinplätze, mit denen Anja ihre Gefühle verleugnete und hinter denen sie sich versteckte wie hinter einem Regal ohne Rückwand.

Unruhig humpelte Wally von Zimmer zu Zimmer, die Hände in den Hosentaschen. Alles sah noch genauso aus wie bei Anjas Auszug, nur mit dem Unterschied, daß Teppich und Möbel bereits von einer leichten Staubschicht überzogen waren. Wally verzog verächtlich die Lippen. Sie ließ sich gehen, das war ihr bewußt, aber jeden Morgen wieder, wenn sie aufwachte, dachte sie: *Morgen* reiße ich mich zusammen und mache einen gründlichen Hausputz. Morgen.

Sie stieß die Tür zum Arbeitszimmer so heftig auf, daß sie gegen die Wand flog. Ihr Schmuckwerkzeug lag, eine Aura von Trostlosigkeit verbreitend, auf der Arbeitsplatte, zusammen mit den nicht verkauften Gürteln, die Wally vor ein paar Tagen aus Marions Geschäft wieder abgeholt hatte. In der Ecke stand das verbogene Metallschränkchen mit den zerborstenen Glastüren. Die zerdepperte Schreibmaschine lag noch davor, aber die Scherben waren nicht mehr da. Wally zögerte kurz, ging hinüber, nahm den Schrank hoch und schleppte ihn ächzend in den Flur, wo sie ihn vor der Eingangstür absetzte. So oder so, sie wollte ihn nicht mehr. Die Schreibmaschine ließ sie liegen.

Mit dem Telefon auf dem Schoß setzte sie sich an den Küchentisch. Eine Zigarettenlänge Bedenkzeit. Sie sog den Rauch hastig ein und stieß ihn ebenso hastig wieder aus, während sie Für und Wider abwägte. Schließlich drückte sie die Zigarette aus und hob den Hörer ab. Wenn alle Möglichkeiten, die man zur Wahl hat, das Risiko einer Niederlage in sich bergen, warum dann nicht gleich die schnellste und direkteste – und riskanteste – Möglichkeit wählen?

Die Dame von der Fluggesellschaft meldete sich fast sofort.

Eine gute halbe Stunde später humpelte Wally hastig vom EC-Schalter zurück zum wartenden Taxi. In der nächsten Woche würde sie zuhause einen Brief von der Bank vorfinden, mit der höflichen Aufforderung, ihr überzogenes Konto binnen einer Woche auszugleichen, aber das war jetzt nebensächlich. Im Fond des Taxis lehnte sie sich zurück und nickte dem bärtigen Fahrer, der stark nach arbeitslosem Akademiker aussah, im Rückspiegel zu.

„Und jetzt bitte zum Flughafen Tegel."

Das Auto scherte in den spärlichen Sonntagsverkehr ein, und Wally schloß die Augen, vor sich das Bild von Anjas glücklichem, überraschten Gesichtsausdruck, in dem sich wiedererweckte Hoffnung ausbreitete. Wally lächelte.

Kapitel 4

XXIII

Die Wohnung war dunkel, als Nan die Tür aufschloß. Sie vermied, auf den Anrufbeantworter zu sehen. In der Küche stand der Tisch voller benutzter Tassen und Teller, Überreste des Abendessens, das sie gemeinsam mit Leo und Arndt eingenommen hatte, bevor sie ins Kino gegangen waren. Die beiden waren weiter in eine Bar in der Motzstraße gefahren, aber Nan hatte es vorgezogen, nach Hause zu gehen. Etwas wühlte in ihr, und es war an der Zeit, darüber nachzudenken.

Nan holte die Teedose aus dem Schrank, setzte Wasser auf und starrte abwesend aus dem Fenster. Ihr schlechtes Gewissen meldete sich wieder. In den vergangenen vier Tagen hatte sie sich bei niemandem gemeldet, nur bei Wally, aber die war nicht zu erreichen. Vielleicht hätte sie doch mal vorbeifahren sollen? Aber vier Tage ohne Kontakt waren keine Seltenheit in ihrer Freundschaft. Durchaus normal. Unnormal dagegen war, daß sie selbst weder auf den Anruf von Tina noch auf den von Tamara geantwortet hatte. Beide hatten gestern auf den Anrufbeantworter gesprochen, mit der Bitte um Rückruf und dem identischen Zusatz: „Wenn du Lust hast."

Nan schien es, als sei sie von einer Aura aus Unnahbarkeit umgeben, die alle beide zwang, ihr zu signalisieren, daß sie ganz frei tun und lassen konnte, was sie wollte, ohne daß ihr dadurch Zuneigung entzogen werden würde. Meinte sie, Nan, eigentlich, sie würde sich einen Zacken aus der Krone brechen, wenn sie einmal ihre Distanz aufgab und selbst einen Schritt machte, anstatt wohlgefällig – oder auch nicht wohlgefällig – die Schritte derer, die auf sie zukamen, zu beobachten?

Das Wasser begann zu kochen, und Nan stellte die Flamme unter dem Kessel aus. Kurzentschlossen ging sie zum Telefon und wählte Tamaras Nummer, legte nach der vorletzten Ziffer ebenso kurzentschlossen wieder auf und wählte neu.

„Ich bin's."

Tinas lachte erfreut auf. „Hallo, Nan! Schön, daß du anrufst!"

„Falls du nichts anderes vorhast, würde ich gern vorbeikommen", sagte Nan und kringelte die Telefonschnur um ihren Zeigefinger. Der Vorsatz, ernsthaft mit Tina zu sprechen und die sexuelle Beziehung erstmal auf die Wartebank zu verschieben, begann sich bereits in einen weit, weit hinten gelegenen Teil ihres Gehirns zu verziehen.

„Wenn es dir nichts ausmacht, zuzusehen, wie ich noch meine Wäsche aufhänge!"

„Bis ich da bin, kannst du sie dreimal auf- und abhängen." Nan lauschte einen Moment in den Hörer, aus dem nur der gleichmäßige, ein wenig schnelle Atem Tinas zu vernehmen war. Keinerlei Widerstand. Kein Zögern. Nan dehnte die Telefonschnur nach unten und ließ sie dann hochschnellen. „Okay, ich komme dann. So in zwanzig Minuten."

„Ich will mit dir reden", sagte Nan und nahm das Glas Wein entgegen, das Tina ihr hinhielt. Statt erschrocken oder beunruhigt zu wirken, blickte Tina gleichmütig drein, mit einer leicht hochgezogenen Augenbraue, so als wolle sie sagen: Na und?

Nan schwieg – ein bißchen beleidigt – und sah Tina dabei zu, wie sie den Rest Wäsche aufhängte. Wieso war sie damit eigentlich noch nicht fertig gewesen?

„Was gibt's denn?" fragte Tina über die Schulter hinweg. Nan streckte die Beine aus und wippte leicht auf dem Sofa. Sie beschloß, Tina noch ein wenig schmoren zu lassen. Der Rücken auf der anderen Seite des Zimmers bückte und richtete sich in aller Seelenruhe wieder auf. Nan wartete. Wurde sie denn gar nicht ungeduldig?

Endlich kam Tina herüber, kniete sich vor das Sofa und legte einen Arm auf Nans Knie. Mit der anderen Hand griff sie nach der Weinflasche. „Was ist denn los? Willst du mir den Laufpaß geben?" Sie schmunzelte leicht. Nan konnte keine Spur Unsicherheit in ihren Augen erkennen.

„Noch nicht."

„Dann ist es ja gut. Fände ich schade." Tina lächelte. Ihre freie Hand schob sich Nans Oberschenkel hoch.

Nan setzte einen strengen Blick auf. Tina sah es nicht, ihre Augen waren auf Nans Gürtel gerichtet, auf den ihre Finger sich nun zuschoben. Nan griff danach und hielt ihre Hand fest, so fest, daß es wehtun mußte. Tina sah langsam zu ihr auf, und ihre Augen hatten jenen verschlagen-auffordernden Ausdruck, auf den Nan immer wieder ansprang. Aber jetzt war nicht der Zeitpunkt für solche Spielchen. Nan drückte fester zu, und Tina lachte.

„Willst du heute mal die harte Tour testen? Nur zu! Wollte ich schon immer mal ausprobieren!"

Ein Kribbeln stieg Nans Rücken hoch, und sie spürte, wie sich ihre Nackenhaare aufrichteten. Sie wurde wütend, und Tina wußte und genoß es. Nan griff nach Tinas Oberarmen und drückte sie von sich fort. Ihr Gesicht nahe vor Tinas, sagte sie leise: „Ich hab' dir was zu sagen", und noch während sie die Worte aussprach, entfielen ihr die wohlüberlegten Sätze, die sie auf der Fahrt hierher vorbereitet hatte. Sie sah in Tinas Augen und hätte sie schlagen können, dafür, daß sie ihr die Gewalt aus der Hand nahm, einfach, indem sie sie wünschte.

„Tina", flüsterte sie, „bilde dir nicht ein, daß du mich immer so weiter haben kannst."

Tina lächelte noch breiter, auch wenn ihre Augen sich zu verdunkeln schienen. „Wer sagt denn, daß ich dich habe?"

„Ich möchte dich am liebsten schlagen", sagte Nan, und alle Unzufriedenheit in ihr strebte sprunghaft nach vorne, auf einen Ausgang zu, von dem sie nur noch nicht wußte, wo er lag: Im Verbalen? Im Körperlichen?

„Du kannst mich gerne schlagen, aber nur wenn du mich dabei fickst", sagte Tina leise. Sie betrachtete Nan gelassen, fast triumphierend. Nan gab ihr einen finsteren Blick zurück. Tinas Lippen begannen sich an den Mundwinkeln leicht nach oben zu ziehen.

„Meinst du, du kannst hier irgendwelche Bedingungen aufstellen?" fragte Nan.

Tina grinste, ohne etwas zu sagen. Sie saßen still da und sahen sich an. Dann zog Tina Nans Knie auseinander, drängte sich geschickt dazwischen und legte ihre Arme um sie. Nan wollte sie von sich stoßen, aber statt dessen tat sie das Gegenteil.

XXIV

Das leise Klappern von Besteck, welches sorgsam neben ausgelöffelte Schüsseln oder leere Teller gelegt wurde, und dezentes, verhaltenes Geplauder waren die einzigen Geräusche im Raum. Durch die schallisolierten Fenster drang keinerlei Verkehrslärm in das ganz in weiß und chrom gehaltene Restaurant. Wally betrachtete unmutig das winzigkleine Stückchen Seeteufel auf ihrem Teller. Umrahmt war der Fisch von vier gebackenen Kartöffelchen und einem adrett geformten Salatblatt, auf dem ein zu einer Rosenknospe geschnitztes Radieschen plaziert war. Ob man ihr aus Versehen die Kinderportion gebracht hatte? Wally hob Fischmesser und Gabel und sägte den Seeteufel mittendurch.

„Mit einem Fischmesser schneidet man eigentlich nicht, du mußt nur drücken damit." Anja lächelte, um die Zurechtweisung in einen freundlichen Mantel zu kleiden. Wally hob den Kopf, um sie anzusehen, und stieß sich mit der Gabel gegen einen Vorderzahn. Der Fisch fiel fast herunter, nur durch eine schnelle Bewegung mit der Zunge konnte sie ihn noch auffangen.

„Ach", erwiderte sie zynisch.

„Ich meine, mit so einem Fischmesser kann man einfach nicht richtig schneiden, dafür ist es nicht gedacht", sagte Anja mit einem fast entschuldigenden Unterton in der Stimme. Sie runzelte hilflos die Stirn und machte eine verlegene Bewegung mit den Schultern. Wally starrte sie wortlos an, verblüfft über die Tatsache, daß ein solches Gespräch zwischen ihnen und dann auch noch an so einem Ort überhaupt möglich war.

„Brauchst nicht gleich beleidigt zu sein", sagte Anja und beugte sich wieder über ihre Schweinemedaillons.

Wally beobachtete sie unauffällig. Mit jedem Bissen, den Anja sich gesittet in den Mund schob, wuchs Wallys Groll. Heute war der dritte Tag ihres Aufenthaltes, und sie hatte nicht das Gefühl, in ihren Wiedervereinigungsbemühungen weitergekommen zu sein. Zwar freundlich, aber dennoch distanziert, so als handele es sich bei Wally um eine ehemals gute Freundin, war Anja ihr begegnet, hatte in sachlichem Ton über ihre bevorstehende Abreise gesprochen und Wally mit so klar strukturierten Sätzen wie: „Du wirst mir auch wahnsinnig fehlen, aber wahrscheinlich ist es besser so. Vielleicht kannst du mich ja mal besuchen" zur stillen Verzweiflung getrieben. Am schlimmsten war es, als Anja Wally einlud, noch ein oder zwei Tage zu bleiben. „Wahrscheinlich sehen wir uns ja sonst vorher gar nicht mehr und wir müssen auch noch ein paar Dinge wegen der Wohnung klären. Und mit dem Konto..."

Wally hatte zu allem widerstandslos genickt. Ihre Enttäuschung machte sie sprachlos. Der Enthusiasmus war nach und nach aus ihr herausgewichen, so wie die angestaute Luft aus einem Luftballon mit einem sirrenden Klagelaut entweicht. Den ganzen heutigen Tag hatte Wally stumpf vor sich hinbrütend in Anjas Zimmer herumgesessen, ohne klare Gedanken, ohne Ziele und ohne Motivation, wie eine leere Hülle. Seitdem Anja nachmittags zurückgekommen war, hatte ihr Inneres begonnen, sich wieder aufzufüllen, scheinbar ganz ohne eigenes Dazutun. Aber nun war es bittere, lauwarme Wut, die in einem langsamen, stetigen Zug in Wally hineinströmte.

„Dir gefällt es hier nicht", stellte Anja fest, ohne aufzusehen.

Wally sah sie unter gesenkten Lidern hervor an. ‚Nein", erwiderte sie ausdruckslos. Dabei hantierte sie gleichzeitig weiter an ihrem Seeteufel herum. Anja merkt überhaupt nicht, daß ich sie ansehe, dachte sie. Ich könnte ewig so weitermachen, und sie würde die ganze Zeit denken, ich konzentriere mich auf meinen blöden Seeteufel.

„Nein? Es gefällt dir also nicht?"

„Nein. Das habe ich doch eigentlich recht deutlich artikuliert, oder nicht? Nein heißt nein."

Anja sah nicht auf, aber an den auf ihren Wangen erscheinenden rötlichen Flecken erkannte Wally ihren Ärger. Sie verbuchte mit heimlicher Befriedigung einen Punkt auf ihrem Treffer-Konto und stieß gleich noch einmal hinterher.

„An einem Ort, wo sich dreißig Polit-Snobs darum bemühen, ihre Fischmesser fachgerecht in ein kaninchenköttelgroßes Stück Fisch zu versenken, gefällt es mir ganz bestimmt nicht."

Anja säbelte ein wenig heftiger an ihren Medaillons und schwieg verdrossen.

Wally lehnte sich zurück. Sie genoß ihre eigene Feindseligkeit – vielleicht, weil es nach dem Auf und Ab der letzten Tage das erste unmißverständliche, klar umrissene Gefühl war, das von ihr Besitz ergriffen hatte. Von dem Verlangen erfüllt, kleine, zielsichere, verletzende Hiebe auszuteilen, konnte sie sich dem Autopiloten in ihrem Inneren überlassen. Die Wut war wie ein geringfügig zu großer, aber warmer Mantel für sie. Ein vertrautes Gebiet, auf dem sie sich auskannte, in dem sie sich zu verhalten wußte, ohne den nächsten Schritt erst überlegen zu müssen; es war – sicheres Terrain. Hier war sie unschlagbar.

Anja zerteilte eines ihrer Medaillons mit einem sauberen Schnitt in zwei unterschiedlich große Hälften. Im Licht der Deckenlampe blitzte der kleine Silberring an ihrem linken Mittelfinger auf, den Wally ihr vor Jahren geschenkt hatte.

„Möchtest du vielleicht meinen Seeteufel haben? Ich schaffe es einfach nicht, es ist viel zuviel", sagte Wally leutselig.

Anja hob den Kopf, und mühsam unterdrückter Zorn funkelte in ihren Augen. „Nur weil du dich nicht wohlfühlst, brauchst du anderen Leuten nicht das Essen zu verderben", zischte sie.

Wallys unsichtbare Antennen sondierten den Treibsand in Anjas Worten. Achtung! Nicht stehenbleiben! Zügig darüber hinweggehen! Sie lächelte leicht. „Ich habe nicht gesagt, daß ich mich nicht wohlfühle", entgegnete sie ruhig.

Anja warf ihr einen kurzen Blick zu und beugte sich dann wieder über ihre Medaillons. „Natürlich hast du das gesagt. Gerade eben!"

Wally schüttelte bedächtig den Kopf. Sie betrachtete den Rücken des Kellners, der an ihrem Tisch vorüberging. Er rollte leicht die Schultern unter dem weißen Hemd, so, als würde ihn eine Muskelverkrampfung peinigen.

„Ich habe nicht gesagt, daß ich mich nicht wohlfühle. Ich habe lediglich gesagt, daß es mir hier nicht gefällt. Das ist ein Unterschied." Der Kellner war mittlerweile an einem Tisch ein Stück weiter stehengeblieben und beugte sich zuvorkommend zu einer Dame in einem roten Kostüm herab. Aus der Entfernung wirkte er schmächtiger als von nahem.

„Wally", sagte Anja, und ihre Stimme war vor Aggression eine Spur heller. „Wally. Kannst du mich nicht mal ansehen?"

Der Kellner richtete sich wieder auf, nahm mit einer schwungvollen Handbewegung den Teller der Dame vom Tisch und eilte damit den Gang hinab.

„Ich kann schon", sagte Wally und drehte langsam den Kopf. „Ich *kann* alles." Sie grinste Anja ins Gesicht.

Mit einem lauten Klirren legte Anja ihr Besteck neben den Teller und griff nach ihrer Serviette. *„Ich kann alles"*, äffte sie Wally nach. „Ich finde, du kannst ziemlich wenig!" Sie begann, die Serviette zwischen ihren Fingern zu zerknüllen.

„Du meinst, ich kann nicht mit einem Fischmesser umgehen." Wally wußte, daß sie sich eigentlich hätte schämen müssen für ihr scheußliches Benehmen, daß sie das Grinsen von ihrem Gesicht hätte wischen müssen, weil es ihre kindische, verbohrte Trotzigkeit deutlicher zutage förderte, als wenn sie diese in Worte gekleidet hätte. Aber Wally schämte sich nicht. Sie grinste Anja weiter an, und Anja starrte finster zurück.

„Mein Gott, Wally! Mußt du unbedingt alles daran setzen, daß ich dich abscheulich finde? Brauchst du das vielleicht für deinen Seelenfrieden?"

Wally sah auf Anjas Hände, den weißen Stoff, der sich um ihre Finger wand.

„Seelenfrieden?" fragte sie. Das Wort erschien ihr plötzlich bar jeglicher Bedeutung.

„Ja, Seelenfrieden. Oder wie auch immer du es nennen willst." Anjas Finger drehten einen Knoten in die Serviette. „Anscheinend willst du, daß ich dich hasse, nur weil du etwas zurückhaben willst, was einfach nicht mehr geht."

Wally legte ihre Hände gefaltet auf den Tisch. „Ja", sagte sie einfach. Zurückhaben? dachte sie. Ich will doch gar nichts zurückhaben, ich will, daß es weitergeht.

Anja beugte sich nach vorne. Um ihren Mund lag ein vorsichtiges Lächeln. Wallys schlichte Zustimmung hatte ihr Auftrieb gegeben. „Wally", sagte sie leise, ließ die Serviette fallen und griff nach Wallys Hand, „zerstör' doch nicht alles zum Schluß. Laß uns versuchen, das gut zu machen. Okay?"

Wally betrachtete sie einen Moment lang, dann beugte sie sich langsam ebenfalls nach vorne. Anja sah ihr mit einem erwartungsvollen, aber bangen Blick entgegen. Wally schaute auf Anjas Nase, dann richtete sie den Blick auf einen Punkt zwischen Anjas Augen.

„Ich will dich lieben", sagte sie. Es konnte alles mögliche bedeuten, nur nicht das, was sie damit sagen wollte. Es klang falsch.

XXV

Der Kofferraumdeckel sprang mit einem metallischen Kreischen hoch. Tamara riß gerade noch eben· so ihren Kopf zur Seite.

„Scheiße!" sagte sie laut und trat mit dem Fuß gegen einen Reifen. Der Wagen wackelte leicht. Sie legte die Schachtel mit den Knöpfen und der Borte in den Kofferraum und stemmte den Deckel wieder herunter. Jetzt wollte er sich nicht schließen lassen. Mit beiden Händen faßte sie zu und sprang hoch, um ihn mit dem Gewicht ihren ganzen Körpers niederzu drücken. Beim zweiten Versuch klappte es. Sie zog den Schlüssel heraus und ging um das Auto herum zur Fahrertür. Hupend sauste ein gelber BVG-Bus dicht an ihr vorüber. Erschrocken preßte sie sich an die Tür. Unmittelbar hinter dem ersten folgte ein zweiter Bus.

„Tamara!"

Sie drehte den Kopf in die falsche Richtung.

„Tamara! Hallo! Warte mal!"

Winkend kam Leo über den Bürgersteig auf sie zugelaufen. Er grinste breit über das ganze Gesicht. Auf der anderen Seite des Kadetts blieb er stehen und lächelte sie über das Wagendach hinweg an.

„Hallo!" sagte er noch einmal.

„Hallo, Leo. Was machst du denn hier?"

„Ich lauf hier so herum", erwiderte er. „Und du?"

„Ich habe eingekauft." Sie deutete zum Kofferraum. Er schaute hin, nickte achselzuckend und lächelte sie weiter an, die Hände in die Hosentaschen seiner Jeans gesteckt. „Und was machst du jetzt?" fragte er.

Sie mußte sich wieder an die Fahrertür pressen, als ein Lieferwagen mit türkischer Aufschrift vorbeifuhr.

„Ich wollte wieder zurück ins Atelier", sagte sie. „Muß noch was fertigmachen."

„Was denn?"

Sie war verwundert über sein Interesse. Oder war es Neugier? „Ich bin gerade bei einem Anzug."

„Frauen oder Männer?"

„Was?"

„Ob er für Frauen oder Männer ist", erklärte er geduldig. Einen Moment lang hatte sie das Gefühl, daß er sich über sie lustig machte.

„Unisex", sagte sie, obwohl es nicht stimmte. Zufällig handelte es sich um den Anzug, den sie für Nan machte.

Er lachte. „Unisex ist einer der blödesten Ausdrücke, die ich kenne", sagte er aufgeräumt.

Sie schwieg, unsicher, was sie darauf erwidern sollte.

Leo nahm die Hände aus den Hosentaschen und legte sie nebeneinander auf das Autodach. Aus Tamaras Sicht sah es aus, als würde er Männchen machen. Sie mußte grinsen. Er lachte auch.

„Hast du Lust, schnell einen Kaffee zu trinken?" schlug er vor. „Wir können irgendwo draußen sitzen, die Saison ist eröffnet."

„Okay", sagte sie, ein wenig zu schnell.

„Achtung, da kommt noch ein Bus von hinten."

Sie setzten sich vor das nächstbeste Café am Heinrichplatz. Die Nachmittagssonne schien warm auf die belebte Straße herunter. Leo ging hinein und kam nach ein paar Minuten mit zwei Schalen Milchkaffee wieder hinaus.

„Ich lade dich ein", sagte er, zog seine Jacke aus und hängte sie über seine Stuhllehne. Dann setzte er sich ihr gegenüber, krempelte die Ärmel seines Sweatshirts hoch, legte die nackten Unterarme auf den Tisch und sah ihr zu, wie sie von ihrem Kaffee trank.

„Was machst du eigentlich?" fragte er unverwandt.

Tamara setzte ihre Tasse ab und sah ihn an. Jetzt, wo sie Leo das erste Mal bei Tageslicht, noch dazu Sonnenschein, betrachten konnte, – sie hatte ihn einige Male zuvor gesehen, aber immer nur abends in Nans Wohnung oder beim Ausgehen in einer Bar –, fiel ihr seine Ähnlichkeit mit Nan besonders auf. Er hatte die gleichen Augen wie seine Schwester, das gleiche Blau, und seine Augenbrauen waren auf dieselbe Art geschwungen. Seine Lippen waren voller als Nans, und seine Gesichtszüge kantiger. Im Kinn hatte er ein Grübchen, und schräg darüber eine senkrechte, etwa zwei Zentimeter lange Narbe. Es sah aus, als würde er ein kleines Ausrufezeichen auf seinem Kinn tragen.

„Ich bin Modedesignerin", sagte sie und hatte – nicht zum erstenmal – das Gefühl, daß diese Antwort sich unglaublich borniert und dumm anhörte.

Er lachte auf. „Also, Tamara, das weiß ich nun wirklich schon. Ich will wissen, was du sonst machst, überhaupt."

Sie wußte jetzt noch weniger, worauf er hinaus wollte. Um Zeit zu schinden, nahm sie noch einen Schluck von ihrem Kaffee.

„Ich gehe im August nach New York", sagte sie unsicher.

„Zu Paco's, ja. Nein, mich interessiert, was du sonst noch so tust. Ich sehe dich nie in irgendwelchen Discos, nur ab und zu im „Kühlschrank", und deshalb frage ich mich, wie du deine" – er machte ein unbestimmte Geste mit der Hand – „deine Freizeit verbringst."

Sie musterte ihn argwöhnisch über den Rand ihrer Schale hinweg. „Wieso?"

Er lehnte sich zurück und lächelte sie an, freundlich, aber auch ein wenig enttäuscht.

„Nur so. Nein – weil ich dich nett finde. Findest du das aufdringlich?"

Seine freimütige Aufrichtigkeit machte sie verlegen. Sie schämte sich ihres Mißtrauens.

„Nein, ist schon okay." Sie zögerte einen Moment, dann fuhr sie fort: „Ich arbeite wirklich ziemlich viel, auch in meiner Freizeit. Wenn ich in New York einen guten Start haben will, muß ich mich gut vorbereiten. Und sonst" – sie zog ihre Zigaretten heraus, zündete sich eine an und schob ihm die Packung hinüber – „naja, ich kenne zwar nicht viele Leute, aber mir reicht das." Sein Schweigen veranlaßte sie, ihre Erklärung weiter auszudehnen. „Wenn ich ausgehe, gehe ich öfters in Bars oder Cafés in Schöneberg. Oder essen." Sie dachte nach und fügte dann hinzu: „In den ersten Wochen habe ich mir alle möglichen Museen angesehen. Und Ausstellungen." Auf einmal irritiert, schwieg sie. Mehr fiel ihr nicht ein.

„Dein Kaffee wird kalt", sagte sie ablenkend.

Leo lächelte sie an, trank von seinem Kaffee, setzte die Schale ab und fischte eine Zigarettenpackung aus seiner Jackentasche. Eine klopfte er heraus und warf dann die Packung auf den Tisch neben Tamaras Zigaretten.

Tamara beobachtete seine Bewegungen. Irgendwie brachte er sie durcheinander.

„Und was machst du so?" Sie fragte nicht nur, um das Schweigen zu brechen, es interessierte sie tatsächlich. Nan hatte ihr zwar erzählt, daß Leo sich mit verschiedenen Jobs über Wasser hielt, aber was hieß das genau?

Leo strich sich die Haare zurück und verzog belustigt die Lippen. „Ich?" fragte er und lachte, so als ob die Frage ein Witz sei. „Ich habe keinen Beruf, schon gar nicht so etwas Feines wie Modedesignerin." Er grinste, und Tamara errötete, halb aus Verlegenheit, halb aus Ärger. Machte er sich doch über sie lustig?

„Naja, in den letzten Jahren habe ich hauptsächlich in Kneipen gejobt", fuhr er fort, „eine Weile auch in einer Galerie, und ich habe mich als Videokameramann versucht."

„Wo?"

„In Hamburg."

„Nein", erklärte Tamara, „Ich meine – privat oder in einer Firma?"

Er sah sie an, offensichtlich verwundert. „Beides. Ist eine gute Sache. Allerdings – ich bin recht flatterhaft. Mir wird alles schnell langweilig, auch wenn es mir eigentlich gefällt. Aber vielleicht ändert sich das ja noch."

Tamara rührte in ihrem Kaffee. Eine Idee nahm in ihrem Kopf Gestalt an. „Wenn du Interesse hast – ich könnte mal bei der Videofirma im Ullstein-Haus nachfragen. Vielleicht brauchen die jemanden."

Leo sah sie mit gerunzelter Stirn an, und für einen Moment dachte Tamara, sie hätte ihn beleidigt. Wie kam sie eigentlich dazu, ihm diesen Vorschlag zu machen? Er hatte nichts davon gesagt, daß er einen Job suchte. Sie merkte, wie sie vollends errötete.

„Danke für das Angebot. Vielleicht komme ich darauf zurück." Er musterte sie eingehend. Tamara senkte den Blick. Hoffentlich waren ihre Ohren nicht auch rot.

„Möchtest du noch einen Milchkaffee?" fragte Leo in ihre Gedanken hinein.

„Ja, gern. Laß mich..." Aber er war schon aufgesprungen.

Als er wieder hinauskam, setzte er sich neben sie anstatt ihr gegenüber.

„Ich muß noch ein bißchen die Sonne genießen", erklärte er und verschränkte die Arme hinter dem Kopf. Mit geschlossenen Augen lehnte er sich zurück und hielt sein Gesicht der Sonne entgegen. Um seinen Mund lag ein zufriedenes Lächeln. Einige Sekunden lang dachte Tamara, sie müsse etwas sagen, um das Gespräch in Gang zu halten, aber dann verlor sich der Drang. Schräg in ihren Stuhl gelehnt, rührte sie in ihrer Schale und genoß die Sonne – und Leos Gegenwart. Ab und zu warf sie einen neugierigen Blick auf ihn. Sie betrachtete die Form seiner Hände und seiner Unterarme, um Ähnlichkeiten mit Nan zu entdecken.

„Du warst schon länger nicht mehr bei uns", sagte Leo neben ihr. Er hielt die Augen immer noch geschlossen. Eine Locke, in der sich helle Lichtreflexe fingen, hing ihm in die Stirn.

„Ich war vorgestern da."

„Vorgestern?"

„Ja." Das kam heller heraus als beabsichtigt. Der Ton schien in der Luft nachzuhallen.

„Wann denn? Abends?"

„Ja, abends." Plötzlich ärgerte sie sich über ihn und seine Fragerei. Wollte er sie aushorchen? Sie dachte an die vergangene Woche. Wann immer Nan und sie sich trafen, war es schön, und mittlerweile war Tamara sich sicher, daß Nan genau wie sie selbst sich ein wenig verliebt hatte, aber trotzdem, ein leichtes Unbehagen blieb. Auf eine seltsame Art war Nan distanziert, Tamara kam nicht so recht an sie heran. Irgendwie nicht.

Leo sah sie aufmerksam an, dann warf er einen kurzen Blick auf seine Armbanduhr. „Ich würde gern noch länger mit dir hier sitzen, aber ich bin verabredet."

„Oh, das macht nichts, ich muß auch langsam los." Aber insgeheim machte es ihr doch etwas. Sie hätte gerne noch länger mit ihm hier gesessen.

„Ich bringe dich noch zum Auto", sagte er und lächelte sie an. Sie nickte, aber sie war unzufrieden dabei. War sie wütend auf sich selbst, weil er sie anzog? Würde sie ihn auch anziehend finden, wenn er nicht Nans Bruder wäre? Schweigend liefen sie die paar Schritte nebeneinanderher. Auf der Beifahrerseite ihres Autos blieb er stehen, sah sie an und dann auf die Straße.

„Paß' auf die Busse auf."

Sie ging um den Wagen herum und schloß die Tür auf. Über das Autodach hinweg blickten sie sich einen Moment lang an.

„Wiedersehen", sagte er.

„Ja, Wiedersehen."

Er lächelte, dann hob er die Hand zum Gruß und setzte sich wieder in Richtung Heinrichplatz in Bewegung. Im Gehen steckte er die Hände in die Hosentaschen. Tamara sah ihm hinterher, überzeugt, daß er sich gleich noch einmal umdrehen würde. Er tat es nicht. Sie stieg ins Auto und wartete, bis er um die nächste Ecke gebogen war.

Dann drehte sie den Zündschlüssel. Ausnahmsweise sprang der Wagen sofort an.

XXVI

Nan rannte am Kanal entlang. Die Morgensonne schien hell auf den rötlich gepflasterten Weg hinunter, Lichtflecken sprenkelten den Boden. Die hellgrünen Blätter der Bäume raschelten leicht, und vom Kottbusser Damm drang Verkehrslärm herüber. Nan wich einem alten Mann und seinem rheumatischen Pudel aus und lief die kurze Böschung hoch, die zur Straße führte. Ein vorüberfahrendes

Auto zwang sie zum Stehenbleiben. Sie stieß aus vollen Lungen die Luft aus und atmete ein paar Mal tief ein. Dann nahm sie ihren Lauf wieder auf.

Vor Wallys Haus blieb Nan stehen. Ihr Herz klopfte stark. Das Laufen hatte ihr gutgetan. Sie fühlte sich ein wenig befreit, befreit von den lästigen Gedanken, die sie, seit sie aufgewacht war, nicht hatte abschütteln können. Bevor sie wieder ins Grübeln verfiel, drückte sie den Klingelknopf. Wally öffnete die Tür erst nach einigen Minuten, einen mürrisch-verschlafenen Ausdruck im Gesicht. Sie blinzelte Nan an, fuhr sich mit der Hand durch das wirr abstehende Haar und winkte sie dann herein.

„Ich fühl' mich wie gerädert. Wie spät ist es denn?"

Nan folgte ihr in die Küche.

„Kurz nach neun."

„Oh." Wally stellte sich gähnend ans Spülbecken und schaute auf den Boiler, offensichtlich ohne zu wissen, was sie als nächstes tun wollte. Nan schob sie zur Seite und ließ Wasser in den Kessel laufen.

„Laß mal, ich mach' das Frühstück. Geh du dich anziehen."

Bereitwillig humpelte Wally aus der Küche. Zehn Minuten später saß sie frisch geduscht und mit gekämmten Haaren Nan gegenüber am Küchentisch und schmierte sich eines der Brötchen, die Nan mitgebracht hatte. Nan steckte sich die zweite Zigarette des Tages an und goß Kaffee in die großen, abgestoßenen Becher. „Nächstes Mal rufst du mich nicht erst nach vier Tagen an, sondern gleich, wenn du dich davonmachst."

Wally zuckte gespielt gleichgültig mit den Schultern und steckte sich den letzten Bissen in den Mund.

„Und du bist direkt von Bonn nach Kassel gefahren?"

Wally kaute und schluckte. „Hmhm."

„Hat deine Schwester sich denn über den unverhofften Besuch gefreut?"

Wally blickte prüfend in ein Marmeladenglas und schob es dann mit einer angewiderten Miene wieder zurück.

„Naja", sagte sie, „du kennst ja meine Schwester ein bißchen. Ich glaube, sie wußte nicht so recht was mit meinem kläglichen Zustand anzufangen, aber als ich ihr dann klargemacht habe, daß sie mit mir keine langen Gespräche zu führen braucht, sondern daß ich einfach nur ein paar Tage ganz woanders sein muß, da war es dann in Ordnung." Sie grinste plötzlich in sich hinein, während sie Nutella auf ihr Brötchen strich. „Ich hab' dann die ganzen sechs Tage ein richtiges Familienleben mitgemacht, aufstehen, frühstücken, mit den beiden Kleinen spielen, im Garten Kaffee trinken, und abends mit der ganzen Familie vorm Fernseher." Sie sah zu Nan auf, ein schelmisches Lächeln im Gesicht. „Ich glaub', mein Schwager kann mich jetzt richtig gut leiden. Ich habe jeden Abend mit ihm Offiziersskat gespielt und ein Bier nach dem anderen getrunken. Gott, war das entspannend!"

„Hattest du aber auch nötig." Nan nahm einen Löffel Joghurt.

Wally nickte. „Denk' schon. Nach diesem fürchterlichen Streit war es wohl das Beste."

„Und Anja? Hast du nochmal angerufen?"

Wally schüttelte den Kopf. „Nee. Einerseits schäme ich mich zu doll – ich meine, ich war echt übel drauf, daß ich in ihrer Wohnung dermaßen herumgewütet habe. Ekelhaft, wie?" Sie schaute Nan schuldbewußt an, aber ihre Augen lächelten leicht dabei.

Nan machte eine vage Handbewegung. „Weiß nicht. Wenn man zu mir sagen würde, daß ich ein totaler Schlappschwanz sei und es nie zu irgendetwas bringen würde, weder im beruflichen noch im zwischenmenschlichen Bereich..."

Wally sah Nan einen Moment lang in die Augen, dann stand sie auf und hüpfte zum Kühlschrank. „Andererseits bin ich aber doch wirklich ein Schlappschwanz", sagte sie gleichmütig in den fast leeren Schrank hinein

Nan schnippte die Asche von ihrer Zigarette. „Ich würde sagen, du neigst zu Inkonsequenz und Bequemlichkeit, das schon. Im allgemeinen gehst du Konfrontationen recht gerne aus dem Weg. Aber im Moment doch gerade nicht!"

„Nö", sagte Wally schlicht und klappte die Kühlschranktür unverrichteter Dinge wieder zu. Sie hüpfte zurück zu ihrem Stuhl, ließ sich vorsichtig nieder und blickte stirnrunzelnd auf dem Tisch herum. Dann zog sie das Marmeladenglas wieder zu sich heran und tauchte das Messer hinein.

Nan sah ihr zu. Wallys Appetit wirkte ansteckend. Sie griff sich die Hälfte eines Rosinenbrötchens und bestrich es ebenfalls mit Marmelade.

„Wann kommt denn nun endlich dein Gips ab?"

„Morgen. Die waren schon ganz sauer, daß ich mich nicht gemeldet habe die ganze Zeit. Siebeneinhalb Wochen!" Sie schielte auf ihr Gipsbein hinunter, das sein anfängliches Weiß mittlerweile gegen ein schmutziges Grau eingetauscht hatte. Dann seufzte sie laut.

Nan blickte alarmiert zu ihr herüber.

Wally grinste. „Das Leben ist hart, aber so langsam füge ich mich in mein schweres Schicksal." Sie rührte mit vor Konzentration gerunzelter Stirn in ihrem Becher. „Weißt du", fuhr sie fort und lehnte sich zurück, „ich hab' mich ja dann entschuldigt am nächsten Tag am Telefon, aber sie will mich trotzdem erstmal nicht mehr sehen. Und irgendwie kann ich das verstehen."

Nan hob eine Augenbraue. „Auf jeden Fall finde ich, daß du für die nächsten zehn Jahre genug ausgerastet bist."

„Zumindest habe ich nichts Teures kaputtgemacht", murmelte Wally und kicherte leicht.

„Vielleicht ruft sie ja trotzdem an", sagte Nan.

Wally verzog das Gesicht zu einer Grimasse. „Vielleicht. Vielleicht sollte sie es aber auch bleiben lassen. – Was ist eigentlich mit dir?" fragte sie, während sie den Teller beiseite schob und nach den Zigaretten griff. „Wer steht denn nun höher im Kurs? Tamara oder... wie heißt sie noch?"

„Tina", antwortete Nan. „Sehr witzig."

„Spiel nicht die beleidigte Leberwurst." Wally zündete sich die Zigarette an. Dann schien ihr plötzlich ein Licht aufzugehen. Sie blickte Nan mit zusammengekniffenen Augen an. „Läuft nicht mehr so, wie?"

„Doch, schon", sagte Nan gedehnt und wich ihrem Blick aus.

„Los, komm schon, was ist denn los?"

Nan wedelte mit der Hand, als wollte sie eine lästige Fliege verscheuchen. „Ach, vergiß es."

„Erzähl' mir nichts. Was ist denn? Sitzt du in der Patsche?

Ist sie schwanger?" Wally brach in lautes Gelächter aus und verschluckte sich am Rauch. Prustend schnappte sie nach Luft und wischte sich die Augen. Nan biß energisch in ihr Brötchen.

„Komm schon, mir kannst du es ruhig erzählen." Wally mußte wieder lachen.

Nan spielt mit ihrem Becher herum, schob ihn vor und zurück und sah zu, wie sich die braunen feuchten Kaffeeringe auf dem Tisch miteinander verwischten. Wally beobachtete sie.

„Naja", sagte Nan zögernd, „es gibt nicht viel zu erzählen. Ich glaube, ich bin ein bißchen verliebt in Tamara, aber nur ein bißchen, nicht viel. Ich wollte gern, daß alles so weitergeht wie bisher, Tina fürs Bett, und Tamara..." – sie überlegte, und Wally warf dazwischen: „Für den Nervenkitzel, stimmt's?"

Nan zuckte mit den Achseln. „Ja, doch, irgendwie schon. Ich weiß, wie scheußlich das klingt, aber du kennst mich ja..."

„Allerdings."

„Jedenfalls", Nan holte tief Luft, „Ich war heute Nacht bei Tina, und auf einmal, rummsbumms! konnte ich nicht mehr."

Wally sah sie von unten herauf an. „Ach, nee? Wie kann denn sowas?"

Nan kratzte sich verlegen am Hals. „Sowas passiert eben."

Wally grinste. „Du hast die arme Frau doch nicht etwa mittendrin hängen lassen?"

„Nein, so nun auch wieder nicht. Mein Gott, Wally, tu doch nicht so, du kennst sowas doch bestimmt auch!"

Wally kippte auf ihrem Stuhl vor und zurück und reckte die Schultern. „Ich?!? Ich doch nicht!"

Nan wurde ärgerlich. „Wally, ich bin nicht in Stimmung für blöde Witze. Das Ganze ist überhaupt nicht witzig."

„Dann erzähl' doch mal."

Nan sah sie mißtrauisch an. „Ich soll dir jetzt Details erzählen? Findest du das nicht ein bißchen indiskret?"

„Nö", sagte Wally schlicht und nahm sich das nächste Brötchen. „Ich finde das nicht indiskret, sondern hochinteressant."

Nan zögerte.
„Sei nicht so prüde."
„Ich bin nicht prüde! Aber..."
Wally kicherte. Nach einem Moment gab Nan ihren Widerstand auf. „Naja, es war so, daß wir schon gut dabei waren. Es geht ja immer ganz schön wild zu mit Tina, und vor allem, wir reden ziemlich viel dabei."
„Was denn?"
„Naja, verschieden. Meistens ziemlich schmutziges Zeug, da fährt Tina besonders drauf ab, zum Beispiel, wenn ich „dreckiges kleines Miststück" zu ihr sage..."
„Dreckiges kleines Miststück!" wiederholte Wally mit Inbrunst, und Nan hielt inne. Wally verzog die Lippen. „Mach weiter, vielleicht kann ich noch was von dir lernen", sagte sie grinsend.
Nan beschloß, darüber hinwegzugehen. Jetzt hatte sie schon einmal angefangen zu erzählen, da konnte sie genausogut weitermachen. „Jedenfalls, es war ziemlich stürmisch, und wir waren alle beide so richtig in Fahrt, und dann auf einmal, als ich sie gerade ge – äh, gefickt habe, da sehe ich sie an und sie hat die Augen so halb zu und sieht so richtig – so richtig lüstern aus, und da hab' ich schon gemerkt, daß irgendwie was schiefläuft bei mir, daß das so wegrutscht, und dann hat sie noch was gesagt, und plötzlich konnte ich nicht mehr."
„Was hat sie denn gesagt?" erkundigte sich Wally interessiert.
„Das sage ich dir jetzt nicht, das nicht. Es war auch gar nichts besonderes, sie hat das schon oft gesagt, und da fand ich das immer klasse, das hat mich dann eher noch angestachelt, aber diesmal war es einfach..." Sie stockte.
„Das falsche Wort, und der falsche Gesichtsausdruck", führte Wally den Satz für sie zu Ende.
Nan zuckte die Achseln. „Ja, oder, nein, das war ja nicht falsch, sie war nicht falsch, sondern ich." Sie verstummte abrupt und starrte vor sich hin.
„Tja", sagte Wally.
„Es ist nicht, weil ich Tina nicht mehr attraktiv finde, und auch nicht, weil ich jetzt aus unerfindlichen Gründen das Verlangen spüre, Tamara zur alleinigen Dame meines Her-

zens zu machen; es ist, weil ich auf einmal das Gefühl habe, daß etwas fehlt. Mir fehlt etwas!" Sie musterte Wallys ausdrucksloses Gesicht. „Ich habe plötzlich die schreckliche Vorstellung," fuhr sie fort, „daß es immer so weitergeht, die nächsten dreißig Jahre, ohne daß sich in meinem Herzen etwas tut. Etwas Gewaltiges, weißt du?"

„Sieh an", sagte Wally, „du brauchst was fürs Herz!"

„Ach", brummte Nan unwirsch.

„Naja doch", sagte Wally entschieden, „Sex ist Klasse, und flirten mit Sex noch besser, und beides nebeneinander geht auch. Nur, daß die zarten Bande, die dich mit Tamara verknüpfen, dich daran erinnern, daß es noch etwas Feineres gibt, nämlich die Lii-Hiiebe!" Sie grinste.

„Ich will mich aber gar nicht verlieben", widersprach Nan unwillig.

Wally legte den Kopf schief. „Man kann es ja leider auch nicht wollen. Man wünscht es sich, aber hat man die Gelegenheit, paßt es einem auch wieder nicht. Es *geschieht* einem." Sie betrachtete Nan, die nachdenklich ihre Tasse herumschwenkte. „Und Tamara?" fragte sie forschend.

Nans Miene verfinsterte sich. „Ach. Weiß ich nicht. Außerdem geht sie doch sowieso bald weg."

Nachdenkliches Schweigen erfüllte den Raum. Draußen ratterte ein Lastwagen vorbei.

„Vielleicht sollte ich mit Tina aufhören. Oder mit Tamara."

Wally sagte nichts.

„Wenn ich mit der einen kann, kann ich mit der anderen nicht, oder wie?" Nan starrte in ihren Kaffeesatz, als wäre dort die Antwort zu finden.

Wally legte ächzend ihr Gipsbein auf den freien dritten Stuhl und untersuchte eine lädierte Stelle im Gips.

Nan beugte sich neugierig vor. „Ich finde das furchtbar, wenn man plötzlich nicht mehr kann", sagte sie, während sie mit den Augen Wallys schabenden Zeigefinger folgte. „Die armen Männer! Und bei denen sieht man es dann auch noch sofort!"

„Soll das heißen, du hast ihr etwas vorgemacht?"

„Nein", erwiderte Nan ärgerlich, „Quatsch. Aber zumindest sieht man es nicht so direkt."

Wally zuckte die Achseln. Die sexuellen Probleme der Männer kümmerten sie herzlich wenig. Mit spitzen Fingern riß sie einen losen Gipsfaden ab.

„Aber sie gefällt mir immer noch sehr", sagte Nan. Einträchtig betrachteten beide den feinen Riß, der im Gips entstanden war.

„Hmm", brummte Wally halb zustimmend, halb fragend. Im Flur klingelte das Telefon. Zuvorkommend sprang Nan auf, trug es in die Küche und reichte Wally den Hörer. Wally meldete sich und lauschte. Ihr Gesicht nahm einen mürrischen Ausdruck an, der sich langsam erhellte.

„Ach? Ja, klasse! Okay, ich komm dann gleich mal vorbei. So in einer halben Stunde, ja? Nein... Du, ich habe jetzt leider keine Zeit, aber wir können uns ja gleich noch unterhalten. Fein. Bis dann." Sie legte den Hörer auf. „Marion. Ich soll zehn von meinen Gürteln machen, irgend so ein Typ aus Holland will die haben." Sie hievte sich aus ihrem Stuhl. „Ich muß sofort los, die Modelle absprechen. Schlimm?"

„Nein", sagte Nan, „Ich will sowieso in die Bibliothek." Sie fühlte sich bereits viel besser.

Fünf Minuten später verließen sie die Wohnung. An der Tür sah Wally sich noch einmal um und seufzte. „Ich muß mir langsam mal eine Mitbewohnerin suchen", sagte sie und ließ die Schultern hängen. „Habe ich überhaupt keine Lust zu." Vorsichtig begann sie, die Treppe herunterzusteigen. Nan hielt sich dicht hinter ihr.

„Wally? Was würdest du denn nun machen an meiner Stelle?"

Wally hüpfte die letzte Stufe hinunter und blieb stehen. „Weitermachen, solange du noch kannst", sagte sie und lachte herzhaft.

XXVII

„Nan ist nicht da", klärte Leo ihn auf und winkte ihm, hereinzukommen.

„Och." Enttäuscht stieß Arndt die Tür mit der Schulter hinter sich zu. Er hatte so sehr gehofft, Nan zu Hause anzutreffen, damit sie ihn etwas aufmunterte. „Wo ist sie denn?“

„Keine Ahnung.“ Leo zuckte die Achseln und ging auf leichten Füßen in die Küche. Er trug nichts als eine ausgebeulte graue Jogginghose. Dieser Tag Anfang Mai war der bisher wärmste des Jahres gewesen, und Leo gehörte zu den Menschen, die schon beim ersten Sonnenstrahl ihre warmen Pullover ganz hinten im Schrank verstauen. Arndt blieb unschlüssig im Flur stehen und drehte seine Mütze zwischen den Fingern. Ohne zu wissen, was er wollte, starrte er auf den abgeschabten Dielenboden, in dem unzählige Stiefel- und Schuhsohlen kleine Kratzer und Schleifspuren hinterlassen hatten.

„Was ist? Trinkst du einen Kaffee mit mir?“ rief Leo aus der Küche.

Arndt zögerte. Dann riß er sich zusammen. „Wenn es dir nichts ausmacht...“

Leos Kopf erschien in der Tür. Er betrachtete Arndt erheitert. „Stell’ dich nicht an“, befand er kurz und bündig und verschwand wieder in der Küche.

Arndt trottete hinterher und ließ sich auf einen Stuhl fallen. Er warf einen Blick auf Leos nackten Rücken, dann senkte er schnell die Augen, als wäre er bei etwas Verbotenem ertappt worden.

„Wo kommst du denn her?“ fragte Leo. Er klang gutgelaunt, wie meistens.

„Ich war bei Bernie. Der war auch nicht zu Hause.“

„Scheint nicht dein Tag zu sein.“

„Bis jetzt nicht, nein.“ Er hätte gerne Bernies Meinung gehört, ob es richtig gewesen war, Stephan nach langen Hin und Her damit abzuspeisen, daß er im Moment keine Zeit mehr hätte, ihn zu sehen. Und nun war Nan auch nicht da. Das Thema vor Leo zur Sprache zu bringen kam natürlich überhaupt nicht in Frage.

Leo stellte zwei Tassen auf den Tisch. „Ist was?“

„Ach, nee.“ Arndt schüttelte den Kopf. Leo musterte ihn, und sein Gesichtsausdruck ließ erkennen, daß er etwas sagen wollte, es dann aber doch für sich behielt. Jetzt, am Küchentisch, im Bewußtsein von Leos Anwesenheit, entschied Arndt, daß er richtig gehandelt hatte. Er hätte es schon viel früher machen sollen, gleich nach der dritten Nacht, die er mit Stephan verbracht hatte.

Leo kam mit der Kanne zum Tisch, goß ein und setzte sich, wobei er die Beine anzog und die Füße vor sich auf den Sitz stellte. „Nan ist ganz schön viel unterwegs in letzter Zeit, nicht wahr?“

Arndt sah ihn mißtrauisch an. War da ein mitleidiger Tonfall in Leos Stimme? Sah man ihm es so sehr an, daß er sich dringend nach jemandem sehnte, mit dem er sprechen konnte? „Sie hat ja auch viel um die Ohren“, sagte er verteidigend, wobei er sich nicht ganz sicher war, wen er nun eigentlich verteidigte – Nan oder sich selbst.

„Klar“, erwiderte Leo und grinste schelmisch, „zwei Liebhaberinnen, die Doktorarbeit, der Job...“ Er sah mit schiefgelegtem Kopf auf seinen Becher, setzte ihn an die Lippen und trank. „Wie machst du das denn eigentlich mit dem Arbeitsamt?“ fragte er dann.

Arndt ärgerte sich über den plötzlichen Themawechsel, aber wie immer, wenn es sich um Leo handelte, beugte er sich dessen Führung. Er haßte sich selbst dafür, aber es gelang ihm nicht, dagegen anzugehen.

„Was meinst du?“ fragte er, und seine Stimme klang viel zu leise in seinen eigenen Ohren.

„Ich frage mich, warum du nicht vermittelt wirst. Oder bekommst du manchmal Vorstellungstermine?“

„Zwei im letzten Jahr. Einem habe ich gesagt, ich würde demnächst studieren, und die andere Firma wollte mich nicht.“

„Und?“

„Was und?“

„Willst du studieren?“

„Nee“, sagte Arndt mit einem Anflug von Empörung, „ich wüßte nicht, was.“

„Ich dachte, du wolltest Architektur studieren?“

„Nein“, sagte Arndt. „Ich habe es mir anders überlegt. Ich glaube, das ist nichts für mich.“ Er wich Leos prüfendem Blick aus.

Leo kratzte sich an der Schulter. „Wie soll eigentlich bloß noch mal etwas Ordentliches aus uns werden?“ Er lachte.

„Ich bin ja schon was Ordentliches“, entgegnete Arndt. „Schließlich habe ich einen Gesellenbrief als Polsterer vorzuweisen.“ Sie lächelten sich wissend an, aber dennoch war Arndt unbehaglich zumute. Er hatte nicht die geringste Lust, jemals wieder als Polsterer zu arbeiten – wenn er es recht bedachte , hatte er die Lust am Polstern schon während der Ausbildung verloren, hatte er eigentlich überhaupt jemals wirklich Lust dazu gehabt? –, aber genausowenig wußte er, was er sonst machen sollte. Unruhig schob Arndt seinen Becher auf dem Tisch umher. Mit einer Hand griff er in seine Hosentasche und holte ein Stückchen Pechstein daraus hervor. Er legte ihn auf den Tisch und schob seinen Becher langsam im Kreis darum herum. Beide betrachteten schweigend den kleinen Stein, um den der Becher wie ein zu groß geratener Mond um eine winzige Erde seine Kreise zog.

„Ich weiß auch nicht“, sagte Arndt schnell und ohne Zusammenhang. Er griff nach seinem Becher und trank. Leo wippte mit dem Stuhl.

„Laß uns ein bißchen 'rumfahren“, warf er plötzlich in die Stille.

„Rumfahren?“ Arndt biß sich auf die Lippen. Irgendwie konnte er heute mit Leos Launenumschwüngen nicht Schritt halten.

„Ja, ich hab' Georgs Bock.“ Leo sprang auf und lief aus der Küche.

„Bock“, wiederholte Arndt leise für sich.

Kurze Zeit später stand Arndt vor dem Haus und trat von einem Fuß auf den anderen, während er zusah, wie Leo immer wieder von Neuem den Kickstarter betätigte. Die Mailuft war warm und roch mild nach den kleinen zarten Blättern und jungen Knospen, die sich an den Blumen rund um den Askanischen Platz gerade zu öffnen begonnen hatten.

Leo hielt den Blick starr auf die Maschine gerichtet. Die zusammengebissenen Zähne ließen seine hohen Wangenknochen noch stärker als sonst hervortreten. In seinen verwaschenen Jeans, der alten, schwarzen Lederjacke und dem weißen T-Shirt darunter sah er aus wie eine moderne Ausgabe von James Dean; jedenfalls, wenn man nicht so genau hinsah.

Hinter Leo, auf der anderen Straßenseite, trat aus dem Schatten der Ruine des Anhalter Bahnhofs eine Gestalt ins dämmerige Licht der Straßenlaternen. Es war Nan, die, unter dem Arm ihre Studienmappe, die Hände in den Hosentaschen, mit gesenktem Blick auf sie zukam.

Arndt blieb regungslos stehen und sog das Bild, das sich ihm bot, wie einen für alle Ewigkeit unauslöschlichen Geruch in sich auf: die sich deutlich und scharfgeschnitten abzeichnende Gestalt Leos, der mit gebeugtem Kopf rittlings über der alten Maschine stehend immer wieder kraftvoll auf den Kickstarter sprang, und unmittelbar hinter ihm, schemenhaft zunächst, dann mit jedem Schritt, den sie herantrat, deutlicher umrissen, Nan, mit leicht hängenden Schultern und langsamen, fast schwerfälligen Bewegungen.

Weder Nan noch Leo bemerkten einander, so sehr waren sie in ihr jeweiliges Tun vertieft, und dennoch bewegten sie sich unzweifelhaft einem gegenseitigen Erkennen entgegen. Arndt betrachtete die beiden Menschen, die er am meisten auf dieser Welt – und wer weiß, in welcher anderen auch – liebte, und ihm war, als balle sich der flüssige Lauf der Zeit für ein paar Augenblicke zu einer dicht verwobenen Kugel zusammen, in deren Mittelpunkt zwei Herzen laut und dröhnend schlugen, und ein drittes, seines, dazu; nur leiser – und ein wenig abseits. Weiter würde er nie herankommen.

Dann blickte Nan auf und entdeckte Leo. Sie lächelte, aber es war ein kleines, versunkenes Lächeln, und als sie näher und um die Maschine und ihren schwitzenden Bruder herum zu Arndt kam, sah er die Müdigkeit, die in den tiefen Ringen unter ihren Augen schwamm.

„Hallo“, sagte sie und lehnte ihren Kopf an Arndts Schulter. Mit einem lauten Knattern sprang das Motorrad an, und Leo sah seufzend auf, einen Ausdruck des Triumphs im Gesicht.

„Oh, Schwesterchen!“ Er stieg vorsichtig von der Maschine herunter, um Nan zu umarmen. Sie sah klein aus in den Armen ihres Zwillingsbruders, aber als er zurücktrat, richtete sie sich auf.

„Tja“, sagte Leo, „Was machen wir denn jetzt? Wir wollten eigentlich ein bißchen herumfahren, aber wenn du willst, können wir ja auch alle drei irgendwohin." Er hob aufmunternd die Augenbrauen, aber Nan schüttelte den Kopf.

„Ich bin todmüde", sagte sie, „ich will wirklich nur noch ins Bett."

„Wo warst du denn?" fragte Arndt.

„Ach, erst in der Bibliothek, dann kurz bei Wally, und gerade habe ich mich mit Tamara getroffen."

„Volles Programm." Leo sah Nan mit einem merkwürdig gespannten und wachsamen Blick an, und Arndt fragte sich, ob ihm irgendetwas von Bedeutung entgangen war.

„Ich geh' nach oben." Nan küßte beide nacheinander auf die Wange, lächelte müde und verschwand im Hauseingang.

Leo zog den Reißverschluß seiner Jacke zu und sah Arndt an.

„Komm", er deutete mit dem Kopf auf die knatternde Yamaha, „der Bock geht sonst wieder aus." Er streckte ihm einen dunklen Helm ohne Visier entgegen.

Arndt schwang sich hinter ihn, und sie knatterten in die Nacht hinein.

Durch dunkle, wenig befahrene Seitenstraßen fuhren sie zum Mehringdamm und dann weiter in Richtung Hermannplatz. Vor dem Kino am Kottbusser Damm stand eine Menschentraube, die auf die Spätvorstellung wartete. Auf der Brücke ein Stück weiter hoch saßen die obligatorischen Punks und bettelten die Vorbeikommenden um Kleingeld an.

Am Kottbusser Tor mußten sie an der Ampel halten. Leo klappte sein Visier hoch und drehte sich zu Arndt um.

„Okay?"

„Hervorragend", sagte Arndt.

„Warte ab, bis ich in ein paar Wochen meine eigene Maschine habe, das wird noch besser."

„Wieso hast du heute das Motorrad?"

„Ich hab 'was für Georg erledigt." Die Ampel schaltete auf Grün.

„Was denn?" brüllte Arndt gegen den aufheulenden Motor an.

„Kurierdienste," rief Leo nach hinten.

„Was denn für Kurierdienste?"

„Tickets."

Arndt gab sich mit der Antwort zufrieden und lehnte sich näher an Leos beruhigenden Rücken. Der Fahrtwind machte seine Hände klamm, er schob sie nach einer Weile zögernd unter Leos Lederjacke und spürte die Wärme seines Bauches.

„Wird es dir kalt?" Leos Stimme kam kaum gegen den Motor an.

„Nur die Hände."

Leo bog in die Oranienstraße ein und fuhr in Richtung Osten, vorbei an den vielen Nachtschwärmern, die einzeln oder in Gruppen den Bürgersteig bevölkerten. Vor allen Cafés standen Tische und Stühle, fast jeder Platz war besetzt.

Am Görlitzer Bahnhof wendete Leo und fuhr die Oranienstraße in umgekehrter Richtung wieder hoch, bis er am Moritzplatz nach rechts einbog und sie kurz darauf den ehemaligen Todesstreifen entlangholperten. Von der Mauer war nichts mehr zu sehen, noch war der Streifen leer und nackt, aber die ersten Anzeichen für eine baldige Bebauung zeigten sich schon: Baumaterialien lagen herum, ein Kran reckte seinen metallenen Hals gen Himmel, und an einem Fleck neben einem ehemaligen Überwachungsturm häuften sich Absperrgitter.

Leo lenkte die Maschine in Richtung Osten. Staunend und mit einem leicht unbehaglichem Gefühl betrachtete Arndt die hohen, grauen Gebäude, zwischen denen nur vereinzelt Menschen gingen wie Verlorene in einer monströsen Geisterstadt. In der Friedrichstraße brauste der Verkehr; bunte Lichter westlicher Firmen und Geschäfte, die sich, die neuen Perspektiven witternd, hier zügig niedergelassen hatten, blinkten und leuchteten in einen Himmel, der Arndt viel fahler erschien als nur weniger hundert Meter weiter südlich.

Nach einem großen Bogen rund um den Alexanderplatz fuhren sie zurück nach Westen, in einer Schleife am Askanischen Platz vorbei, wo Leo die Fahrtgeschwindigkeit verminderte und sie beide zu Nans Fenster hochsahen, hinter dem ein schwacher Lichtschein, wie von einer flackernden Kerze, auszumachen war. Wortlos gab Leo Gas, und sie donnerten auf die Straße, die am Kanal in Richtung City entlangführte.

Die blauen, rotierenden Lichter an der Potsdamer Brücke sahen sie schon von weitem. Langsam fuhr Leo an die blockierte Kreuzung heran.

Arndt sah mehrere Kranken- und Polizeiwagen, zur Rechten lag ein noch rauchender Ford, dessen vollkommen zusammengedrückte Schnauze mit weißem Schaum bedeckt war. Feuerwehrmänner waren gerade dabei, ihre Geräte in einen großen Löschwagen zu verstauen, der ein wenig abseits stand, in dem dunklen Bereich unter einem abgeknickten Laternenpfahl.

Gestalten in grünen Uniformen und weißen Kitteln eilten auf der Kreuzung umher, auf der Metallsplitter und qualmende Reifenfetzen verstreut lagen. Arndts Nacken verkrampfte sich, und er richtete sich steif auf, als er links vor der Brücke ein weiteres, zertrümmertes Auto entdeckte, aus dem vier Feuerwehrmänner gerade einen leblosen Körper herauszogen. Andere beugten sich über weitere am Boden liegende Gestalten, waren es zwei oder drei?

Er preßte sich schutzsuchend an Leos Rücken und legte die Wange an seine Schulter, aber dennoch vermochte er es nicht, die Augen von dem schrecklichen Anblick zu lösen, auch nicht, als er unmittelbar vor ihnen einen blutüberströmten Mann entdeckte, der, mit verrenkten Gliedern, einen Arm grotesk nach hinten gebogen, von zwei Sanitätern auf eine Bahre gelegt wurde. Ein weiterer stand schon mit einem weißen Laken daneben, bereit, es über den Toten zu werfen. Arndt wollte die Augen schließen, aber bevor er es tat, traf sein Blick auf den des Unfallopfers, dessen gebrochene Augen, nochmals gebrochen durch den Lichtschein der Straßenlaternen weit über ihnen, direkt in Arndts Augen zu starren schienen. Ich sehe den Tod an, dachte Arndt, und er hielt seine Augen mit bewußter Willensanstrengung offen, obwohl alles in ihm danach schrie, sie zu schließen. Ihm schien, als sei die Kraft, die Augen offenzuhalten, sich dem Anblick nicht zu entziehen, die einzige Möglichkeit, nichts in sich eindringen zu lassen. Würde er die Lider senken, so würde er den Tod unwiderruflich in sich einschließen, und davor grauste es ihm.

Die kurze Berührung, mit der Leo seine Hand unter die Jacke schob und sie auf Arndts' legte, spürte er kaum. Angestrengt schaute er starr weiter nach links, verharrte eine lange Weile in immer der gleichen Blickposition, so als können die neuen Eindrücke, die sich ihm mit weiterführender Fahrt zwangsläufig eröffneten, die vorigen, grausigen wieder vertreiben, wieder hinaussaugen, damit sie nicht mehr und nicht weniger zählten als all die belanglosen, anderen Dinge, die er tagein, tagaus, in jeder wachen Sekunde seines Lebens, sah.

Leo fuhr langsamer als vorher weiter. Irgendwann legte Arndt sein Gesicht an Leos Rücken, und endlich schloß er die Augen, bis ein Abbremsen der Maschine und der natürliche Orientierungsdrang ihn dazu zwangen, sie wieder zu öffnen.

Sie standen auf der Budapester Straße vor einem Imbiß. Leo setzte das Motorrad auf den Bürgersteig und gab Arndt seinen Helm.

„Warte", sagte er, und im nächsten Moment war er wieder zurück, in jeder Hand eine Bierdose, die er Arndt reichte. Dann fuhren sie weiter, gemächlich im Strom mit anderen Parkplatzsuchenden um den großen Platz am Zoo herum, bis Leo vor der kleinen Gasse, die zwischen dem Zoologischen Garten und den Gleisen in den Tiergarten führte, hielt. Gegenüber, auf der anderen Seite der Kreuzung, erhob sich der verglaste Bau des Fernbahnhofs.

Nachdem er das Motorrad und ihre beiden Helme zusammengeschlossen hatte, nahm Leo Arndt eine der Bierdosen ab. Gleichzeitig tranken sie den ersten Schluck. Das Bier schmeckte würzig und war eiskalt. Leo setzte sich schweigend in Bewegung, in die kleine Gasse hinein. Arndt schlenderte hinter ihm her.

Nach ein paar Metern drehte Leo sich zu ihm um und wischte sich mit dem Handrücken die Schaumreste vom Mund. Seine Augen waren dunkel in dem spärlichen Licht der Laternen am Ende der Gasse.

„Kannst du gut klettern?"

„Naja", sagte Arndt vorsichtig.

Leo betrachtete ihn nachdenklich. „Laß uns nachsehen, was die Tiere gerade machen. Hast du Lust?"

Arndt dämmerte, daß Leo vom Zoo sprach. Zweifelnd schaute er auf den schmiedeeisernen Zaun, der, verborgen hinter mannshohem Gebüsch, die rechte Seite des Weges begrenzte.

„Da rüber?“ fragte er unsicher.

„Ist nicht hoch. Oder willst du nicht?“

Arndt nickte. „Doch. Schon.“

„Nur, wenn du willst.“ Leo schaute auf den Zaun.

„Die haben doch bestimmt einen Nachtwächter.“

„Ich will ja nicht durch den ganzen Zoo laufen.“

Arndts Neugier erwachte. „Was sind denn da für Tiere?“

Leo zuckte die Schultern. „Überraschung.“ Er trat näher an den Zaun und nahm einen letzten Schluck aus seiner Dose, bevor er sie am Rande des Weges abstellte.

„Wenn jemand kommt, machen wir uns einfach unsichtbar.“ Er begann, sich durch das Gebüsch zu zwängen.

Arndt zögerte ein paar Sekunden, dann folgte er ihm.

Das Gebüsch kratzte ihn durch die Hose hindurch. Leos schattenhafte Gestalt hangelte sich vor ihm den Zaun hoch. Dahinter war es so dunkel, daß Arndt keine klaren Umrisse erkennen konnte.

„Schieb mal!“ zischte Leo zwischen zusammengebissenen Zähnen hervor. Arndt drückte seine Füße mit beiden Handflächen noch oben, und einen Moment später balancierte Leo auf der Mitte des Zauns.

„Komm“, flüsterte er Arndt zu. „So hoch ist es nicht, komm schon.“

Beim ersten Mal glitt Arndt an den Gitterstäben ab, im zweiten Anlauf sprang er höher, und Leo erwischte ihn an der Jacke und zog ihn hoch, bis Arndt keuchend neben ihm hockte, mit den Beinen verzweifelt Halt suchend.

„Klammer' die Beine um die Stäbe“, riet Leo. Arndt tat wie geheißen. Die spitzen Enden des Gitters unmittelbar unter seiner Brust flößten ihm Angst ein. Mühsam hielt er sich fest, unfähig, die Luft auszustoßen, bis er einen Fuß auf die Oberkante bekam und sich ganz hochziehen konnte. Geduckt und schwankend hockten sie nebeneinander auf dem Zaun und sahen in das Zoogelände hinunter. Auf der anderen Seite befand sich eine Mauer unter dem Zaun, dahinter lag ein schmaler Weg, der an einem Gehegezaun entlangführte.

„Meinst du wirklich, wir sollen?“ fragte Arndt nervös. Statt einer Antwort schwang Leo sich auf die andere Seite und begann sich langsam an den Stäben herunterzulassen. Nach ein paar Sekunden, die Arndt endlos vorkamen, landete Leo mit einem leisen Plumps auf dem Boden und richtete sich auf, wobei er die Handflächen an seiner Hose abwischte. Aufmerksam sah er sich um. Dann blickte er zu Arndt hoch. „Komm. Die Luft ist rein.“ Widerstrebend machte Arndt sich an den Abstieg.

Beinahe lautlos, sich nach allen Seiten umblickend, schlichen sie nebeneinander auf das Gehege zu. Hier unten schien es unendlich still zu sein. Als sie an der kleinen Begrenzungsmauer ankamen – es war kein Zaun, wie es von oben den Anschein gehabt hatte – war Arndt enttäuscht. Keine Bewegung war in dem flachen, fußballfeldgroßen Areal auszumachen, an dessen gegenüberliegender Seite ein dunkles Gebäude mit den dahinter aufragenden schwarzen Baumwipfeln verschmolz.

Von irgendwoher kam ein Schnauben. Arndt zuckte zusammen. Irgendwie war es unheimlich hier. Er fühlte deutlich, daß sie hier nicht hingehörten. Plötzlich merkte er, daß Leo nicht mehr an seiner Seite war, und ein bodenloses Gefühl der Einsamkeit überkam ihn.

„Leo?“ rief er ängstlich in die Dunkelheit hinein. Das Schnauben wiederholte sich, und von weiter fort kam ein seltsam klagender Laut geflogen, hoch und zugleich mächtig, wie von einem riesigem Tier. Arndt schlug die Arme um seinen Körper und machte aufs Geratewohl ein paar Schritte.

„Leo“, flüsterte er leise. Das Schnauben klang jetzt näher. Er verharrte und horchte. Leise Schritte kamen von hinten auf ihn zu, und dann war Leo neben ihm.

„Im Gehege auf der anderen Seite ist auch nichts los“, flüsterte er. „Aber ich glaube, da vorn tut sich was.“

Sie gingen weiter. Langsam gewöhnten sich Arndts Augen an den Dunkelheit. Ihre Schuhe knirschten auf dem sandigen Weg. Ein intensiver Geruch wehte von den Stallungen auf der anderen Seite der Gehege zu ihnen herüber, ein stechender, aber durchaus nicht unangenehmer Geruch nach Fell, Mist und etwas Undefinierbarem. Wieder ertönte das Schnauben, und sie blieben angespannt stehen. Weit hinten, vor dem Gebäude, bewegte sich etwas. Der schattenhafte Umriß war größer als der eines Pferdes und seltsam unvertraut. Angestrengt starrten sie hinüber. Das Tier verharrte reglos und hob dann den Kopf. Arndt vermeinte zu spüren, wie es ihrer beider Geruch aufnahm. Es setzte sich in Bewegung und kam langsam näher. Etwa zehn Meter vor ihnen blieb es stehen und schnaubte erneut. Arndt erkannte den dünnen langen Schwanz mit der Quaste am Ende, der peitschend um den unbeholfenen Körper flog. Der Geruch war stärker als vorher, nun war es Gestank.

„Ein Dromedar!" flüsterte Leo neben ihm, und seine Stimme klang gleichzeitig ehrfürchtig und erheitert. Er trat dicht an die Mauer und streckte die Hand aus. „Komm mal her! Eh, Dicker!"

Das Dromedar rührte sich nicht. Sie standen alle drei eine Weile da und beobachteten einander, bis das Dromedar den Kopf senkte, am Boden herumschnüffelte und sich dann auf schwerfälligen Hufen behäbig umdrehte. Mit gemächlichen Schritten trottete es von dannen, den dünnen Schwanz gelangweilt um sich schlagend.

Leo steckte die Hände in die Hosentaschen. Arndt ging um ihn herum zu der Infotafel ein Stück weiter. Es war zu dunkel, um das Gedruckte entziffern zu können. Er holte sein Feuerzeug aus der Tasche und hielt es davor. „Trampeltier", las er, bevor die Flamme wieder ausging. Er zündete es neu, aber es funktionierte nicht. Schüttelnd hielt Arndt es an sein Ohr. Es war leer.

Er ging zurück zu Leo, der immer noch so dastand wie zuvor.

„Es ist ein Trampeltier", sagte er. Das Wort klang ihm seltsam, er hätte nie gedacht, daß es eine wissenschaftliche Bezeichnung für ein Tier sein könnte.

Leo rührte sich nicht. Er sah immer noch dem Tier nach, das nun ganz im Dunkel verschwunden war. Dann schüttelte er sich leicht, so als sei er aus einem Traum erwacht, und sah Arndt an. „Komm, wir setzen uns ein bißchen hin."

Sie hockten sich, die Glut ihrer Zigaretten mit der Hand abschirmend, an die andere Seite des Weges, vor das niedrige Gestrüpp, von wo aus sie das Gehege und seinen gemütlichen Bewohner gut im Auge hatten. Nach einer Weile flammte rechts von ihnen ein Licht auf, unverkennbar aus einer Taschenlampe stammend. Erschrocken preßte sich Arndt nach hinten, Leo schob ihn ganz an die Mauer, und sie verharrten lautlos und mit vor Aufregung schmerzenden Nackenmuskeln. Ängstlich beobachtete Arndt den näherkommenden Lichtschein, der ziellos auf dem Weg umhertanzte und zuweilen zur Seite, in Richtung des Geheges geschwenkt wurde. Das Gestrüpp war viel zu niedrig, um ihnen Schutz vor Entdeckung zu bieten. In Arndts Kopf begannen pausenlos unzureichende Erklärungen herumzuwirbeln, die sie gleich abgeben müssen würden.

Zwei Meter vor ihnen verlosch der Lichtschein ebenso plötzlich, wie er aufgetaucht war, und die Gestalt ging langsam vorbei. Erst, als Arndt den leisen, monotonen Gesang hörte, erkannte er, daß es sich um eine Frau handelte, die ganz allein, im Dunkeln, ihren nächtlichen Rundgang verrichtete: „Boba-di, bo-ba-dii, bo-ba-doh..." Sie verfolgten sie regungslos mit den Blicken, bis sie am Ende der Gehege angelangt war, gleichbleibenden Schrittes um die Ecke bog und schließlich hinter den Gebäuden und in der Dunkelheit verschwand.

Leo sah Arndt an, und das Weiße in seinen Augen und seine Zähne leuchteten matt. „Süß, nicht wahr?" Er lächelte, und Arndt lächelte auch.

Der Rückweg war weitaus weniger anstrengend, als Arndt vermutet hatte. Wie im Traum ergriff er die dargebotene Hand Leos und ließ sich von ihm den Zaun hinaufziehen. Als er hinuntersprang, verfing sich ein spitzer Ast in seinem Hosenrand und kratzte ihm schmerzhaft das Bein auf.

Auf dem sicheren Weg, unter einer Lampe, kniete Leo sich neben ihn und begutachtete die Wunde, einen langen unregelmäßig gezackten Kratzer, von dem ein schmales Rinnsal Blut in Arndts Socken hinunterlief. Sie hatten beide kein Taschentuch oder etwas Ähnliches, also ließen sie die Wunde so, wie sie war, und gingen langsam zum Motorrad zurück.

Arndt legte seinen Kopf an Leos Schulter und atmete tief aus. Sein Kopf war voll mit Bildern, und seine Gedanken warteten dahinter, ohne die dünne Barriere aus Licht und Farben durchschreiten zu können. An einer Ampel, schon in Schöneberg, kamen die Tränen. Schweigend hinter Leo kauernd, den Kopf gesenkt, sah er ohne Trauer, aber auch ohne Erstaunen zu, wie die Tropfen abwechselnd auf seine und Leos Jacke fielen und dort vom Fahrtwind getrocknet wurden.

XXVIII

Tamara ließ ihren Blick durch das Restaurant schweifen. Es hieß „Storch", aber hier drinnen gab es allem Anschein nach nichts, was auf diesen Namen Bezug nahm. Das Mobiliar war in dunklem Holz gehalten, die Wände offensichtlich erst vor kurzem geweißt. Nur die beiden Kellner in den schwarzen Hosen und den langen weißen Schürzen darüber erinnerten im entferntesten an Störche, wenn auch nur der Farbe ihrer adretten Kleidung wegen.

Martin lehnte sich behaglich zurück. „Meine Güte, das war ja ein Theater. Daß wir da heil rausgekommen sind..." Er zwinkerte Tamara zu. Sie grinste zurück. Vorhin, als Nan Tamara aus dem Ullstein-Haus abholen wollte, war durch Zufall das gesamte Kollektiv versammelt gewesen. Jeder hatte das Neueste über Tamaras Kontakt mit Paco's erfahren wollen. Obwohl sie alle ihre Arbeitsräume in einer Etage des riesigen Ullstein-Hauses hatten, sahen die einzelnen Mitglieder sich untereinander bei der Arbeit kaum. Nur zu der wöchentlichen Besprechung kamen sie alle zusammen, und dann war es meist schon so spät abends, daß sie zu müde waren, um noch viele persönliche Neuigkeiten auszutauschen. So hatte sich Tamara erst nach einer guten Stunde loseisen können, um mit Nan und Martin wie versprochen essen zu gehen.

„Ich hatte jedenfalls keine Langeweile", erklärte Nan und spießte ein Stück Fleisch auf ihre Gabel, „Martin hat mich bestens mit Tratsch und Klatsch über die ganzen Leute versorgt."

Martin lachte. „Ach", sagte er, „da fällt mir ein, was ich ganz vergessen habe zu erwähnen: Jürgen, der Rothaarige, war übrigens früher mit Simona zusammen..." Eifrig fuhr er fort, und Nan lauschte mit sichtlichem Interesse. Das Schmunzeln um ihre Mundwinkel zeigte, wie sehr sie sich amüsierte.

Tamara betrachtete sie verstohlen von der Seite. Ohne es zu wollen, verfiel sie ins Grübeln. Im Ullstein-Haus und auch jetzt hatte Nan sich scheinbar sehr wohl gefühlt. Die ungewohnte Situation hatte ihr nichts ausgemacht, und auf Tamaras fragende Blicke hatte sie so gut wie gar nicht reagiert. Warum eigentlich fühlte sie, Tamara, sich unsicherer denn je in Nans Gegenwart, seit sie beide miteinander zu schlafen begonnen hatten? Permanent litt sie unter der Furcht, aufdringlich zu wirken; und statt daß Tamara sich, wie es der leidenschaftliche körperliche Kontakt hätte vermuten lassen können, ihr näher fühlte, war es, als ob Nan ihr immer mehr entglitt. Vorher hatte sie irgendwie mehr über Nan gewußt, überlegte Tamara, aber da hatte sie sich ja auch noch zu fragen getraut. Heftig stieß sie ihre Gabel in die Kartoffel. Martin und Nan sahen auf. Martin grinste freundlich, hob mitfühlend eine Augenbraue und blickte von ihr zu Nan, die Tamara verwundert betrachtete.

„Sag mal, Tamara", fragte Martin, „was ist denn nun eigentlich aus dem Anzug für deine Freundin geworden, für den ich dir die Knöpfe empfohlen habe? Hast du sie verwenden können?"

Tamara verschluckte sich fast. Nan war hellhörig geworden und sah sie noch genauer an. Tamara konnte sich richtig vorstellen, wie sie in ihrem Kopf alle „Freundinnen" von Tamara durchzählte und dann bei der einzigen stutzig wurde, die in Betracht kam: sie selbst.

„Ja, die Knöpfe konnte ich gut gebrauchen." Tamara versuchte, Martin einen warnenden Blick zuzuwerfen, aber er musterte leider in diesem Augenblick mit kritischer Miene sein Steak.

„Und, ist er fertig? Wann kriege ich ihn zu sehen?" fragte er, als er aufsah.

„Noch nicht ganz. Dauert noch ein bißchen." Nan sah immer forschend zu ihr herüber. „Sie wollte noch ein paar

Änderungen haben", fügte Tamara eilig hinzu. Auf Nans Stirn zeigte sich ein Runzeln. Tamara warf ihr einen hastigen Blick zu und lächelte entschuldigend. Martin nickte und wandte sich an Nan, um ihr eine Frage nach ihrer Doktorarbeit zu stellen. Nan ging darauf ein, nicht ohne noch einmal prüfend zu Tamara hinzusehen.

Kurz darauf, als Tamara den Blick hob, zwinkerte Martin ihr ermutigend zu, und sie sah mit einem befreienden Gefühl der Überraschung, daß er die Situation erfaßt hatte. Auf seine Art ist er eine richtig treue, feinfühlige Seele, schoß es ihr durch den Kopf, und sie bat ihn im Stillen um Verzeihung für all die Male, die sie ihn schon unwirsch angefahren hatte, weil er ihr mit seinen ewigen Witzeleien auf die Nerven gegangen war.

Sie ging zur Toilette, und als sie zurückkam und Nan ansah, die gerade über irgendetwas lachte und sich dabei über ihr Glas beugte, mußte Tamara auf einmal an Leo denken, an seine blauen Augen und sein freches Grinsen, das sich gar nicht so sehr von dem Nans unterschied. Plötzlich auf unerklärbare Weise verärgert, schob sie den Gedanken an ihn beiseite und setzte sich wieder auf ihren Platz. Für den Rest des Essens blieb sie schweigsam. Irgendetwas hatte ihr die Laune verdorben.

Gegen halb elf brachen sie auf. Martin stieg winkend auf sein Rennrad, während Nan und Tamara auf den alten Kadett zuschlenderten.

Nan hakte sich bei Tamara ein. „War nett."

„Hmhm." Tamara öffnete die Beifahrertür und hielt sie auf. Nan stieg ein, nicht ohne einen erstaunten Blick zu ihr, und Tamara warf die Tür zu, heftiger, als sie beabsichtigt hatte. Als sie um den Wagen herumging, merkte sie, daß ihre Hände leicht zitterten. Beruhige dich, sagte sie sich. Ruhig. Sie stieg ein und vermied es, Nan anzusehen.

„Möchtest du noch was trinken?" Sie versuchte, ganz normal zu klingen.

„Was ist eigentlich los mit dir?"

Tamara ließ den Motor an. Ganz ruhig. Dann antwortete sie, während sie sich auf die Straße konzentrierte: „Nichts."

Nan schwieg, und die Stille gab Tamara Gelegenheit, sich wieder zu fangen.

„Wohin?"

Nan zuckte die Achseln. „Ist mir gleich."

„Aha."

„Meine Güte. Habe ich dir was getan?"

„Nein", grummelte Tamara in sich hinein. Nans scharfer Blick kratzte sie förmlich am Ohr. Sie hob eine Hand und rieb ihr Ohrläppchen zwischen Daumen und Zeigefinger. Dann seufzte sie.

„Ich bin nervös."

„Das sehe ich. Und warum?"

Tamara faßte das Lenkrad fester mit beiden Händen. „Ich weiß es nicht. Wenn ich es wüßte, würde ich es dir mit Sicherheit erzählen. *Ich* erzähle dir gerne, was mit mir los ist."

Nan richtete sich kerzengerade auf und sah Tamara an. „Was soll denn das?"

Tamara biß die Zähne zusammen. Sie war auf einmal so angespannt, daß sie es kaum aushalten konnte.

„Du erzählst mir nie irgendetwas", brach es aus ihr hervor, „ich weiß überhaupt nicht, was in dir vorgeht. Nichts. Allmählich komme ich mir richtig dämlich vor, ich plappere dir den lieben langen Tag etwas vor, und du nickst immer schön und erzählst, was du so gemacht hast, und damit hat es sich."

„Halt mal an", unterbrach Nan sie.

„Nein." Es war das erste Mal, daß sie von ihrer beider Beziehung angefangen hatte, und kaum kritisierte sie Nan, da stieg die – schwupps! – aus dem Auto und machte sich davon.

„Tamara, halt doch mal bitte an!"

„Nein! Ich seh' gar nicht ein, daß du dich jetzt aus dem Staub machst."

Nan lachte. Sie lachte! Tamara wurde noch wütender.

„Du brauchst jetzt überhaupt nicht zu lachen. Ich halte nicht an. Erst sage ich dir, was ich zu sagen habe."

„Tamara! Ich möchte nur, daß du anhältst, damit wir in Ruhe reden können. Du fährst im Moment genauso aggressiv, wie du aussiehst."

Tamara warf ihr einen mißtrauischen Blick zu. Nans Mundwinkel verrieten nur zu deutlich, daß sie die Situation amüsant fand. Tamara sah nach vorn und fuhr weiter.

„Willst du jetzt bis in alle Ewigkeit mit mir herumfahren, nur, damit ich nicht aussteigen kann?"

Tamaras Zorn legte sich ein wenig. „Ich halte an, wenn du aufhörst, mich auszulachen."

„Ich lache dich nicht aus." Das klang überzeugend. Tamara scherte in die nächste Parklücke ein und stellte den Motor ab. Sie sahen sich an.

„Ja", sagte Nan schließlich, „red' weiter."

Sofort war die Wut wieder da. „Ich sage dir gerade, daß du mir nichts erzählst, und du sagst einfach: Red weiter!"

„Aber du wolltest doch reden. Das war doch noch nicht alles, oder?"

Tamara holte tief Luft. „Vorher warst du richtig offen mir gegenüber, und in letzter Zeit bist du total verschlossen. Ich weiß nicht, warum. Wenn das die Konsequenz daraus ist, daß wir es endlich geschafft haben, miteinander ins Bett zu gehen" – sie zögerte kurz – „dann ist das doch alles Mist."

„Du meinst, wir sollten es lassen?"

„Nein!!" Sie zuckten beide zusammen. Nan sah ein wenig eingeschüchtert zu ihr herüber. Tamara zündete sich eine Zigarette an und sog heftig daran.

„Nein", wiederholte sie, leiser diesmal. „Ich möchte nur wissen, warum du plötzlich so... so kühl zu mir bist."

„Ich bin doch nicht kühl." Nan war sichtlich betroffen.

„Doch. Ich traue mich schon gar nicht mehr, dich irgendetwas zu fragen, weil ich Angst habe, daß du dich dann gleich bedrängt fühlst. Ich weiß nichts, ich weiß ja noch nicht mal, ob du zum Beispiel noch was mit dieser Blonden da hast. Oder mit sonst irgendwem!"

„Dann frag mich doch einfach."

„Ach!" Tamara drehte unwirsch den Kopf zur Seite und sah aus dem Wagenfenster. Auf der anderen Straßenseite gingen zwei Männer in Jogginganzügen vorbei. Einer von ihnen trug den Arm in einer Schlinge. „Siehst du, ich wußte genau, wenn ich dich das frage, würdest du mich aufdringlich finden."

„Nein, stimmt nicht. Ich habe gedacht, daß dich das gar nicht interessiert."

Tamara schlug mit der geballten Faust leicht auf das Lenkrad. „Es ist doch klar, daß mich das interessiert. Würde dich das nicht auch interessieren?"

„Hast du denn was mit jemand anderem?"

„Nein!"

Sie schwiegen. Tamara trommelte nervös auf dem Lenkrad herum. Irgendwie war ihr der rote Faden entglitten. Sie wußte nicht mehr, was genau sie nun eigentlich hatte wissen wollen. Sie wußte nur, daß es ihr nicht gelang, sich richtig verständlich zu machen.

„Paß' auf", sagte sie, ruhiger geworden, „ich hatte nicht vor, dich zu fragen, was du eigentlich wirklich für mich fühlst, aber anscheinend muß ich es doch tun. Habe ich irgendetwas an mir, was dich stört? Ist dir das alles zuviel?"

Nan räusperte sich und rutschte auf ihrem Sitz herum. Schießlich verschränkte sie die Arme und schüttelte den Kopf, ohne Tamara anzusehen.

„Nein", sagte sie schließlich. „So ist es nicht. Es ist nur seltsam, daß du bald fährst."

Tamara schwieg.

„Das macht es so" – Nan hob die Hände und ließ sie wieder sinken – „so fragil."

„Wäre es denn wirklich anders, wenn ich nicht gehen würde?"

„Ich weiß es nicht. Ich kann es nicht sagen, weil es eben einfach so ist."

Tamara beugte sich vor und legte die Arme auf das Lenkrad. „Aber trotzdem, es macht mich nervös. Ich weiß einfach nicht, woran ich bei dir bin. Bei Leo ist das auch so. Vielleicht ist das ja eine Familieneigenschaft von euch."

Sie spürte, wie Nan sie verblüfft von der Seite ansah. „Leo? Wieso?"

„Ach", sagte Tamara und ärgerte sich, daß sie das Thema angeschnitten hatte. Schließlich gehörte das gar nicht hierher. „Nur, weil, ich hab' ihn mal auf der Straße getroffen, und wir haben Kaffee getrunken, und er war komisch."

„Wie, komisch?"

„Naja, ich dachte die ganze Zeit, daß er mich vielleicht aushorchen will." Tamara warf einen kurzen Blick zu Nan. Nan sah richtig beleidigt aus. „Also, Tamara, ich kann mir nicht vorstellen, daß Leo dich aushorchen will. Oder" – sie zog die Augenbrauen zusammen – „glaubst du etwa, daß ich ihm das aufgetragen habe?"

Tamara hob die Achseln und ließ sie mit betont gelangweilter Miene wieder fallen. „Anscheinend willst du nichts wissen."

„Mein Gott, nun sei doch nicht so bockig!"

Tamara fühlte, wie ihr heiß wurde vor Verlegenheit. Dennoch, zurücknehmen mochte sie es jetzt auch nicht. Eine trotzige Stille herrschte zwischen ihnen, die nur von dem Getrommel, das Tamaras Finger auf dem Lenkrad verursachten, durchbrochen wurde.

Schließlich lenkte Nan ein. „Ich brauche eben eine Weile, bis ich aus mir herauskomme."

Tamara richtete sich auf. „Vielleicht willst du das aber auch gar nicht. Manchmal frage ich mich, ob du mich wirklich so sehr magst, wie du..." Gerade noch rechtzeitig verschluckte sie das letzte Wort, aber Nan war klug genug, es sich zusammenzureimen.

„Denkst du, ich heuchele dir etwas vor?" Ihre Augen funkelten.

„Nein", sagte Tamara beschwichtigend, „nein, da müßtest du ja gewaltig schauspielern."

„Warum nimmst du denn dann nicht hin, wie ich zu dir bin, anstatt zu argwöhnen, daß ich mich verstelle?"

„Siehst du, jetzt soll ich dir doch wieder keine Fragen stellen."

„Mein Gott! Du kannst mich fragen, was immer du willst!" Nan war jetzt richtig sauer. „Du tust ja geradezu so, als würde ich dir sonstwas verheimlichen! Dabei möchte ich zum Beispiel mal wissen, für welche Freundin dieser Anzug ist, von dem Martin gesprochen hat!"

Tamara verdrehte die Augen.

Nan fühlte sich bestätigt. „So weit her ist es mit deiner Offenheit wohl auch nicht gerade. Du kannst ja tun und lassen, was du willst, aber dann wirf mir nicht vor, daß ich dir nichts erzähle!"

Tamara drehte sich um, kniete sich auf den Sitz und langte nach hinten. Dann rutschte sie wieder nach vorne und warf Nan eine große Tüte auf den Schoß.

„Hier“, sagte sie säuerlich. „Der ist für dich. Ich wollte ihn dir eigentlich später geben, aber ich tue es wohl besser jetzt schon.“

Nan sah auf die Tüte, dann hinein und schließlich zu Tamara. „Das ist mir jetzt richtig unangenehm“, sagte sie fest. Tamara blieb noch einen Moment stur, dann gab sie nach. „Mir auch.“

Trotzdem konnte sie Nan nicht ansehen. Statt dessen blickte sie aus dem Seitenfenster. Sie hörte Nan neben sich mit der Tüte rascheln. Dann ging die Beifahrertür auf, der Wagen wackelte leicht, und die Tür schlug wieder zu. Tamara sah nicht hin. Wenn Nan sich so davonmachen wollte, bitteschön. Nach ein paar Sekunden drehte sie den Kopf. Von Nan war nichts mehr zu sehen. Tamara lehnte sich nach hinten, verschränkte die Arme hinter dem Kopf und stöhnte. Einen Moment überlegte sie, ob sie Nan hinterherlaufen sollte, aber dann gewann der Zorn wieder die Oberhand. Sie holte eine Zigarette heraus und suchte das Feuerzeug. Es war nicht da. Auch das noch. Alles ging schief. Alles. Zornig schlug sie mit der Faust auf den Beifahrersitz und wollte gerade anfangen, lauthals loszufluchen, als die Tür von außen geöffnet wurde.

„Paßt hervorragend.“

Der Anzug saß exakt. Von den Schultern bis zu den Hüften stimmten die Maße. Tamara ließ den Blick weiter nach unten wandern. Rechts flatterte der Stoff lose um Nans nacktes Bein. Die Köpfe der zahlreichen Stecknadeln glänzten im Laternenschein. Tamara mußte wider Willen grinsen.

„Ich bin noch nicht ganz fertig geworden.“

„Hab' ich mir fast gedacht.“ Nan beugte sich herab und umfaßte mit einer Hand Tamaras Nacken. Ihre Gesichter waren dicht voreinander. Tamara spürte, wie der Groll langsam aus ihr herauswich. Sie wollte sich dagegen sträuben, aber dann legte sie ihre Wange an Nans Hals und roch ihren Duft und den Geruch nach Appretur, der von dem Anzugstoff ausging. Sie wußte, sie würden jetzt nicht mehr weiter darüber sprechen, nicht, weil sie selbst es nicht wollte, sondern weil es nichts an der Zukunft änderte. Die Gegenwart bestand nicht in einem Moment, dem

Moment, in dem man „jetzt!" sagte, die Gegenwart war viel länger und genau begrenzt: zwölf Wochen. Und sie konnte nicht verlängert werden. Tamara spürte, wie Nan eng die Arme um sie legte und sie an sich preßte. Im Augenblick genügte ihr das.

XXIX

Knallende Disco-Rhythmen hämmerten auf Nan ein, als sie die dichtbevölkerte Treppe endlich erklommen hatte und an den Eingang zum eigentlichen Veranstaltungsraum kam. Allein auf dem kurzen Weg bis hier herauf hatte sie mindestens zehn Bekannte getroffen und doppelt soviele gesehen. Bernie war gleich an der Pforte der alten TU-Mensa mit Freudenschreien auf eine Gruppe aufgemotzter Tunten zugelaufen, während Tamara und Arndt sich in die Schlange am vegetarischen Snackstand eingereiht hatten. Nan war es recht, sie liebte es, auf Partys und großen Festen erst einmal eine Weile allein durch die Gegend zu laufen, die Stimmung einzusaugen und zu sehen, wer alles so da war.

Sie bog um die hohe Rigips-Wand, die sich als Rückenschutz für die DJ's entpuppte, und wanderte an schweißbedeckten, lachenden Gesichtern und unruhigen, die Umstehenden taxierenden Mienen vorbei. Es gab zwei Bühnen, eine große an der Stirnseite des Saales, auf der gerade eine Band ihre Anlage zusammenräumte, und eine kleinere zur Linken, wo zwei halbnackte Männer, nur mit silbernen Lendenschurzen bekleidet, einen wilden, schlangenähnlichen Tanz vorführten. Um sie herum drängten sich begeisterte Schwule und neugierige Lesben, pfeifend, johlend und anfeuernd in die erhobenen Hände klatschend. Ein gestikulierender Arm schlug gegen Nans rechte Schulter, und von links wurde sie von einer ausladenden Hüfte, die einer kahlrasierten Frau gehörte, gerammt. Jemand winkte, und eine dunkelhaarige Frau rief ihr einen fröhlichen Gruß zu. Nan bahnte sich einen Weg nach hinten, wo sie den Tresen vermutete.

Ein paar Minuten später schlenderte sie, ein Bier in der Hand, langsam zurück in den großen Saal. Neben der

Tanzfläche entdeckte sie Ole, einen alten Bekannten, der in seiner typischen Anmacher-Position gegen eine Säule gelehnt dastand, ein Bein angewinkelt, die Bierflasche locker auf dem Knie, von seiner gebräunten Faust auf eine Art gehalten, die die Sehnen und Muskeln an seinem Oberarm deutlich hervortreten ließen.

„He!“ sagte Nan. „Schon was gesichtet?“

Er löste den Blick von einem jungen Schwarzen auf der anderen Seite des Ganges und flüsterte ihr verschwörerisch zu: „Nehm' gerade Kontakt auf! Der Typ da drüben, ist der nicht süß?“

Nan wandte sich unauffällig noch einmal um und erhaschte einen scheuen Blick, bevor der Bursche sich umdrehte und hastig auf seinen Nachbarn einzureden begann.

Ole lachte neben ihr auf. „Küken. Na warte.“ Er trank einen Schluck und gab einen verhaltenen Rülpser von sich. „Und wie geht's dir?“

„Gut. Und Detlef?“ Detlef war Oles Liebhaber, nie der einzige, aber der einzig beständige. Beide, Ole wie Detlef, waren positiv, aber bei Detlef war die Krankheit vor einiger Zeit voll ausgebrochen.

Ole nahm den Flaschenhals zwischen Daumen und Zeigefinger und ließ die Flasche hin und her pendeln. Er lächelte weiter, aber sein Gesichtsausdruck nahm einen leicht angespannten Zug an. „Er war jetzt drei Wochen im Krankenhaus – seine dritte Lungenentzündung. Ist seit gestern wieder daheim. Es geht.“ Er sah auf, und unmittelbar darauf grinste er breit. „Dein kleiner Freund kommt.“

Arndt lief vor Tamara, die den Blick auf die überfüllte Tanzfläche gerichtet hatte, waches Interesse in den Augen. Bei ihrem Anblick durchfuhr Nan ein kleiner Schauer. Das fein geschnittene Gesicht begann, ihr immer vertrauter zu werden, oft hatte sie es nun schon dicht vor sich gehabt, alle möglichen Ausdrücke darauf gesehen: Freude, Wut, Erregung, Leidenschaft... Und dennoch, wenn Nan die Augen schloß, gelang es ihr nie, sich Tamaras Anblick ins Gedächtnis zu rufen, immer nur schwebten Ausschnitte an ihrem inneren Auge vorbei, flüchtig wie Schneeflocken in heißer Sonne: die Form ihres Mundes, wenn Tamara lachte, die Narbe über der Augenbraue, die sich vertiefte, wenn sie die Stirn runzelte. Auf eine Art war Tamara wie ein Phantom für Nan: nur greifbar, wenn sie körperlich anwesend war, sonst formlos wie ein seltener, exotischer Geruch oder weicher, schwerer Nebel.

Tamara sah auf, entdeckte sie und lächelte. Nan ließ Ole, der sich bereits mit Arndt unterhielt, zurück, ging ihr entgegen und wollte sie gerade fragen, wie ihr die Party gefiel, als sie unmittelbar hinter Tamara Wally entdeckte, und hinter Wally – Anja. Entschuldigend legte sie ihre Finger leicht um Tamaras Handgelenk und nahm Wally in den Arm.

„Tja", sagte Wally leise in ihr Ohr, „sie kam ganz überraschend. Aber nicht so, wie du denkst. Sie will sich nur verabschieden."

„Hallo", sagte Anja.

„Anja. Schön, dich zu sehen."

Anja lächelte, ein wenig steif, wie Nan fand, und lehnte sich an Wally, die mit einem schiefen Grinsen im Gesicht etwas unbeholfen dastand. „Ich dachte, die Gelegenheit lasse ich mir nicht entgehen. Die nächsten paar Jahre werde ich bestimmt keine solche Ansammlung von Brüdern und Schwestern zu Gesicht bekommen."

Wallys Grinsen bekam einen kaum merklichen Sprung. Nan reichte ihr automatisch die Bierflasche. Ihr Blick fiel auf Wallys Füße, die in ihren geliebten alten Cowboystiefeln steckten.

„He! Der Gips ist ab! Wie läuft sich's denn so?"

Wally lächelte gequält. „Es geht so. Fühlt sich an, als wären die Gelenke eingerostet."

„Ihr Bein ist ganz dünn", sagte Anja, und alle drei schwiegen einen Moment verlegen ob der Intimität, die mit diesen Worten angedeutet wurde, und die noch vor kurzem so selbstverständlich gewesen war.

„Wann bist du gekommen?" Nan trat einen Schritt zurück, ihre Finger lagen immer noch um Tamaras Handgelenk, ganz leicht nur, aber sie vermeinte dennoch Tamaras Pulsschlag zu spüren. Sie empfand es als tröstlich, dabei war sie vorher gar nicht traurig gewesen.

„Heute nachmittag."

Und wie lange bleibst du?" fragte Nan und sah dabei Wally an. Wally zog eine schmerzliche Grimasse.

„Bis übermorgen.“ Anja begann, von ihren Plänen zu berichten, und Nan hörte mit halben Ohr zu, beunruhigt und betroffen. Nach einer Weile – Tamara hatte Getränke geholt und stand einen Schritt neben ihr, den Blick wieder auf die Tanzfläche gerichtet, Wally sprach kaum und sah Anja tunlichst nicht an – ging Nan auf, woher ihre Betroffenheit rührte. Es war das enorme Gefühl des Nicht-Ausreichens, des Nicht-Richtig-Seins, das von allen Seiten auf sie einströmte und in dessen wabernder Mitte sie sich selbst befand, schwimmend, wissend um die Existenz eines festen Bodens, aber ohne Ahnung, wo er sich befand und wann und wie und vielleicht mit wem sie ihn erreichen würde. Anja und Wally waren nicht richtig mit- – oder eher für? – einander, und sie selbst und Tamara waren es irgendwie auch nicht. Aber warum? Wer machte was falsch, und wie müßte es stattdessen sein? Eine Hand legte sich um ihre Taille und riß sie aus ihren Gedanken.

„Hallo, mein Schatz.“ Tina drückte ihr einen Kuß auf die Wange. „Habe schon die ganze Woche nichts von dir gehört. Hast du mich vergessen?“ Sie lächelte auf ihre amüsiert-verführerische Art, die Augenbrauen ein wenig in die Höhe gezogen.

„Unsinn“, sagte Nan. Tamaras Anwesenheit war ihr nur zu deutlich bewußt, und sie suchte einen Moment nach den richtigen Worten. „Du weißt doch, ich bin eine vielbeschäftigte Person.“ Tina zog die Augenbrauen noch höher.

Tamara kam an ihre Seite und bat Wally um Feuer. Sie sah Nan nicht an, aber Nan bemerkte, daß sich Tamaras Blick kurz mit dem Tinas traf, ehe sie sich wieder umdrehte und ein paar Schritte zur Seite trat. Tina sah Nan ohne einen bestimmten Ausdruck im Gesicht an.

„Ach so“, sagte sie ruhig und nickte leicht. Dann lächelte sie und küßte Nan wieder auf die Wange. „Ich gehe mal weiter. Wir sehen uns gleich bestimmt noch.“

Ehe Nan reagieren konnte, war sie verschwunden.

Wally faßte Nan an die Schulter. „Wir gehen. Ich rufe dich an.“

„Okay. Mach’s gut.“

Wally nickte ernst, dann riß sie sich zusammen und lächelte. Anja verabschiedete sich mit einem merkwürdig feindseligen Ausdruck in den Augen, aber ihr Lächeln war das alte.

Sie weiß nicht mehr, wer ich bin, Freundin oder Feindin, dachte Nan, während sie den beiden nachsah.

„Gehst du mal ’rum mit mir?“ Tamara wartete die Antwort nicht ab, sondern setzte sich sogleich in Bewegung, und Nan ließ sich mitziehen, froh über die Ablenkung. Auf halben Wege durch den Saal drehte Tamara sich zu ihr um und sagte etwas. Nan verstand nichts, weil sie sich in unmittelbarer Nähe einer der riesigen Boxen befanden. Sie machte eine hilflose Geste zu ihren Ohren. Tamara brachte ihren Mund näher heran.

„Du hast mir die Frage von neulich nicht beantwortet. Hast du noch was mit der Blonden?“

„Nein“, erwiderte Nan. Jetzt, wo sie es sich sagen hörte, wußte sie, ohne weiter darüber nachzudenken, daß es der Wahrheit entsprach. Tamara blickte betont gleichgültig drein. Es war das erste Mal an diesem Abend, daß Nan lachen mußte.

Ein, zwei Stunden später, nach etlichen kürzeren und längeren Unterhaltungen mit Bekannten, einigen Versuchen, auf der brodelnden Tanzfläche Platz zu finden, und ein paar zusätzlichen Bieren stand Nan alleine an einer der Säulen und beobachtete das endlose Hin und Her um sich herum. Tamara war irgendwo auf der Tanzfläche, und Arndt hatte sie schon seit einer halben Stunde nicht mehr gesehen. Nan schloß die Augen und spürte die Müdigkeit, die sich in einem dumpfen Klopfen unter den Augen bemerkbar machte. Ihre Blase meldete sich. Eine Weile stand sie so, froh, einen Moment ausruhen zu können, dann gab sie sich einen Ruck und stieß sich mit der Schulter von der Säule ab. Erst mitten in der Bewegung öffnete sie die Augen, gerade noch rechtzeitig, um die Gestalt, die unmittelbar vor ihr vorbeiging, zu registrieren, aber zu spät, um den Schwung noch abbremsen zu können. Mit der Brust stieß sie gegen die Schulter der anderen, und beide gerieten aus dem Gleichgewicht.

„He, nicht so stürmisch.“ Die andere war etwa in Nans Alter, sie hatte blondes, halblanges Haar und auffallend blaue Augen, und obwohl der Zusammenstoß auch für sie schmerzhaft gewesen sein mußte, lächelte sie Nan offensichtlich belustigt an.

Nan rieb sich ihr schmerzendes Schlüsselbein. „'Tschuldigung", murmelte sie.

„Hast du dir wehgetan?"

Nan nahm ihre Hand vom Schlüsselbein und fuhr sich durchs Haar. „Nein. Du?"

Die Blonde schüttelte den Kopf. „Nein." Sie hob die Hände, und Nan bemerkte, daß sie in jeder eine Colaflasche trug. „Na, wenn alles in Ordnung ist, werde ich mal zusehen, daß ich die Flaschen unbeschadet bis ins Ziel trage. War nett, dich kennengelernt zu haben." Sie grinste, und ein zuckender Neonblitz von der Lichtorgel über der Tanzfläche schwenkte vorüber und ließ ihre Augen aufleuchten, bevor sie ging. Nan sah ihr nach. Etwas in ihrem Gesicht hatte ihr gefallen.

Nan umrundete die Tanzfläche und ging die Treppen zu den Toiletten hinunter. Die Schlange war nicht mehr so lang wie noch eine Stunde vorher, und nach ein paar Minuten lehnte sie wieder behaglich an der Säule. Das Fest schien seinem Ende zuzugehen, langsam leerte sich die Halle, obwohl die Tänzer auf der Tanzfläche sich immer noch gegenseitig auf die Füße traten. Nan ließ den Blick über die Umstehenden schweifen, unkonzentriert und leicht müde, aber sie wurde sofort wieder hellwach, als sie entdeckte, daß jemand sie ansah. Es war die Blonde, mit der Nan vorhin zusammengestoßen war. Ruhig stand sie ein paar Meter weiter da, die Hände in den Taschen ihrer weitgeschnittenen schwarzen Hose, und musterte Nan nachdenklich. Angezogen von ihrem Blick, sah Nan sie ebenfalls an. Eine Weile standen sie, ohne daß eine von beiden sich rührte oder wegsah, dann setzte die Blonde sich in Bewegung und kam auf Nan zu.

„Möchtest du eine Zigarette und ein nettes Gespräch?"

„Ein nettes Gespräch? Gerne. Und eine Zigarette auch."

Die Blonde lächelte. „Dann hast du hier schon mal die Zigarette." Sie zog ein Päckchen hervor und schnippte mit Daumen und Zeigefinger eine Zigarette heraus, die sie Nan anbot. Ihre Hände waren lang und kräftig und harmonierten gut mit den klar, fast klassisch geschnittenen Gesichtszügen und dem vollen Mund. Als sie sprach, zeigten sich Grübchen auf beiden Wangen.

„Ich bin Anke."

„Nan", sagte Nan. Sie holte ihr Feuerzeug heraus. Auf einmal war sie besonders froh, daß sie heute den Anzug trug, den Tamara ihr geschenkt hatte. Sie wußte, daß sie sehr gut darin aussah.

„Richtig Nan? Oder ist das eine Abkürzung?"

Nan lachte. „Ja, für Johanna."

Anke sog an ihrer Zigarette. „Und weiter?"

„Schwartzkopff."

„Johanna Schwartzkopff. Nan Schwartzkopff. Klingt beides gut." Sie sah Nan schräg von der Seite an, und ein verschmitztes Lächeln trat auf ihre Züge. Nan wartete ab, gespannt, was jetzt kommen würde. Aber es kam nichts. Anke sah Nan einfach nur weiter an, offen interessiert, und der Blick aus den blauen Augen machte Nan nach einer Weile verlegen.

„Ich hab' dich noch nie gesehen", sagte sie, um das Schweigen zu brechen.

Anke lachte. „Ich bin auch erst seit kurzem wieder hier, ich war für ein halbes Jahr in England."

„Was hast du da gemacht?"

„Gearbeitet. Oder eher, gelernt. Ich wollte mein Englisch etwas perfektionieren, und deswegen habe ich ein halbes Jahr in einem grauenhaft noblen Hotel gejobt."

„Studierst du Englisch?"

Anke lachte auf. „Nein, ich habe Hotelfachfrau gelernt und arbeite in einem Hotel an der Rezeption. Sozusagen als Empfangsdame. Für die Japaner hätte mein Englisch eigentlich schon ausgereicht, aber nicht für meine Ansprüche."

Nan war verwirrt. „Wieso Japaner?"

„Das Hotel ist in der Nähe vom Kudamm – das „Krone" in der Schlüterstraße. Die meisten Gäste dort sind Japaner. Was meinst du, wieviele Fotos ich von mir inmitten einer japanischen Reisegruppe schon habe, damit könnte ich mein Badezimmer tapezieren." Sie schüttelte den Kopf.

Nan lachte und steckte sich eine neue Zigarette an. Anke sah sie an, und ihr Blick war wiederum intensiv und nachdenklich.

Irgendetwas mußte jetzt passieren. Nan straffte die Schultern. „Hättest du Lust, einen Tequila zu trinken?"

Ankes Nase kräuselte sich, als sie zögerte. Ihr Gesicht lag für einen Moment im Dunkeln, dann setzte die Lichtorgel wieder ein und warf einen zuckenden Blitz über sie beide hinweg. Nan sah, wie Ankes Pupillen sich wieder verengten, und plötzlich lag etwas Aufreizendes, fast Aggressives in ihrem Gesichtsausdruck. Nan war zumute, als ob sie von einem wilden Tier aus dem Dunkel heraus beobachtet würde, lauernd und angespannt, aber nicht bösartig. Ihr Magen zog sich für eine Sekunde zusammen, irgendetwas in ihrem Bauch schien zu stolpern, dann war es vorbei. Anke sah auf die Hand, die Nan sich instinktiv auf den Bauch gelegt hatte.

„Ja, gut. Zum Abschluß des Abends."

„Willst du schon gehen?"

„Ja. Ich muß morgen früh arbeiten. Wir erwarten einen Haufen Zahnärzte. Zum Zahnarztkongreß." Sie grinste.

Auf dem Rückweg vom Tresen traf Nan auf Tamara, die ihr verschwitzt und mit gerötetem Gesicht entgegenkam.

„Ich dachte, du bist vielleicht schon fort."

„Nein", sagte Nan, „Ich unterhalte mich gerade, aber dann können wir auch gehen, wenn du willst." Ihr war etwas unbehaglich zumute mit den beiden Tequilagläsern in der Hand, aber Tamara schien sich daran nicht zu stören. Sie lachte Nan freimütig an und strich ihr mit den Fingern über den Nacken. „Ich gehe nochmal tanzen. Wo bist du denn?"

Nan deutete unbestimmt in die Richtung, in der Anke wartete. „Da hinten. Aber ich komm dann zu dir." Sie konnte Anke von hier aus erkennen, wie sie dastand und die Tänzer betrachtete, und plötzlich hatte Nan es sehr eilig, zu ihr zu gehen.

„Okay." Tamara verschwand wieder in der tanzenden Menge.

Anke sah erst auf, als Nan schon dicht vor ihr war. Nan reichte ihr den Tequila und hob ihr Glas. „Auf das Hotelgewerbe."

„Auf die Mitfahrzentralen“, erwiderte Anke. Nan verschluckte sich fast.

„Woher weißt du das?“

„Manchmal führen mich meine Wege auch in den Osten. Da habe ich dich neulich gesehen – am Rosa-Luxemburg-Platz. Du hast hinter einer großen Fensterscheibe gesessen und telefoniert, die Füße auf dem Tisch.“ Anke lächelte charmant und hob die Augenbrauen. Dann nahm sie Nan das leere Glas ab und hielt es zusammen mit ihrem eigenen locker zwischen den Fingern.

„Das *war* doch ein nettes Gespräch, oder?“

„Ja, das war es.“ Nan lächelte.

„Ich hoffe, ich sehe dich bald wieder.“ Und dann drehte sie sich um und ging. Nan sah ihr nach, bis sie hinter der Trennwand verschwunden war. Sie gefällt mir, dachte sie, und sie wußte, daß außer der Verwunderung über den plötzlichen Abgang nur eine ungewohnte Scheu sie davon abhielt, hinter Anke herzugehen und sie um ihre Telefonnummer zu bitten.

Tamara trug schon ihre Jacke und war sichtlich erschöpft. Neben ihr lehnte Arndt. Er gähnte und klappte den Mund hastig zu, als er Nan sah.

„Oh“, sagte er, „wir sind beide so müde. Willst du noch bleiben?“

Nan schüttelte den Kopf und zog Tamara an sich. Leicht schuldbewußt steckte sie ihre Nase in Tamaras Kragen und atmete den Duft ihres Parfums in tiefen Zügen ein. „Ich möchte schrecklich gerne nach Hause“, murmelte sie, die Lippen an Tamaras Hals gepreßt.

Sie stolperten die Treppen mehr hinunter, als daß sie gingen. Draußen auf der Straße verschränkte Arndt die Hände hinter seinem Nacken und drehte den Kopf, bis ein eingerosteter Wirbel knackte.

„Ach“, sagte er, aber es klang nicht traurig, „irgendwie ist man ja doch immer allein.“ Tamara hakte sich bei ihm ein, und gemeinsam gingen sie langsam weiter.

Nan sah zum Himmel auf. Eine kleine, verlorene Wolke zog vor der verblassenden Halbsichel des Mondes her wie ein schwach beleuchteter Wattebausch. Weiter hinten, im Osten, begann sich der Himmel bereits rötlich zu färben. Die Nacht war vorbei.

Kapitel 5

Die Ampel sprang auf Grün, und er fuhr an. Die Maschine stotterte ein wenig. In den letzten Tagen hatte er häufig Fehlzündungen gehabt. Er mußte den Vergaser so schnell als möglich neu einstellen, aber auch heute würde er wieder keine Zeit dafür haben. Vielleicht später, wenn er alles erledigt hatte. Morgen war Steffis Geburtstag, und er hatte noch kein Geschenk. Sie war sowieso schon wütend auf ihn, weil er soviel unterwegs war. Sie verstand nicht, warum. „Wieso in aller Welt weitest du dein Geschäft denn immer mehr aus? Willst du dir einen Palast bauen und eine Yacht zulegen? Was ist los mit dir, brauchst du den Nervenkitzel?“ Er wußte auch nicht, warum er immer mehr Aufträge annahm, obwohl er sie kaum noch ausführen konnte. Aber das Geschäft florierte, die Kundschaft vermehrte sich in rasantem Tempo, und in letzter Zeit führten seine Touren ihn immer öfter in den Osten, wo sich das Netz rapide ausweitete. Typen wie er, die ein hohes Risiko auf sich nahmen und zuverlässig die Ware lieferten, ohne sie, wie die meisten anderen es machten, erst noch einmal zu strecken, waren selten. Er genoß hohes Ansehen in den einschlägigen Kreisen, obwohl, und darauf war er besonders stolz, ihn kaum jemand überhaupt persönlich kannte. Er war eine Legende, unsichtbar; unsichtbar und schnell, und es gab nur eine Verbindung, über die man ihn – eventuell – identifizieren könnte. Nur dieser eine Typ wußte seinen richtigen Namen, und für ihn würde er die Hand ins Feuer legen.

Da war das Haus. Er lenkte die Maschine auf den Bürgersteig und stellte den Motor ab. Nachdem er sich vergewissert hatte, daß niemand ihn beobachtete, ging er zum Eingang.

Knappe zehn Minuten später war er wieder auf der Straße. In der Brusttasche seiner Jeansweste war das letzte Päckchen sicher verstaut. Er war erleichtert, wie immer nach seinem vorletzten Auftrag. Das wenige, was er jetzt noch bei sich hatte, konnte im Falle eines Falles immer noch als Eigenbedarf durchgehen. Er atmete tief auf und merkte, daß seine Nackenmuskeln verspannt waren.

Während er die Lietzenburger Straße hinunterbrauste, drehte er vorsichtig den Kopf, um sie zu lockern. Er spürte sein Herz schlagen, schnell und gleichmäßig. Auf der rechten Seite war ein Blumenladen. Steffi. Ob er ihr Blumen mitbringen sollte? Sie hatte recht, verdammt nochmal. Irgendwann mußte mal Schluß sein mit dem Risiko. Er konnte sich sein ganzes Leben verbauen, und ihres noch dazu. Er nahm die Hand vom Lenker, um sich am Nacken zu kratzen. Ein Knall ließ ihn zusammenzucken. Schon wieder eine Fehlzündung. Er hatte noch nicht mal mehr Zeit, sich um seine Maschine zu kümmern. Das war absolut nicht okay. Er legte wieder beide Hände auf den Lenker und setzte den Blinker, um nach links abzubiegen. Nachher würde er Blumen kaufen. Er grinste, als er sich Steffis Gesicht vorstellte.

Der Knall riß ihn aus seinen Gedanken. Im ersten Moment dachte er, daß es wieder eine Fehlzündung sei, aber dann schwoll der Krach in seinem Kopf an bis ins Unerträgliche, und er fühlte plötzlich, wie er in die Luft gehoben wurde, obwohl er die Maschine noch unter sich spürte. In einem seltsamen schrägen Blickwinkel entfernte sich der schwarze Asphalt aus seinem Gesichtsfeld, und die Häuser um ihn herum legten sich schief. Genau unter ihm, dort, wo es nie hätte sein dürfen, war das Dach eines parkenden Autos. Auf einmal war die Maschine unter ihm fort, nur das Dröhnen war noch da, und seine Hände hielten die Luft umklammert. Ein schrilles Kreischen bohrte sich in seinen Kopf, und er starrte auf seine Hände, die sich wie von selbst zu Fäusten geballt hatten. Seine Handschuhe waren fort, und er flog immer noch, flog weiter, immer noch.

XXX

„Ich wünschte, wir wären schon früher zusammen irgendwohin gefahren", sagte Tamara nachdenklich. Sie lehnte neben Nan mit dem Rücken an der felsigen Wand. Über ihnen ragten die Klippen des Brodthener Ufers steil in die Höhe. Geradeaus lag die Ostsee. Die glatte, leuchtendblaue Fläche erstreckte sich bis zum Horizont, wo der Übergang zwischen Himmel und Wasser kaum noch zu erkennen war. Die Sonne schien kräftig vom Himmel hinab, ihre Strahlen brachen sich auf dem Wasser und setzten glitzernde Lichtreflexe auf die Schaumkronen, die auf den flachen Wellen ritten.

Nan biß von ihrem Brötchen ab und wühlte in der blumengemusterten Kühltasche, die Wally ihr geliehen hatte. Zwischen den Bierdosen zog sie eine Flasche Mineralwasser hervor und öffnete sie mit einem lauten Zischen. Ein Großteil des Inhalts spritzte auf die Kiesel. Die nassen Flecken trockneten fast augenblicklich in der Hitze.

„Wir sind doch gerade erst angekommen, du weißt doch noch gar nicht, wie es wird. Vielleicht zerstreiten wir uns morgen ganz entsetzlich."

„Genau die richtige Einstellung", sagte Tamara und lachte. Dann wurde sie ernst. „Aber ehrlich, es ist das erste Mal, daß wir zwei ganze Tage miteinander verbringen."

„Wir hatten keine Zeit."

„Ach. Natürlich hätten wir die Zeit gehabt. Deine Doktorarbeit zwingt dich nicht ununterbrochen an den Schreibtisch, am Wochenende arbeitest du auch nicht in der Mitfahrzentrale, und ich hätte durchaus ein paar Tage freinehmen können."

„Hätte das etwas geändert?" fragte Nan. Tamara schwieg. Die so sorglos hingeworfene Frage hing schwer in der Luft. Beide wußten, worauf Nan anspielte. In den vergangenen Wochen hatten sie immer mehr Zeit miteinander verbracht, aber immer noch beäugten sie sich mit Vorsicht aus der weitestmöglichen Distanz heraus, die ihnen die körperliche Nähe noch übrigließ. Nie sprachen sie über die Zukunft, und immer weniger auch über das, was zwischen ihnen geschehen war und noch geschah. Vor allem sprachen sie nicht von Liebe.

„Ich weiß es nicht", sagte Tamara und schraubte die Thermoskanne wieder zu. Sie sah Nan an, und ihre Augen leuchteten in der hellen Sonne so grün wie die Blätter der Bäume. „Aber gerade das hätte ich gerne gewußt." Sie lächelte versonnen und rutschte an der Felswand tiefer nach unten.

„Jedenfalls sind wir jetzt hier", sagte Nan, „warum genießt du das nicht einfach?" Sie hatten sich ganz spontan entschlossen, das Wochenende an der Ostsee zu verbringen. Ihre Wahl war auf Travemünde gefallen – vor allem, weil Arndt so davon geschwärmt hatte. Zufrieden biß sie wieder von ihrem Brötchen ab.

Tamara stützte sich mit beiden Händen ab und sprang hoch. Im Sonnenlicht wirkten die Muskeln an ihren Armen kräftiger und sehniger als je zuvor. Nan hörte auf zu kauen und betrachtete sie verdutzt. Hatte sich Tamaras Körper unter ihren Augen verändert, ohne daß sie es wahrgenommen hatte? Tamara zog ihr T-Shirt über den Kopf, öffnete den Gürtel und ließ die Jeans zu Boden sinken. Nackt stand sie da und sah auf das Wasser. „Komm", sagte sie, „laß uns ins Wasser gehen."

Das Meer war kalt, es schien, als ob es noch die Temperatur des vergangenen Winters speicherte, aber nach einer Weile hatte Nan sich daran gewöhnt und schwamm in kleinen Kreisen in der Nähe des Strandes umher, träge mit den Füßen paddelnd. Tamara war viel weiter draußen, Nan konnte das Platschen ihrer wirbelnden Arme und Beine hören. Nan legte das Gesicht ins Wasser und sah nach unten. Es gab nicht viel zu sehen, nur Sandpartikel, die in trübem Wasser schwebten. Sie hielt so lange den Atem an, wie sie konnte, nur um zu sehen, ob nicht doch etwas geschah, da, so nahe unter ihr. Dann drehte sie sich auf den Rücken, holte tief Luft und sah sich nach Tamara um. Sie war nirgends zu sehen. Nans Herz krampfte sich ein wenig zusammen, beruhigte sich aber gleich wieder. Tamara tauchte wahrscheinlich. Nan trat Wasser, plätscherte mit den Armen und starrte mit zusammengekniffenen Augen hinaus aufs Meer. Nach ein paar Sekunden wurde sie unruhig. Sie schirmte die Augen mit der Hand ab und sah sich nach allen Seiten um. Ganz weit links entdeckte sie ein paar dunkle Punkte im Wasser, Badende, aber so weit konnte sich Tamara in der kurzen Zeit auf keinen Fall entfernt haben. Ihr Herz klopfte stärker. Ruhig bleiben, dachte sie, Tamara taucht nur. Sie ist größer als ich und schwimmt sehr gerne und hat mit Sicherheit ein größeres Lungenvolumen. Sie wartete noch ein paar Sekunden, die ihr wie endlose Minuten vorkamen, dann konnte sie die panische Angst, die irgendwo hinter ihrem Bewußtsein lauerte, nicht mehr zurückhalten. Hastig begann sie auf die Stelle zuzuschwimmen, an der sie Tamara zuletzt gesehen hatte. Während sie sich mit vor Nervosität ungeschickten Bewegungen vorwärtsarbeitete, überlegte sie fieberhaft, wieviel wertvolle Zeit sie bereits hatte verstreichen lassen. Waren es Minuten? Ihr Gehirn schien in seiner Schale zu schrumpfen und wurde zu einem winzig kleinen, eiskalten, erstarrten Ballen von verhärteten Windungen. Nans Kehle verengte sich, sie schnappte nach Luft und hörte ihr eigenes Keuchen überdimensional laut über das Wasser hallen. Salziges Meereswasser spritzte in ihren geöffneten Mund, sie verschluckte sich, spuckte aus und verschluckte sich erneut. Reflexartig führte sie die Hand zum Mund, und das aufschäumende Wasser schoß ihr in die Augen und nahm ihr die Sicht. Zu ihrer Angst kam Wut hinzu, Wut über ihre Ungeschicklichkeit, und Wut auf Tamara, daß sie sie in diese Situation brachte. Die Panik sammelte sich in Nans Kehle, und sie öffnete den Mund zum Schrei, als sie undeutlich ihren Namen hörte.

Sie verhielt mitten in der Bewegung, und der Schrei blieb stecken und setzte sich als Knoten aus Angst und Zorn in ihrem Magen fest. Hinter ihr, nahe am Ufer, stand Tamara, bis zur Hüfte im Wasser, und winkte. Sie war zu weit entfernt, als daß Nan ihren Gesichtsausdruck hätte erkennen können. Nan begann, mit langsamen Bewegungen auf sie zuzuschwimmen. Die Angst in ihr ebbte ab, und während sie sich Tamara näherte, wurde ihr Kopf wieder klar. Tamara stand bewegungslos am Ufer, vor dem Hintergrund der hellbraunen Felswand wirkte ihr Körper weiß und glatt. Nan spürte Zorn in sich, und während sie die letzten Meter mit noch zittrigen Armen zurücklegte, wurde ihr bewußt, daß ihr ganzes Leben in einem einzigen Moment ins Wanken geraten war.

Tamara war nicht der Mensch, mit dem sie, Nan, viele Jahre ihres Lebens verbringen würde, selbst wenn sie nicht nach New York gehen würde. Wäre ihr etwas zugestoßen, Nan hätte ihr Leben lang darunter gelitten, das Leid, die Schuld hätte die Oberhand gewonnen über all das, was sie eigentlich voneinander trennte. Ihre Beziehung hätte unweigerlich eine Bedeutung erlangt, die sie im Grunde nicht besaß – und das, weil sie beide alles in der Schwebe gelassen hatten. Das, was da war, brauchte vielleicht nicht ausgesprochen zu werden, aber das, was nicht da war, das mußte ausgesprochen werden, überlegte Nan, und diese Einsicht durchdrang sie mit solcher Schärfe und Klarheit, daß ihr für eine Sekunde eiskalt wurde.

Sie stellte ihre Füße auf den sandigen Untergrund und richtete sich vorsichtig auf. Ich bringe mich in etwas hinein, lasse es aus Nachlässigkeit laufen, weil es sich gut damit leben läßt, dachte sie, aber ein winziger Moment könnte alles so verändern, daß ich im Nachhinein nie mehr die Chance habe, herauszukommen. Sie ging auf Tamara zu, die ihr mit hochgezogenen Brauen entgegensah, und plötzlich schwappte die Wut in ihr über. Ohne darüber nachzudenken, packte sie Tamara bei den Schultern und schüttelte sie.

„Tu mir das nicht an!" brüllte sie.

Tamara legte ihre Hände auf Nans Oberarme und hielt sie fest.

„Was?" fragte sie verblüfft.

„Wenn dir etwas geschieht, komme ich nie wieder von dir los! Du mußt vorsichtig sein!"

Tamara verstärkte ihren Griff. „Es ist nichts passiert, Nan, verdammt. Ich tauche hinter dir auf, und plötzlich schwimmst du wie ein Wahnsinnige ins Meer hinaus!"

Nan ließ sie los. Helle Druckstellen zeichneten sich auf Tamaras Schultern ab.

„Ich dachte, dir ist was passiert", sagte sie, ruhiger geworden. „Verstehst du nicht, wenn dir etwas passiert, dann würde ich mir immer Vorwürfe machen."

„Aber du könntest nichts dafür." Ein Wassertropfen löste sich aus Tamaras Locken und lief ihr über die Stirn. „Es kann immer etwas passieren."

Nan ließ die Arme hängen. Sie war unfähig, auszudrücken, was ihr durch den Kopf ging. Tamara betrachtete sie eindringlich.

„Was heißt das überhaupt, du kämest dann nie von mir los?"

Nan hob die Hände und öffnete den Mund, aber sie fand die Worte nicht. Stumm schaute sie Tamara in die Augen. Tamara wischte sich über die Wangen. Das trocknende Salzwasser hinterließ bereits jetzt weißliche Spuren auf ihrer Haut. „Du bist nicht an mich gebunden", sagte sie plötzlich. „Wenn es das ist, wovor du Angst hast, dann sage ich es dir. Du bist nicht an mich gebunden, ich werde bald fortgehen, und dann ist es vorbei. Vielleicht könnte ganz viel werden aus uns beiden zusammen, aber es wird nicht so sein. Vielleicht soll es nicht sein, ich weiß auch nicht, warum, aber es ist nicht so. Wir haben nur eine gute Zeit miteinander. Anscheinend wollen wir beide nicht mehr." Sie zuckte die Achseln. „Ich würde es gerne probieren. Aber mir geht mein Leben vor. Ich denke, wenn du meine große Liebe wärst, wäre es anders." Sie verstummte und legte sanft eine Hand um Nans Nacken. „Wir bedeuten einander nicht genug", sagte sie leise.

Nan spürte, wie es ihr heiß vor Erleichterung und kalt vor Enttäuschung zugleich den Rücken hinunterlief. Tamara hatte ausgesprochen, was sie selbst nur undeutlich empfunden hatte.

„Ich will mit dir zusammensein, aber ich glaube nicht, daß ich die Richtige für dich bin." Es klang blöde, aber sie hoffte, daß Tamara verstand, was sie sagen wollte.

„Du willst sagen, daß ich nicht die Richtige für dich bin." Tamara sah ihr wachsam in die Augen.

„Das vielleicht auch."

„Natürlich! Denk nicht, daß du mich damit verletzt. Wer weiß schon, was hätte sein können, wenn?" Ihre Hand lag immer noch auf Nans Nacken.

Nan fühlte sich klein und schutzlos, und die Sonne schien viel weniger Hitze abzugeben als gerade eben noch. „Ich -" Sie konnte nicht sprechen, wenn Tamara sie ansah, deshalb zog sie sie an sich und legte ihre Wange an Tamaras. „Du bedeutest mir so viel, Tamara, und ich will nicht, daß es mehr wird. Sonst werde ich unglücklich."

„Bist du es schon?"

„Ein bißchen."

Tamara drückte sie an sich. „Sag dir nur oft genug, daß ich nicht die Richtige für dich bin."

Nan schwieg. Die Wut und die Angst tröpfelten langsam aus ihr heraus und flossen in den sandig-matschigen Untergrund, während sie aneinandergeschmiegt dastanden.

Im Dunkeln lagen sie nebeneinander auf dem dürftigen Lager aus den beiden Schlafsäcken und Tamaras Wintermantel, der im Auto gelegen hatte. Es war kühler geworden, aber von den Kieselsteinen, die die Hitze des vergangenen Tages gespeichert hatten, drang eine zarte Wärme herauf. Nan drehte sich auf die Seite und schob ihre Hand unter Tamaras Sweat-Shirt. Tamara rückte näher an sie heran. Nan fuhr mit den Fingern zu ihren Brüsten hoch und strich leicht darüber. Tamaras Brustwarzen wurden fast augenblicklich steif, und Nan zog ihren Pullover hoch und küßte sie. Tamara griff mit der Hand in Nans Haar und lenkte sie höher, bis ihre Lippen sich fanden. Ein fast schmerzhafter Stich fuhr durch Nans Unterleib. Tamara zerrte an ihren Kleidern, zog sie ihr mit flinken Fingern vom Leib, bis Nan nackt war, ohne daß sie ihrer beider rhythmische Bewegungen unterbrachen. Nan griff ungeduldig nach Tamaras Gürtel und machte sich hastig daran, ihn zu öffnen. Kurz sah sie Tamara an, und der wilde Ausdruck auf ihrem Gesicht ließ Nan in Schweiß ausbrechen. Sie wollte weitermachen, aber Tamara riß ihren Kopf an den Haaren zurück, zog sie mit einer raschen Bewegung von ihrem schlanken Körper herunter, drehte sie auf den Bauch und drang fast im gleichen Moment in sie ein. Vor Überraschung und Lust schrie Nan auf, und der Schrei hallte über den Sand und schien von der Felswand ins Unendliche verstärkt zurückgeworfen zu werden.

Später stützte Nan ihr Kinn in die Hand und sah auf Tamaras Gesicht hinab. Ihre Brüste lagen aufeinander, und ihrer beider Herzen schlugen immer noch schnell.

„Vorhin, als ich dich suchen wollte, habe ich mich so gefangen gefühlt", sagte sie nachdenklich.

Tamara seufzte zufrieden. „Vielleicht warst du mir da näher als irgendwann sonst, näher, als du mir im Grunde sein willst."

Nan sah sie an, aber Tamara hatte die Augen geschlossen. Ihre Stimme klang ruhig und leicht. „Es macht nichts. Glaub' nicht, daß ich das nicht schon gewußt habe. Auch wenn du nicht sprichst, aber ich fühle es." Sie streckte ihre Hand aus, ohne hinzusehen, und legte die Finger auf Nans Brust, dort, wo ihr Herz hinter seinem Panzer aus Haut, Fleisch und Knochen schlug. „Dort."

Dann endlich sah sie zu Nan auf. Das Weiße in ihren Augen schimmerte hell in der Dunkelheit. „Es ist, als ob wir uns jetzt schon auf Wiedersehen sagen, nicht wahr?" Nan legte ihre Finger auf Tamaras Gesicht und zog mit den Fingern die Konturen ihrer Wangen nach.

„Ja", sagte sie leise, und die Traurigkeit in ihr war sanft und sehr weich.

XXXI

Ein kleiner schwarzer Pudel, vor Aufregung am ganzen Körper zitternd, stand am Ufer und bellte herausfordernd die in einiger Entfernung gemächlich hin- und herrudernden Schwäne an. Einer machte kehrt und glitt mit überraschend hoher Geschwindigkeit auf den kleinen Kläffer zu. Arndt blieb stehen und wartete gespannt, aber auch ein bißchen ängstlich ab, wie die Konfrontation ausgehen würde. Ein paar Meter vor dem Ufer drosselte der Schwan sein Tempo und schwamm einen eleganten Bogen, den Kopf langsam von rechts nach links drehend. Der Pudel war schon zu seinem Frauchen gerannt. Arndt schlenderte weiter.

Der Tag war schön, so heiß wie die vorangegangenen. Am Ufer verstreut lagen Sonnenbadende; selbst in der kleinen Ecke zwischen Kanal, Gehweg und Brücke hatte sich ein schwitzendes Pärchen niedergelassen und röstete die bleichen Großstadtglieder in der Sonne. Nur das immer lauter werdende Knattern eines Motorrads störte die friedliche Stille. Arndt hob den Kopf. Leo erkannte ihn im gleichen Moment wie er ihn, und in einem schneidigen Bogen, kaum weniger elegant als der des Schwans kurz vorher, lenkte Leo das Motorrad auf Arndts Straßenseite und hielt neben ihm.

„He, Kleiner." Er schob den alten, schwarzen Schalenhelm ein Stück höher und grinste Arndt an. Unwillkürlich straffte Arndt die Schultern und überlegte schnell, ob sein Haar gut saß. Dann war es ihm peinlich. Als ob sein Aussehen von irgendwelcher Bedeutung wäre.

„Schönes Motorrad." Er betrachtete die alte BMW interessierter, als er es in Wirklichkeit war. Im Grunde waren ihm sämtliche motorisierten Gefährte egal. Er hatte ja noch nicht mal einen Führerschein.

„Willst du ein bißchen mitfahren? Hast du was vor?"

Arndt zögerte. Eigentlich wollte er nach Hause, die Wohnung aufräumen und ein wenig in dem Buch über Mineralogie lesen, das er sich vor kurzem aus der Bibliothek ausgeliehen hatte, aber er mochte Leos Einladung nicht ausschlagen. In der vergangenen Woche hatte er ihn zweimal kurz gesehen, beide Male, als er Nan besucht hatte, und er machte sich Sorgen um ihn. Leos beständige gute Laune war einem sprunghaften Wechsel zwischen Überdrehtheit und Aggression gewichen, er schien immerzu in Bewegung, kam und ging, hastig und fahrig, als vergäße er ständig, was er gerade hatte tun wollen.

„Wollen wir einen Kaffee trinken?" fragte Arndt. Er konnte sich nicht erinnern, Leo jemals einen konkreten Vorschlag gemacht zu haben. Allerdings strotzte er im allgemeinen sowieso nicht vor Eigeninitiative.

Leo sah sich unruhig um, so als suche er irgendetwas, dann blickte er auf seine Uhr.

„Ich muß noch kurz was abholen, hier in der Nähe." Er musterte Arndt nachdenklich und fügte hinzu: „Du kannst mitkommen und warten, es dauert nur ein paar Minuten. Ist gleich in der Nähe, am Erkelenzdamm."

Arndt nickte bereitwillig. Leo schnallte den Zweithelm vom Gepäckträger und reichte ihn herüber, aber mitten in der Bewegung verharrte er. Wieder schien er zu überlegen, dann streckte er Arndt den Helm entgegen.

„Okay. Fahren wir."

Leos Fahrstil machte Arndt diesmal nervös. Eng an seinen Rücken gepreßt, saß er hinter ihm und bemühte sich, in den Kurven nicht das Gleichgewicht zu verlieren. Leo schien sich tiefer in die Kurven zu legen als sonst, aber vielleicht, dachte Arndt, vielleicht ist es Einbildung. Kein Wunder, daß ich Angst habe, nach dem, was passiert ist.

Sie hielten vor einem der typischen alten Berliner Wohnhäuser. Leo schaltete die Zündung aus und stellte beide Füße auf den Boden.

„Also, du wartest hier, es dauert..." Er verharrte mitten in der Bewegung und starrte auf den Hauseingang. Arndt sah in die gleiche Richtung, um zu sehen, was Leos Aufmerksamkeit so fesselte, aber im nächsten Moment krachte der Kickstarter, und er wurde nach vorne gerissen, als Leo ruckartig wieder anfuhr. Die Maschine stellte sich auf, und um ein Haar wäre Arndt heruntergefallen, wenn er sich nicht in der letzten Sekunde an Leo festgehalten hätte. Das aufsetzende Vorderrad schleuderte ihn ein wenig in die Höhe, dann rasten sie über den Bürgersteig, und wieder wurde Arndt in die Höhe gehoben, als das Motorrad über die Bordsteinkante hüpfte und unsanft auf der Straße aufsetzte. Vor Schreck stieß Arndt keuchend die Luft aus.

„He, Leo! Was ist denn..."

Sie rasten um die Straßenecke, und in Arndts schreckgeweitete Augen bohrte sich der Anblick der beiden kurzhaarigen Männer in Lederjacken, die vor dem Hauseingang, vor dem sie gerade noch gehalten hatten, standen und ihnen mit gerunzelter Stirn hinterhersahen.

„Leo, verflucht! Halt doch mal an!"

Leo antwortete nicht. Er schien vergessen zu haben, daß Arndt hinter ihm saß. In rasender Fahrt ging es weiter, und Arndt schloß die Augen, um die bedrohlich schnell vorübersausenden Häuserfronten nicht mehr sehen zu müssen. Endlose Minuten hockte er hinter Leo, eng zusammengekauert, mit schreckerstarrten Gliedern, ohne eine Ahnung, was ihm geschah, und nur von dem elementaren Wunsch beseelt, ganz woanders zu sein.

Bremsen kreischten, und mit einem halb geöffneten Auge entdeckte Arndt unmittelbar neben seinem Knie die Kühlerhaube eines Mercedes. Schnell schloß er die Augen wieder, spürte, wie die Maschine sich stark nach rechts und dann nach links legte, in Trudeln geriet und sich wieder fing. Er preßte die Augen so fest zusammen, daß sie wehtaten, und unterdrückte den Brechreiz, der in seiner Kehle aufstieg.

Nach einer Ewigkeit wagte er es, die Augen wieder zu öffnen. Sie fuhren in langsamerem Tempo auf einer Nebenstraße dahin, die Arndt so fremd vorkam wie eine Straße in Kanada oder Australien, Orte, an denen er nie gewesen war und die er vermutlich nie sehen würde.

„Alles okay?" Leos Stimme klang ganz normal.

„Halt gefälligst sofort an, du blödes Arschloch." Arndt konnte kaum glauben, daß die tief und drohend ausgesprochenen Worte aus seinem eigenen Mund gekommen waren.

„Gleich", sagte Leo ruhig.

Arndt stieg erneut ätzende Magensäure in die Kehle, er schluckte und sagte mit seiner neuen Stimme: „Nicht gleich, sondern so-fort!!"

Mit einem scharfen Ruck lenkte Leo die BMW an den Straßenrand und hielt, ohne die Zündung auszuschalten. Arndt sprang ab, riß sich den Helm herunter und warf ihn Leo in den Schoß.

„Du bist echt ein Arschloch", sagte er laut und schluckte noch einmal. Leo sah ihn mit zusammengekniffenen Augen an. Seine Mundwinkel waren verächtlich nach unten gezogen. Arndt spürte die Aggression, die in Leos Innern wuchs wie eine schwere bittere Blüte, so deutlich wie seine eigene Wut, die sich nicht mehr unterdrücken ließ. Er war so wütend wie noch nie zuvor in seinem Leben, und anstatt ihn, wie stets sonst, verschüchert und zutiefst verängstigt zurückzulassen, hatte der Schock eine lang zurückgehaltene Selbstverteidigungskraft freigesetzt.

„Du bist ein Arschloch", wiederholte er, und Leo beugte sich fast unmerklich zurück, immer noch mit diesem verächtlichen Ausdruck um den Mund herum.

„Wenn du dein eigenes Leben aufs Spiel setzen willst, bitteschön, scheinbar ist es dir egal, aber nicht mit mir! Ich will nicht auch auf so einer Scheißkarre sterben." Arndt wollte gegen einen Reifen treten, aber im letzten Moment besann er sich und stampfte statt dessen auf den Boden. Er wußte, wie lächerlich das aussehen mußte, aber es war ihm gleichgültig.

„Ich habe dein Leben ganz bestimmt nicht aufs Spiel gesetzt", sagte Leo hart.

„Doch! Du denkst, du hast das alles toll im Griff. Ein echter Könner, wie?“ Flüchtig schoß Arndt der Gedanke an das Motto der Flower-Power-Bewegung durch den Kopf – „Laß es raus“ –, und ein winzig kleiner Winkel seines Gehirns lächelte, während der weitaus größere zum nächsten Angriff ausholte.

„Du hast mich zu Tode erschreckt mit diesem Scheiß. Wenn du wenigstens irgendetwas gesagt hättest, daß ich weiß, was los ist, aber nein, du mußt den coolen Macker spielen. Ob ich wie ein Trottel hintendrauf sitze und mit draufgehe, das interessiert dich nicht.“

Leo verschränkte die Arme vor der Brust. „Es ging nicht anders“, sagte er einfach. „Warum machst so ein Theater darum?“

Arndt dröhnte der Kopf, und in seiner Wut fand er nicht die richtigen Worte.

„Weil es mich sauer macht, daß es dir scheißwurscht ist, was mit mir ist.“

„Kann ich wissen, daß du dir gleich in die Hosen machst, wenn es mal etwas schneller wird?“

„Du bist ein Arsch“, wiederholte Arndt hilflos.

„Und du benimmst dich wie ein mieser kleiner Feigling“, sagt Leo, aber seine Stimme war nicht mehr so selbstsicher wie zuvor. „Manche Sachen gehen eben nicht ab ohne Risiko. Du denkst immer noch, du sitzt in deinem Sandkasten und brauchst dir nur eine eigene Burg zu bauen, und schon ist alles in Ordnung. Aber so ist das Leben nicht. Es ist ein einziges, beschissenes Sprungtrainig auf einem Trampolin. Du kannst keine Bewegung machen, ohne daß irgendetwas anderes mit in Bewegung gerät, und ständig mußt du zusehen, daß du heil wieder runterkommst.“

Arndt schauderte. Er konnte sich nicht entscheiden, was er wichtiger nehmen sollte: die Beleidigung, die Leos Worte für ihn darstellten, oder die Verbitterung, die daraus sprach und von der er, Arndt, nichts geahnt hatte. Er betrachtete Leo, der mit finsterem Blick auf den Helm in seinem Schoß starrte.

„Wenn du so über das Leben denkst, dann machst du irgendetwas falsch.“ Arndt zitterte immer noch vor unterdrückter Wut, und er war immer noch erstaunt, daß er so mit Leo sprach, aber etwas hatte sich verändert; ihrer beider Ebenen, die immer so weit voneinander entfernt gelegen hatten wie Mond und Erde, waren sich nähergerückt.

„Natürlich mache ich etwas falsch“, erwiderte Leo bockig. Er sah auf, und seine Augen funkelten. „Habe ich je behauptet, daß ich alles richtig mache?“

„Du tust so.“

Leo beugte sich nach vorne. „Meine Güte, Arndt, wie lange kennen wir uns schon? Du willst doch nicht im Ernst behaupten, daß du all die Jahre immer gedacht hast, an mir gäbe es keine Schattenseiten?“

Arndt schwieg. Das Knattern des Motors füllte die Luft aus. Im Grunde, gestand er sich ein, hatte er das tatsächlich gedacht. Oder gehofft. Was auch immer. Er zögerte, dann sagte er: „Du tust so, als ob alles in Ordnung wäre. Du hast die ganze Zeit kein Wort über Georg gesagt. Und dann bringst du dich und mich auf so einer Scheißkiste auch noch in Gefahr. Vielleicht trauerst du auf diese Weise, aber es ist einfach Scheiße.“

Leo schaltete endlich den Motor aus. Auf einmal war es bedrückend ruhig. Arndt war heiß. Er wußte, daß er zu weit gegangen war.

„Was soll ich denn sagen?“ fragte Leo, und er sah Arndt zornig an. „Was soll ich denn dazu sagen? Es reicht doch, daß ich ständig daran denke, oder?“

„Aber vielleicht wäre es einfacher.“ Arndt fühlte sich kläglich. Er war auf ein Gebiet eingedrungen, auf dem er nichts zu suchen hatte.

„Arndt, du weißt selbst ganz genau, wie das ist, wenn man über bestimmte Sachen nicht sprechen will oder kann. Es gibt Dinge, die du mir gegenüber all die Zeit nie auch nur erwähnt hast, und trotzdem habe ich Bescheid gewußt.“

Arndt sah zu Boden. Er war peinlich berührt. Manchmal hatte er sich gewundert, daß Leo nichts von seiner Liebe zu ihm zu bemerken schien, und war dann zwischen Erleichterung und Enttäuschung hin- und hergerissen gewesen. Signale hatte er Leo gewiß gegeben, das erkannte er jetzt, aber hätte er dazu stehen müssen, dann wäre es mit Sicherheit zu einer Katastrophe gekommen. Feigling, hallte es durch seinen Kopf, kleiner Feigling.

„Ich halte nichts davon, alles auszusprechen", fuhr Leo fort. „Wenn man jemanden gern hat, weiß man das Meiste auch so. Klar, manchmal geht es mir auf die Nerven, wie du mich mit großen Augen anguckst, aber damit muß ich klarkommen."

Arndt steckte die Hände in die Hosentaschen. „Aber du findest, daß ich ein Feigling bin."

„Das finde ich auch. Weil du dich drückst."

„Wovor?"

„Ach, mein Gott", sagte Leo und warf ungeduldig die Hände in die Luft. „Vorm Leben. Was weiß denn ich?" Arndts Helm fiel ihm vom Schoß und landete mit der Unterkante flach auf dem Bürgersteig. Das dumpfe, satte Aufklatschen klang seltsam fehl in der ruhigen Seitenstraße.

Arndt zog die Schultern hoch und vergrub die Hände noch tiefer in den Hosentaschen. Er war des Gesprächs müde, aber die merkwürdige Wendung, die ihr Streit genommen hatte, ließ ihm keine Ruhe. Warum war mit einemmal er zur Zielscheibe der Kritik geworden?

„Und warum bist du gerade einfach so losgebraust?" fragte er in einem vorsichtigen Versuch, von sich abzulenken.

Leo stöhnte leise auf. „Da war jemand, dem ich auf keinen Fall begegnen wollte." Er sah auf und blickte Arndt direkt an. „Es ging halt nicht anders."

Arndt wollte sich nicht damit zufrieden geben. „Aber du hättest doch auch ganz normal weiterfahren können."

Leo beugte sich vor und lehnte die Ellenbogen auf den Lenker. „Arndt", sagte er ruhig, in einem Tonfall, als spräche er zu einem Kind, „es tut mir leid, wenn ich dich erschreckt habe, aber es ging nicht anders. Vielleicht sind meine Nerven momentan überreizt, aber können wir es nicht dabei belassen?"

Aus seiner Stimme sprach eine solche Entschiedenheit, daß Arndt sich geschlagen gab. Er nahm die Hände aus den Taschen und fuhr sich übers Haar.

„Tja", sagte er verwirrt. Sein Kopf schien ihm zum Bersten angefüllt mit Gedanken, und der Bauch tat ihm weh vor angestauter Spannung. Er blickte sich um und wunderte sich wieder darüber, wie unbekannt ihm diese Straße vorkam. Dies war nicht sein Berlin, so still und grau, wie aus einer anderen Zeit.

„Wo sind wir hier?“ fragte er und drehte sich wieder zu Leo. Leo sah ihn von unten herauf an, die Augen halb verdeckt von den starken geschwungenen Augenbrauen, und sein Mund verzog sich langsam zu einem fast zärtlichen Lächeln.

„Irgendwo im Osten“, sagte er.

XXXI

„Das ist aber wirklich spitze, daß du dich so beeilt hast“, sagte Marion zufrieden und betrachtete mit stolzer Besitzermiene die Ledergürtel, die vor ihr auf der Theke lagen. Sie nahm einen, dessen Schnalle wie ein Haifischmaul geformt war, mit ihren kleinen Wurstfingern auf und betastete ihn fast zärtlich. „Ich wette, die werde ich ganz schnell los. Du wirst es nicht glauben, aber letzte Woche war eine amerikanische Reisegruppe hier drin. Die haben mich fast leergekauft!“ Ihre Augen flogen abschätzend über die Gürtel. Wally sah ihr genau an, was sie dachte: Wenn ich jeden Gürtel einfach um zehn Mark teurer verkaufe oder gar um fünfzehn, wieviel macht das insgesamt für mich? Ob Wally es merken würde?

„Was ist denn das?“ Marion befühlte eine weitere Schnalle, deren metallene Basis mit weißen Häufchen bedeckt war. Die Kreation erinnerte entfernt an eine Mondlandschaft in Miniaturformat.

„Gips.“

„Und das geht nicht ab?“ Mißtrauisch versuchte Marion, einen ihrer langen, tiefroten Fingernägel in den größten der kleinen Berge zu stechen.

„Mit einem Bohrer bestimmt“, sagte Wally und schwang sich auf die Theke. Hier oben saß es sich recht gemütlich. „Aber wenn du Bedenken hast, dann verkauf diesen Gürtel doch einfach mit Geld-Zurück-Garantie.“

Marion dachte ernsthaft über den Vorschlag nach. Dann sah sie auf und lächelte hinterlistig. „Gar keine so schlechte Idee. Wäre vielleicht sogar ganz gute Werbung.' Ihre Augen wurden schmaler. „Die Materialkosten waren sicher nicht ganz so hoch, nicht war? Ich nehme an, du hast dein Gipsbein recycelt, oder?"

Wally mußte lachen. Marions Mischung aus Naivität, Unsensibilität und zugleich größter Gerissenheit in allem, was mit Geld zu tun hatte, war immer wieder erstaunlich. Seit sie sich kannten, versuchten beide ständig, die andere hinters Licht zu führen, aber bis jetzt stand es immer noch unentschieden. Und obwohl sie ihr furchtbar auf die Nerven ging, so mußte Wally sich dennoch eingestehen, daß sie Marion mochte. Soviel Unverfrorenheit verdiente einfach Respekt.

Marion begann, die Gürtel wegzuräumen, und hob dann die Whiskyflasche hoch, aus der sie Wally und sich schon vorher eingeschenkt hatte.

„Noch einen?" Sie füllte Wallys Glas einen Fingerbreit voll, ohne ihre Antwort abzuwarten. Ihr eigenes Glas goß sie fast bis zum Rand.

„Okay, aber dann muß ich gehen." Wally sah sich um, während sie trank. Draußen dämmerte es bereits, es war schon nach neun, und im Laden brannte nur die kleine Lampe auf der Theke, sodaß der Verkaufsraum mit seinen überfüllten Regalen und Kleiderständern wie eine dunkle Plüschhöhle wirkte und Marion mit ihrer kleinen rundlichen Gestalt und den hochtoupierten Haaren wie die dazugehörige Hexe.

„Zu schade, daß ihr nicht mehr zusammenseid", seufzte Marion und starrte in ihr Glas, bevor sie es an die Lippen hob und mit einem gewaltigen Zug bis zur Hälfte leerte.

„Tja", sagte Wally und betrachtete weiter die zum Verkauf angebotenen Kleidungsstücke.

„Du scheinst aber nicht besonders traurig zu sein", bemerkte Marion spitz und musterte Wally unter hochgezogenen Augenbrauen hervor.

Wally lachte. „Soll ich ewig trauern? Es ist schließlich niemand gestorben." Ein Stich durchfuhr sie, als ihr Georg einfiel, aber sie schüttelte den Gedanken ab.

Marion setzte ihr Glas ab und schenkte sich nach. „Hast du schon wieder eine Neue?" fragte sie argwöhnisch.

Wally zuckte die Achseln. „Wer weiß?" Sie wußte, daß sie Marion mit dieser Bemerkung ganz besonders ärgerte, und freute sich heimlich darüber. Dies war die andere Seite ihrer beider ganz persönlichen Wettkampfes, und Wally war stolz darauf, daß es Marion kein einziges Mal gelungen war, etwas Persönliches aus ihr herauszuholen. Marion erhielt immer nur die Informationen, die auch ein vollkommen Fremder von ihr erhalten würde: knappe, oberflächliche Antworten auf bohrende, intime Fragen.

„So", sagte Wally, „ich gehe jetzt. Nächste Woche komm' ich vorbei, dann machen wir die Abrechnung." Sie schwang sich von der Theke herunter, nahm ihre Jacke in die Hand und winkte Marion lässig zu. Marion öffnete den Mund, um etwas zu sagen, dann schloß sie ihn wieder und prostete Wally zu, mit einem geschlagenen, aber nichtsdestoweniger zufriedenen Ausdruck im Gesicht.

Die Luft war mild und warm, ein richtig schöner Frühsommerabend. Eigentlich hatte Wally nach Hause gehen wollen, aber als sie den Blick zum Himmel hob und das rötliche Licht der untergehenden Sonne sah, beschloß sie, noch ein wenig spazierenzulaufen, vielleicht einen Rundgang um den Görlitzer Park und dann noch irgendwo etwas trinken. Sie begann, die Wiener Straße entlangzuschlendern, zwischen kleinen Türkenjungen auf verschrammten BMX-Rädern und jungen Leuten auf dem Weg zu ihrem ersten Bier des Abends.

Wally kickte eine herrenlose Sandale aus dem Weg. Ein Schäferhundmischling, der ein paar Meter weiter an einem Strauch geschnuppert hatte, rannte hinterher und beroch den ausgetretenen Latschen, der in einer Rabatte gelandet war. Enttäuscht sah er zu Wally, wedelte kurz und lief davon.

Wally grinste. Seit drei Tagen schon fühlte sie sich so wohl wie schon lange nicht mehr, und das Gefühl, daß sich irgendetwas in ihrem Innern tat, von dem sie bisher selbst noch keine Ahnung hatte, verdichtete sich zusehends. Ihr war, als ob sie die Trauer von sich abgeschüttelt hatte und wieder zum Leben erwacht war. Zweimal hatte Anja angerufen, einmal kurz nach ihrer Ankunft in Bombay, und das zweite mal vor drei Tagen. Sie hatte beherrscht geklungen, als sie von den Schwierigkeiten erzählte, die es ihr bereitete, sich in der fremden Umgebung zurechtzufinden. Wally hatte deutlich herausgehört, daß Anja sie vermißte. Sie vermißte Anja auch. Immer noch sehr. Und nun lagen unwiderruflich Tausende von Kilometern zwischen ihnen. Gab es also irgendeinen Grund, so verdächtig gute Laune zu haben? Vielleicht war es der natürliche Selbstreinigungsprozeß, der vor zuviel Unglücklichsein schützte? Oder einfach nur der Sommer?

Wally blieb stehen und atmete tief durch. Ihr Blick fiel auf die Bar auf der anderen Seite der Wiener Straße, vor der lange Tische und Bänke aufgestellt waren. Eine einsame Gestalt saß dort vor einer Bierflasche, die Arme auf den Tisch gestützt, und betrachtete die Feuerwache gegenüber. Wally kniff die Augen zusammen und starrte hinüber. Als sie Arndt erkannte, lief sie kurzentschlossen über die Straße.

„Bist du allein?“

Arndt sah sie einem Moment lang verwirrt an, so als würde er sie nicht erkennen, dann lächelte er. „Wally! Nein, Bernie ist drinnen, aber ich weiß nicht, ob er überhaupt nochmal wieder herauskommt.“ Er rückte ein Stück zur Seite.

„Was guckst du denn so?“ Wally folgte seinem Blick zur Feuerwache. Die hohen Türen waren geschlossen, und die beiden Blinklampen, die die Fußgänger vor herausfahrenden Einsatzfahrzeugen warnen sollten, waren ausgeschaltet.

„Ach“, sagte Arndt, „Ich frage mich nur gerade, ob ein Feuerwehrmann ständig unter Spannung steht. Schließlich kann ja jeden Moment etwas passieren. Ob das zur Routine wird?“

Wally zuckte die Achseln. „Routine? Ich denke, ja. Es sei denn, man erlebt sonst nichts. Es gibt schließlich viele Menschen, die immerzu nur darauf warten, daß endlich mal etwas passiert.“

Arndt starrte sie nachdenklich an. Wally betrachtete noch einmal die Feuerwache. Sie musterte die rötlichen Steinquadern, und in ihrer angeregten Phantasie stellte sie sich vor, wie es sein würde, wenn die ganze Hausfront in Flammen stünde. Ein Auto mit defektem Auspuff röhrte vorüber, und in Wallys Nase wurden die Abgase zu beißendem Rauch.

„Stell' dir vor, die ganze Mauer stünde in Flammen", sagte sie zu Arndt.

Ernst sah er sie an. „Stein brennt nicht. Nie." Seine Augen waren wie zwei umgedrehte Fernrohre, an die Wally nie nahe genug herankommen würde, um hineinzusehen.

„Aber irgendwas muß doch daran brennen, sonst gäbe es doch keine Häuserbrände."

„Der Mörtel, die Verstrebungen, die Tapeten, alles drumherum eben. Aber Stein selbst brennt nicht. Nur das Drumherum." Arndts finstere Miene lockerte sich, und er lächelte leicht, fast schüchtern.

Wally grinste ihn an. „Ich trinke ein Bier, glaube ich. Bleibst du noch?"

Er lächelte zurück. „Ja, klar. Bringst du mir eins mit?"

Als sie wieder herauskam, waren die leeren Plätze neben Arndt von Bernie und zwei seiner Bekannten, die sich lautstark miteinander unterhielten, besetzt. Wally grüßte und setzte sich Arndt gegenüber. „Hast du Leo mal wieder gesehen? Wie geht's ihm?"

Arndt schürzte die Lippen. „Vor ein paar Tagen. Er ist immer noch neben der Kappe, aber ich denke, er erholt sich wieder."

„Die beiden Schwartzköpffe sind unverwüstlich." Sie trank einen Schluck und streckte die Beine aus.

Endlich lächelte Arndt. „So wie du", sagte er. „Du siehst besser aus als die letzte Zeit", sagte er.

Wally nickte. „Ich bin gut drauf. Obwohl ich dringend einige Sachen zu regeln habe."

„Was?"

„Zum Beispiel", fing Wally an, und ihr schauderte bei dem Gedanken, „muß ich mir eine neue Mitbewohnerin suchen. Anja hat mir die Miete für Juni dagelassen, und der ist bald um, also muß ich mich beeilen. Ich habe keine Ahnung, wen ich mir da reinsetzen soll."

„Eine Frau suchst du?" Arndt sah sie fragend an.

Wally lächelte. „Kennst du womöglich eine gutaussehende, intelligente, nette, saubere Frau, die kochen kann und noch zu haben ist?"

Arndt schüttelte den Kopf. „Nein, aber einen gutaussehenden, netten, einigermaßen intelligenten Mann, der auch kochen kann. Zu haben ist er allerdings nicht, jedenfalls nicht für dich." Er neigte bedauernd den Kopf. „Schwul, weißt du", flüsterte er verschwörerisch.

Wally lachte. „Wer denn?"

Er zeigte mit dem Finger auf sich selbst, und gleich darauf wurde er rot vor Verlegenheit.

Wally starrte ihn an.

„War nur so eine Idee, vergiß es", sagte Arndt betreten und sah unruhig umher.

Wally musterte ihn weiter. Mit Arndt zusammenwohnen?

„Nur, weil ich nicht mehr alleine wohnen mag", erklärte Arndt schüchtern, ohne sie anzusehen. „Zumindest mal für eine Zeit. Aber egal, vergiß es."

„Nein", sagte Wally, „ich muß gestehen, auf den Gedanken wäre ich nie gekommen, aber wenn du das so sagst..."

Arndt wand sich verlegen auf der Bank. Sein Gesicht war immer noch rot.

„Kann ich dich Ende der Woche anrufen? Ich muß nochmal drüber nachdenken. Du ja vielleicht auch."

„Nein", erwiderte Arndt, „*ich* muß *nicht* drüber nachdenken." Er wirkte noch verlegener als zuvor, aber dann grinste er, und Wally mußte lächeln. Die Idee erschien ihr mit jeder Minute immer besser.

Sie stand auf. „Ich drehe noch eine Runde. Also, bis dann, ja?"

Er nickte. „Schönen Abend noch."

Mit einem leichtem Gefühl in den Beinen lief Wally die Wiener Straße weiter hinunter. Es war fast ganz dunkel geworden und merklich kühler. Die kleinen Türkenjungen waren mitsamt ihren Rädern verschwunden und hatten den Nachtschwärmern vollends Platz gemacht. Wally wich einem Haufen Hundescheiße aus und zog sich die Jacke über. Sie begann zu pfeifen.

Das „fsk" war leer, aber vor dem „Madonna" drängten sich die Leute auf den Holzbänken. Eine Frau mit langen blonden Haaren sah von ihrem Bier auf und direkt zu Wally hoch. Ihre Augen waren braun, dunkelbraun, und Wally hörte auf, zu pfeifen. Mit betont gleichgültigem Gesichtsausdruck erwiderte sie den interessierten Blick der Blonden, aber ehe sie an ihr vorüber war, grinste sie breit. Die Blonde strahlte zurück.

Hübsche Frau, dachte Wally, als sie an ihr vorbei war, eine wirklich hübsche Frau. Sie drehte sich um. Die Blonde strahlte sie immer noch an. Wally legte die Hand an die Stirn und satulierte, bevor sie endgültig weiterging. Das amüsierte Auflachen der Blonden floß ihr herunter wie Butter, und sie straffte den Rücken. Es gibt tatsächlich noch mehr hübsche Frauen. In Berlin gibt es hübsche Frauen. Hübsche Frauen gibt es in Berlin... Verdammt schwierig, zu pfeifen, wenn man gleichzeitig grinst wie ein Honigkuchenpferd.

XXXIII

„Verdammter Mist!" Frustriert betrachtete Nan die beiden Briefe, die vor ihr ausgebreitet auf dem Schreibtisch lagen. „... war Christian sehr enttäuscht darüber, daß weder du noch dein Bruder Leo – ich nehme an, daß du weißt, wo er sich zur Zeit aufhält – auf die Einladung zu seinem Geburtstag reagiert haben. Es ist schon beschämend, ein Familienfest zu organisieren, zu dem dann von vier Geschwistern nur eins erscheint..." Die kleine, gestochene Handschrift ihrer Schwägerin konnte den unangenehmen Inhalt des Briefes genausowenig wettmachen wie die computergedruckten Buchstaben den des Schreibens der Landesversicherungsanstalt.

„...mußten wir feststellen, daß wir Ihnen im Zeitraum März 1989 bis August 1990 jeweils DM 156 zuviel an Bezügen ausbezahlt haben. Wir bitten daher um Rückzahlung der ausstehenden Summe von DM 2808..."

Nan warf einen letzten Blick auf die Briefe und stand auf, um ihre Jeans anzuziehen. Ihr linker Fuß schien einfach nicht in den dazugehörigen Stiefel zu passen, und als sie nachschaute, entdeckte sie eine verknüllte Socke darin. Gereizt zerrte Nan sie heraus und warf sie beiseite. Und außerdem hatte sie einen Kater. Ihr Schädel brummte, und ihr war schwindlig. Der Tag fing ja wirklich gut an.

In der Küche stand Kim am Herd und beaufsichtigte die Espressokanne. Nan lehnte sich an den Türrahmen. „Was machst du denn hier? Mußt du nicht arbeiten?“

„Falls du dich erinnerst: Heute ist der erste Juli. Ab heute bin ich arbeitslos.“

Nan ging zum Küchentisch und ließ sich vorsichtig auf einen Stuhl fallen. „Ach ja, vergessen.“

Kim sah kurz zu ihr herüber. Die Espressomaschine fing an zu brodeln, und sie stellte die Flamme darunter aus. „Wie siehst du denn überhaupt aus? Schlechte Nachrichten in der Post?“

„Ach, vergiß es. Danke, daß du sie mit ’raufgebracht hast. Bekomme ich eine Tasse ab?“

Kim nickte. Nan bemerkte die Sorgenfalten auf ihrer Stirn. Kim schien auch nicht gerade in bester Stimmung zu sein. Nan setzte sich und sah zu, wie ihre Mitbewohnerin die schwarze Flüssigkeit in zwei Tassen füllte und dann eine Zitrone in zwei Hälften schnitt, um sie über einer der beiden Tassen auszupressen. Und diese Tasse brachte sie Nan.

„Iiih!“

„Stell’ dich nicht so an.“

Murrend trank Nan das Gebräu. Der Geschmack war ekelhaft, aber wenn sie genügend daran glaubte, würde es vielleicht tatsächlich gegen den Kater helfen.

„Übrigens“, sagte Kim, „mein Flug nach Fairbanks geht am 25., und der von da nach New York am 12. August.“

„Am 25.? Ich bring’ dich zum Flughafen.“

„Meinst du, es geht dann alles klar, so, wie wir es besprochen haben?“

„Aber sicher.“

Kim stand mit dem Rücken zu ihr am Herd. Nan bewegte leicht den Kopf. Das Schwindelgefühl hatte nachgelassen. Nach einem Moment fiel ihr Kims seltsam gebeugte Haltung auf.

„Kim? Was machst du denn da eigentlich?“

Ein Räuspern war die Antwort. Nan stand auf und ging zu ihr. Kim drehte sich um. Ihr Kinn zitterte leicht.

„Ich fürchte mich ein bißchen“, sagte sie mit belegter Stimme. „Wer weiß, was mich da erwartet.“

„Dein Süßer", sagte Nan. Sie legte die Arme um Kim und drückte sie. Kims Herz schlug schnell und aufgeregt an ihrer Brust.

„Mach' dir keine Sorgen. Wenn du dich nicht wohlfühlst, kommst du eben wieder zurück."

Kim nickte langsam. „Du hast es auch nicht leicht," sagte sie, „Tamara geht weg, und ich auch, und dann jammere ich dich auch noch voll."

„Macht nichts," erwiderte Nan, „ist in Ordnung. Ich bleibe im Land und ernähre mich redlich. Ich werde professionelle Verabschiederin."

Kim schmunzelte und wischte sich eine winzig kleine Träne aus dem Augenwinkel. Dann trat sie zurück und straffte die Schultern. „Jetzt bin ich wieder okay. Du auch?"

Nan nickte halbherzig. Ja, dachte sie, ich habe zwar nur einen aus der Bahn geworfenen Bruder am Hals, meine Geliebte zieht nach New York, meine Mitbewohnerin fliegt nach Kanada, meine beste Freundin ersäuft ihren Liebeskummer, mein bester Freund leidet unter Depressionen, meine Schwägerin kündigt mir die Familienbande auf, die Schulden häufen sich, ich selber weiß immer noch nicht, was ich machen soll, aber sonst ist alles in Ordnung mit mir. „Alles okay."

„Gut", sagte Kim und seufzte. „Ich geh dann mal einkaufen."

Sie verließ die Küche, und Nan kehrte an den Tisch zurück. Ihre Tasse stand einsam vor sich hindampfend da und verströmte den bitteren Duft zweier Essenzen, die nicht füreinander gedacht waren.

Die Haustür klappte, und Nan ging wie auf Kommando zum Badezimmer. Aus Leos Zimmer kam ein Rascheln, und schlagartig fiel ihr der Brief von ihrer Schwägerin wieder ein. Im Grunde war es genausogut Leos Sache wie ihre. Kurzentschlossen klopfte sie an seine Tür und trat ein. „Leo, wir haben Christians Geburtstag vergessen..."

Er war schnell, aber nicht schnell genug. Der kurze Moment reichte aus, daß Nan erkennen konnte, was er da unter seine Matratze schob. Mit offenem Mund blieb sie stehen und starrte Leo an. Die Bestürzung malte sich auf seinem Gesicht wie mit Worten geschrieben. Er legte die Stirn in Falten und versuchte, gleichmütig dreinzublicken.

Keiner von beiden sprach. Dann sagte Leo leichthin: ‚Oh ja, stimmt. Hat Monika geschrieben, oder was ist los?‘

Nan trat näher heran und bemühte sich, einen klaren Gedanken zu fassen. Leo versuchte immer noch, unbeteiligt dreinzuschauen. Es gelang ihm recht gut, so wie er da auf dem Matratzenrand saß und die Hände locker über die Knie gelegt hatte.

„Bist du wahnsinnig geworden?“

Er senkte den Kopf, aber Nan bemerkte, wie er hastig zu der Stelle am Bett schaute, unter die er die kleinen Beutel geschoben hatte. Mit zwei schnellen Schritten war sie dort und zog sie hervor. Schweigend starrte Nan auf das in durchsichtige Folie eingeschweißte weiße Pulver. Dann sah sie ihren Bruder an.

„Das ist meine Sache. Ich mache nichts, was dich gefährdet“, sagte Leo leise.

„Bist du wahnsinnig geworden“, wiederholte Nan. Ihr Gehirn wirbelte tausend Worte durcheinander, aber heraus kam immer nur dieser eine Satz. Sie warf die Tüten auf den Boden.

„Ich sage dir, du brauchst dir keine Gedanken zu machen. Ich weiß, was ich tue.“

„Du weißt, was du tust? Du vertickst dieses Zeug, bringst es hierher und versteckst es, und du weißt, was du tust?“ Nans Selbstbeherrschung schwand von Sekunde zu Sekunde.

„Mich kennt keiner“, sagte Leo.

„Es ist mir scheißegal, ob dich irgendjemand kennt! *Ich* kenne dich!“

Er schwieg, und sein demütig herabhängender Kopf (oder war er bockig gesenkt?) machte Nan nur noch wütender. *„Mich kennt keiner* – wenn ich das schon höre! Georg ist tot, weil er unbedingt dieses Zeug herumkutschieren mußte, und kaum liegt er unter der Erde, machst du weiter damit.“

„Laß Georg aus dem Spiel.“ Leos Stimme zitterte leicht.

„Nein, tu ich nicht“, sagte Nan und hockte sich hin, um ihrem Bruder ins Gesicht sehen zu können. „Ganz bestimmt nicht. Ich habe ihn doch gesehen, wie gehetzt er war, immer auf Achse, keine ruhige Minute, nervös wie sonstwas."

Leo hob den Kopf. Seine Augen waren schmal. „Ich habe nicht vor, das ewig zu machen, nur bis ich genug Geld habe, um was anderes anzufangen."

„Und was ist mit deinen hochtrabenden Plänen? Luftfahrtingenieur?"

„Ich weiß, daß du das nicht verstehst", sagte Leo, und seine Lippen waren vor Anspannung verzerrt. „Glaub' nicht, daß ich mich wohl dabei fühle. Aber das ist mein Problem."

„Es ist auch mein Problem! Du machst mir Kummer!" Plötzlich war Nan hilflos wie selten zuvor in ihrem Leben. Es war das erste Mal, daß sie überhaupt nicht mehr wußte, was in ihres Bruders Kopf vorging, daß sie sein Handeln nicht verstehen konnte; dennoch war er ihr nicht fremd, und das machte sie verrückt.

„Ich mache dir Kummer."

„Ja."

Leo seufzte, und dann beugte er sich vor, sammelte die Kokaintütchen auf und stopfte sie in die Innentasche seiner Lederjacke, die neben ihm auf dem Bett lag.

„Es tut mir leid", sagte er, und aus seinem Mund klang diese abgegriffene Floskel ehrlich. Er legte die Jacke neben sich und begann, scheinbar wahllos Dinge in seinen Rucksack zu stopfen, aber an seinen Bewegungen erkannte Nan, daß er sich schon vorher überlegt hatte, was er mitnehmen wollte.

„Es ist nicht fair von mir. Wenn du das nicht herausgefunden hättest, wäre es gegangen, aber so geht es nicht." Er blickte auf, und als er ihren Gesichtsausdruck sah, hielt er inne. „Oh, Nan."

„Du haust ab, und ich kann mir noch mehr Sorgen machen als vorher."

Leo kniff die Lippen zusammen, dann packte er weiter. „Du mußt dir keine Sorgen machen."

„Ich mach' mir keine Sorgen, ich bin sauer", sagte sie, wütend, weil es gelogen war und dennoch stimmte.

Er war fertig mit Packen, zog seine Jacke an und hängte sich den Rucksack über die Schulter. Dann stand er auf, und Nan blieb hocken, und so sahen sie sich an. Er seufzte wieder.

„Ich muß dir noch etwas sagen, es ist nichts Besonderes, aber ich hab kein gutes Gefühl so. Ich hab' neulich Tamara angerufen, ich wollte sie gerne mal treffen, aber sie hatte keine Zeit."

Aus irgendeinem Grunde war Nan nicht überrascht, nicht im Geringsten. „Na und?"

Er zuckte wiederum mit den Achseln. „Nur, daß du es weißt", sagte er.

Nan nickte. Die Dinge liefen eben so, wie sie liefen. Und manchmal verliefen sie sich.

„Ich geh' jetzt", sagte er.

Eine Welle von Panik überflutete Nans Herz. Wo ging er hin, und wie lange? Sollte sie ihn zurückhalten? Dann floß ihr Blut wieder gleichmäßiger, und sie atmete tief aus.

„Mit dem Zeug in der Tasche brauchst du gar nicht erst wiederzukommen", sagte sie mit fester Stimme.

„Weiß ich." Er ging zur Tür.

„Leo...", rief sie, aber er blieb nicht stehen.

„Weiß ich auch", sagte er aus dem Flur. Eine Sekunde später klappte die Wohnungstür.

Nan ließ sich zurücksinken und streckte sich lang auf Leos Matratze aus. Als sie den Kopf zur Seite drehte, fiel ihr Blick auf die Postkarte, die Leo an der Wand befestigt hatte. Josephine Baker war darauf abgebildet, tanzend und in Lendenschurz. Nan betrachtete sie lange. Der Anblick beruhigte sie.

XXXIV

„Und ich bekäme dann auch wirklich Bafög?" fragte Arndt leicht verunsichert. Die Ausführungen der Berufsberaterin erschienen ihm derart verworren, daß er mittlerweile das Gefühl hatte, alles falsch verstanden zu haben. Nervös steckte er eine Hand in die Hosentasche und befühlte den kleinen Türkis darin.

Die Berufsberaterin, eine dralle Mittvierzigerin mit blonder Fönfrisur und leicht gelangweiltem Gesichtsausdruck, seufzte fast unhörbar auf und lehnte sich mit gefalteten Händen in ihren Drehstuhl zurück. Mißbilligend betrachtete sie Arndt über den Tisch hinweg, auf dem diverse Faltbroschüren ausgebreitet lagen.

„Aber ja. Da Ihr Vater Rentner ist, sehe ich kein Problem.“ Sie schloß energisch den Mund und sah auf die Broschüren nieder.

Unsicher, ob diese Geste die Beendigung des Gesprächs signalisieren sollte, rutschte Arndt auf seinem Stuhl nach vorne. Irgendwie war der Beratungstermin nicht so verlaufen, wie er sich das vorgestellt hatte. Anstatt konkreter Perspektiven war ihm eine Fülle von Vorschlägen unterbreitet worden, von denen keiner das Geringste mit seinem zukünftigen Leben zu tun haben schien. Er konnte sich selbst in der Zukunft weder als Vermessungstechniker noch als Archäologen sehen. Oder doch? Vielleicht sollte ich Berufsberater werden, dachte er, und ihm war im selben Moment bewußt, daß sein überreiztes Hirn nur allzu bereit war, sich einer verlockenden Mattigkeit hinzugeben. Die Berufsberaterin sah wieder auf, und ihre herabgezogenen Mundwinkel sprachen Bände.

„Also, Herr Kruse, ich halte es für das beste, wenn Sie sich über ein Studium der Archäologie oder Geologie informieren würden.“ Sie setzte ein unechtes Lächeln auf. „Oder aber, Sie befassen sich doch mit unserer Broschüre über die Ausbildung zum Vermessungstechniker. Das liegt ja auch in ihrem Interessensgebiet, und dafür bräuchten Sie nicht jahrelang zu studieren.“

Zum wiederholten Male in diesem Gespräch wünschte Arndt, er hätte nichts von Steinen gesagt, als sie ihn zu Beginn nach seinen Hobbys gefragt hatte. Über Maurer, Steinmetz und Tiefbauingenieur war sie schließlich zu Vermessungstechnik gelangt, und aus irgendeinem Grunde schien sie überzeugt, damit den besten Vorschlag gemacht zu haben, den man sich denken konnte. Daß Vermessungstechnik genausoviel mit Steinen zu tun hatte wie gärtnern oder kochen, spielte keine Rolle. Schließlich vermaß man mitunter ja auch steinerne Gebäude, oder nicht?

Arndts Hand umschloß den Türkis in seiner Hosentasche ganz und ließ ihn dann los. „Gut“, sagte er und stand auf.

Zum ersten Mal, seit sie ihn begrüßt hatte, lächelte die Berufsberaterin freundlich.

„Denken Sie darüber nach, und dann, wenn Sie sich entschieden haben, sprechen Sie mit dem Arbeitsamt darüber. Auf Wiedersehen." Sie nickte ihm zu und wandte sich ihren Unterlagen zu, noch bevor er das Büro verlassen hatte.

Langsam schlenderte er die Uhlandstraße in Richtung Kudamm hinunter. Die Sonne stand senkrecht am Himmel und brannte ihm auf die Kopfhaut. Ihm war heiß, und er war erschöpft und durcheinander, aber ihm war nach Laufen zumute. Er blieb stehen, zog die Broschüren aus der Hintertasche seiner Jeans und ließ sie in den nächstbesten Abfallbehälter fallen. Dann setzte er sich in Bewegung und verfiel nach ein paar unregelmäßigen Schritten in einen leichten Trab.

Seine Muskeln dehnten und zogen sich zusammen, und bei jedem Schritt setzte er federnd die Ferse auf und ließ den Fuß ganz abrollen, so wie er es früher beim Sportunterricht gelernt hatte. Sport, dachte Arndt, Sport sollte ich machen. Sportlehrer? Er lachte in sich hinein, und etwas in ihm begann sich zu lösen. Wie hatte er erwarten können, von irgend jemandem eine glanzvolle Perspektive für seine Zukunft aufgezeigt zu bekommen? Eine Berufsberatung ist eine Berufsberatung, dachte er, aber was ich vermutlich brauche, ist eine Lebensberatung.

Er beschleunigte seinen gemächlichen Lauf Mit jedem Schritt wurde ihm leichter zumute, und seine melancholische Stimmung begann zu schaukeln, sanft, im Rhythmus seines Herzschlages. Arndt konzentrierte seinen Blick auf die Autos, die weiter hinten, auf dem Kudamm, die Uhlandstraße kreuzten. Die unmittelbare Umgebung verschwamm zu beiden Seiten seines Gesichtsfeldes, und er nahm die teils belustigten, teils verärgerten Blicke der Passanten nicht mehr wahr. Die letzte Teilstrecke bis zum Kudamm legte er in einem grandiosen Spurt zurück und lachte laut auf, als er zum Stehen kam. In der Ferne heulte die Sirene eines Krankenwagens, kam näher, und als der Wagen in Richtung Adenauerplatz vorbeibrauste, steckte Arndt die Hände in die Hosentaschen und schlenderte gemächlich in dieselbe Richtung. Ein Fahrradkurier in kurzen, enganliegenden Radlerhosen und Muskelshirt fuhr knapp vor ihm auf den Bürgersteig und zwischen den erschreckt zur Seite hüpfenden Fußgängern hindurch, wobei er ein quäkendes Funkgerät ans Ohr hielt. Arndt sah dem schlanken, muskulösen Körper hinterher.

Plötzlich erstaunt über sich selbst, schüttelte er den Kopf. Was hatte er eigentlich die ganze Zeit getrieben? Steine gesammelt und wehmütig nach einer Liebschaft Ausschau gehalten?

„Das muß anders werden", sagte er laut und trat im Vorbeigehen mit dem Fuß gegen ein provisorisches Parkverbotsschild. Wie und in welcher Richtung es anders werden sollte, davon hatte er im Moment zwar nicht die leiseste Ahnung, aber irgendwie schien das keine Rolle zu spielen. Mit einem befriedigenden Gefühl der Gelassenheit ging er weiter.

An der nächsten Ecke fiel Arndts Blick auf ein ausgebranntes vierstöckiges Haus auf der gegenüberliegenden Straßenseite. Nur noch die rußgeschwärzten Fassaden standen, von mächtigen Stahlträgern gestützt. Er lief hinüber und schlenderte durch das offenstehende Tor der Baustelle. Weiter hinten luden einige Arbeiter Baumaterialien von einem Wagen. Sie sahen kurz zu ihm hinüber, dann machten sie weiter, ohne sich um Arndt zu kümmern.

Er legte den Kopf in den Nacken und sah an der Wand empor. Die Sonne schien durch die Fensterlöcher und ließ die Rahmen der nackten Rechtecke aufleuchten wie eine Kerze die Pergamentfenster eines selbstgebastelten Adventskalenders. Die mächtige Kulisse hatte etwas Unwirkliches an sich. Arndt trat näher an die Fassade heran und berührte mit der flachen Hand das Mauerwerk. Der Brand hatte es vorzeitig altern lassen und spröde gemacht, unter Arndts tastender Hand fielen Putzbröckchen herab. Sein Kopf war vollkommen leer, sein ganzes Denken ersetzt durch ein einziges Bild, das Bild der rissigen, angegriffenen Mauer, vor der er stand. Nach einer Weile senkte er den Kopf und sah auf seine abgetragenen Sportschuhe hinab. Zwischen ihnen lag ein einzelner, faustgroßer Stein, der so gar nicht zu den anderen Teilen von Putz und Mauerwerk zu passen schien. Arndt beugte sich hinunter und nahm ihn in die Hand. Rußspuren zogen sich wie schmutzige Tränen über das geäderte Gestein. Unzweifelhaft hatte er zu dem niedergebrannten Gebäude gehört, war in irgendeinen Teil seiner Existenz integriert gewesen. Glatt und schwer lag er in Arndts Hand.

Arndt wischte darüber und betrachtete den Ruß, der jetzt seinen Daumen überzog. Stein brennt nicht, dachte er vage. Stein ist unverletzbar. Um ihn braucht niemand sich zu sorgen.

Als er sich aufrichtete und den Stein fallenließ, spürte er, wie eine Idee, der er sich gar nicht bewußt gewesen war, die ohne eigenes Dazutun in seinem Kopf Gestalt angenommen hatte, ihm wieder zu entgleiten drohte. Aber was? Einen Moment stand er nachdenklich und ließ die letzte Ahnung davon auf sich einwirken, um sie wieder zu fassen, dann begann er zu lächeln. Es würde ihm nicht entgleiten, ganz im Gegenteil, da war er sich sicher.

XXXV

„Wie spät ist es?"

„Kurz nach acht." Tamara schob die Decke ein Stück nach hinten und setzte sich auf die Bettkante, die beiden Tassen vorsichtig in den Händen balancierend. Nan richtete sich auf und nahm ihr eine davon ab.

„Danke."

Ihr Blick war noch schlaftrunken, die Haare zerzaust, und die Decke fiel herab und legte ihre Schultern und Brüste frei. Unterhalb des linken Schlüsselbeins war die verblassende Spur eines Kratzers zu sehen. Tamara betrachtete die Stelle nachdenklich und versuchte sich zu erinnern, wann genau es gewesen war, daß sie derart leidenschaftlich miteinander geschlafen hatten. Dienstag, Mittwoch? Sie wußte es nicht mehr.

Nan beugte sich vor und schnupperte an Tamaras Hals. „Du riechst gut", sagte sie. Sie ließ sich ein wenig zurücksinken und trank, während sie Tamara über den Tassenrand hinweg beobachtete. Tamara erwiderte ihren Blick, dann sah sie auf den Fußboden. Nans Jeans lag mit nach außen gekehrter Innenseite direkt vor ihr.

Tamara fühlte sich seltsam nüchtern. Sie war bereits fertig angezogen, und in der sauberen Kleidung war ihr steif und unbehaglich zumute. Sie sah an ihren abgeschnittenen Jeans und den Netzstrumpfhosen hinunter und überlegte, ob sie sich umziehen sollte. Es würde nichts nützen, entschied sie. Das unbehagliche Gefühl lag nicht an der Kleidung, sondern an der Tatsache, daß die Leidenschaft zwischen ihr und Nan mehr und mehr dahinschwand. Es gab nicht einmal ein deutliches Merkmal dafür, aber dennoch war es so. Die Gefühle schienen wieder fortzutreiben, schienen sich von einem harten Bissen in einen leichter verdaulichen Brei zu verwandeln, den man in kleinen Happen essen konnte, um ihn wegzustellen, wenn man genug hatte. Und das Schlimmste war, daß sie, Tamara, nichts dagegen tun konnte. Außer es hinzunehmen.

Nan beugte sich vor und legte ihre Hand auf Tamaras Rücken. „Was ist?"

„Nichts." Sie wünschte, Nan würde nicht fragen. Monatelang hatte sie nach Fragen gehungert, aber jetzt, wo sie kamen, wollte sie sie nicht hören.

Nan legte sich wieder hin und atmete aus. Tamara spürte ihre leichte Verärgerung fast körperlich. Sie hat recht, dachte sie, sie hat genug Probleme am Hals. Ihr schlechtes Gewissen meldete sich. Sie schob es weg. Was konnte sie dafür, wenn Leo sie anrief, um ihr zu sagen, daß es ihm gutging. Er hatte Tamara gebeten, Nan nur davon zu erzählen, wenn sie ausdrücklich danach fragte. Natürlich hatte Nan nicht gefragt. Das war Leo sicher ebenso klar gewesen wie Tamara selbst.

„Du siehst aus, als hättest du einen grauenhaften Tag vor dir", sagte Nan belustigt.

„Hab' ich vielleicht ja auch."

„Punkt Mitternacht ist er vorbei."

„Haha."

Nan grinste, stellte lässig die Tasse ab und beugte sich nach vorne. Sie legte ihre Arme um Tamaras steifen Körper und hielt sie so lange unbarmherzig fest, bis Tamara sich zu entspannen begann. Nans Nähe machte sie immer noch weich und anschmiegsam. Sie ließ sich nach hinten ziehen und genoß Nans warme Hände, die über ihren Rücken und unter ihr Hemd fuhren.

„Ich finde dich unausstehlich“, sagte sie in Nans Halsbeuge hinein.

Nans Lachen gluckerte durch ihre Kehle in Tamaras Ohr. „Unwiderstehlich, meinst du.“

Später fühlte Tamara sich besser. Sie starrte auf das Schnittmuster hinunter und fragte sich, wie sie es immer schaffte, sich so lange auf das Entwerfen eines Kleidungsstückes zu konzentrieren. War es ein Mangel an Selbstvertrauen, der sie dazu brachte, ihr Bewußtsein mit einer derart die Phantasie und Geschicklichkeit herausfordernden Tätigkeit auszufüllen? Ein versteckter Minderwertigkeitskomplex im Bezug auf ihren eigenen Körper, den sie zu kompensieren suchte? Tamara nahm das Kurvenlineal in die Hand und bog es zu einem Kreis. Der Kreis schließt sich. Sie bog es gerade. Gerade Linien. Stirnrunzelnd legte sie es in Wellen. Nur Unsinn im Kopf.

Es klopfte, und die Tür ging auf. Hastig legte sie das Kurvenlineal zur Seite und sah auf.

Fast hätte Tamara ihn nicht erkannt, weil er seine Haare ganz kurz geschnitten hatte. Es stand ihm gut, er sah frisch aus. Unter seiner Lederjacke trug er ein blau-weiß gestreiftes T-Shirt, Jeans und die obligatorischen Cowboystiefel, wie immer ungeputzt. Mit einem schüchternen Grinsen im Gesicht kam er näher und blieb einen Moment vor ihr stehen, bevor er sich auf die Tischkante setzte.

„Hallo, Tamara.“

„Leo.“

Seine Augen waren klar und hell. Er wirkte dünner, obwohl sie wußte, daß es nicht sein konnte. Innerhalb von zwei Wochen nahm kaum jemand soviel ab, daß man es sehen konnte.

Als er sprach, wurden die Falten entlang seiner Nasenwurzel weicher. „Ich komme nur kurz vorbei. Ich fahre für ein paar Tage nach Hamburg, und danach komme ich wieder.“ Er hob die Hand, als er sah, daß sie ihn unterbrechen wollte. „Nein, warte. Ich rufe Nan gleich noch an, aber ich möchte, daß du ihr etwas von mir gibst.“ Er zog den halbgeöffneten Reißverschluß seiner Jacke ganz herunter und holte einen Briefumschlag heraus, den er vor Tamara auf den Tisch legte. „Gib du es ihr. Von mir nimmt sie es nicht."

„Und was ist das?" fragte Tamara verwirrt.

Er lächelte, und für einen Moment sah er sehr jung aus. „Schmutziges Geld. Für ihre Waisenrente. Dann hat die ganze Sache wenigstens ein Gutes gehabt. Jedenfalls, gib es ihr, und wenn sie es nicht haben will, dann gib es ihr trotzdem. Das wär's." Er stand auf und zog den Reißverschluß wieder hoch. Mit einem warmen, belustigten Ausdruck in den Augen betrachtete er Tamara. Sie lehnte sich zurück und musterte ihn ebenfalls. Dann siegte ihr Interesse, und sie fragte leise: „Was hast du vor?"

Leo fuhr mit einem Finger über das Kurvenlineal, und als er Tamara wieder ansah, waren die Falten entlang seiner Nase ganz verschwunden. „Keinen Mist mehr. Ich muß sehen, was kommt." Er sah sie weiter an, und sie blickte zu Boden, irritiert von der Anziehungskraft, die er auf sie ausübte.

Leo trat um den Tisch herum, ging in die Hocke und stützte die Ellenbogen auf Tamaras Stuhllehne. Sein Gesicht war sehr dicht vor ihrem, seine Augen sehr nah.

„Außerdem", sagte er, „außerdem gibt es da etwas, worüber ich nachdenken muß, und dazu ist Abstand am besten."

Tamara nickte, unfähig, etwas zu erwidern. Sie sahen sich wortlos an. Leos Atem kitzelte Tamaras Wange, und sie betrachtete fasziniert, wie ihr eigener die kurzen Haare an seiner Stirn bewegte.

„Bis bald", sagte er, und dann erst stand er auf. Sie sah ihm nach, wie er zur Tür ging.

„Du rufst Nan an, ja?"

„Natürlich", erwiderte er, die Klinke in der Hand. „Keine Sorge." Er zwinkerte ihr zu und schloß die Tür leise hinter sich.

Im nächsten Moment wurde sie wieder geöffnet, und Martin kam herein, einen zutiefst neugierigen Ausdruck im Gesicht.

„ Was war das denn für ein hübscher Knabe!" sagte er und pfiff anzüglich. „Könnte die männliche Ausgabe deiner schönen Geliebten sein." Er grinste frech und warf einen Stapel Schnittbögen auf den Arbeitstisch, mitten auf das Muster, an dem Tamara gerade gearbeitet hatte. Das Kragenteil flatterte sanft zu Boden.

„Ist er auch", erwiderte Tamara lakonisch. Leider, fügte sie im Stillen hinzu. Oder nicht?

XXXVI

Der Bus schaukelte gefährlich und bremste hart an der Ampel ab. Nan schüttelte den Kopf und warf einen letzten Blick auf den Einzahlungsbeleg. 2808 DM. Schmutziges Geld dem Staat in den Rachen geworfen. Irgendwie hoben sich die negativen Aspekte beider Seiten dadurch auf, fand Nan. So hatte Leo sich das sicher auch gedacht. Hoffentlich ließ er bald von sich hören. Langsam wurde sie unruhig.

Nan betrachtete die Bäume auf dem Savignyplatz, als der Bus wieder anfuhr. Die Blätter waren hellgrün, ausgedörrt von der Hitze, und darüber flimmerte die Luft. Der Bus schwankte am der Ruine eines ausgebrannten Hauses vorbei, und beim Anblick der geschwärzten Fassade, die sich eindrucksvoll von den adrett renovierten Hotelbauten daneben abhob, stieg ein Gesprächsfetzen in Nans Erinnerung hoch. Ein Gesprächsfetzen, eine Stimme und das dazugehörige Gesicht. In den vergangenen Wochen war die Erinnerung nicht verblaßt, im Gegenteil, sie war schärfer und deutlicher geworden. Sie ließ Nan keine Ruhe mehr.

Der Bus schaukelte langsam auf die nächste Haltestelle zu. Nan sprang auf und drückte auf den Halteknopf.

Als die Tür aufging und ein Mann mit Aktentasche herauskam, entschloß Nan sich endlich, aktiv zu werden. Wenn sie noch länger abwartete, würde sie überhaupt nicht mehr hineingehen. Außerdem fing sie an, in der Hitze hier draußen zu schwitzen.

Sie stieg die paar Stufen hinauf und drückte die schwere Glastür nach innen. Im Empfangsraum war es angenehm kühl, und Nan blieb einen Moment im Eingang stehen, um sich an das schattige Licht nach der gleißenden Helligkeit draußen zu gewöhnen. Langsam wanderte ihr Blick durch den Raum.

Eine dunkelbraune Sitzgruppe aus poliertem Mahagoni stand in der linken Ecke, auf dem Tisch ein ordentlich ausgerichteter Stapel Zeitungen. Der Fußboden war mit grünbraun gemustertem Teppich ausgelegt, genau wie die Treppe, die am Ende der Halle in die oberen Stockwerke führte. An der rechten Wand befand sich die Rezeption, dahinter war eine Tür in die Wand eingelassen, die ein Stück weit offenstand. Entfernt hörte Nan Geraschel und leise Stimmen.

Fast auf Zehenspitzen schlich sie zum Tresen, die Tür dahinter fest im Auge behaltend. Plötzlich kam sie sich vor wie ein Eindringling mit verbrecherischen Absichten.

Sie legte die Hand auf die altmodische bronzene Klingel, die einladend in der Mitte des Tresen stand, und wollte gerade daraufdrücken, als ein neuerliches Rascheln ihre Aufmerksamkeit erregte. Nan beugte sich über die polierte Holzfläche und sah nach unten. In der rechten Ecke hockte inmitten eines Aktenstapels eine Gestalt mit dem Rücken zu ihr und sortierte Karteiblätter. Nan nahm die Hand vorsichtig wieder von der Klingel und verharrte reglos. Die Gestalt schob mit einem leisen Fluch einen Haufen Blätter zur Seite und kramte weiter.

Plötzlich wurde Nan nervös. Wenn es noch eine Chance gab, sich unbemerkt davonzuschleichen, dann jetzt. Sie richtete sich auf und trat vorsichtig ein paar Schritte zurück. Dann hielt sie inne und räusperte sich.

Der blonde Haarschopf tauchte über dem Tresen auf.

„Guten Tag..."

„Guten Tag", erwiderte Nan.

Ankes Gesicht verzog sich zu einem schiefen Grinsen. Sie stützte die Arme auf den Tresen und beugte sich ein wenig vor. „Sie hätten doch bestimmt gerne ein Doppelzimmer?"

„Wenn Sie nichts anderes mehr frei haben..."

„Tut mir leid", sagte Anke und faltete die Hände. „Für die Suite kommen Sie schlicht und einfach zu spät." Sie hob eine Augenbraue.

Nan steckte die Hände in die Hosentaschen. „Wenn Sie sich vielleicht einen Moment freimachen könnten..."

„Freimachen?“ Anke betrachtete sie mit einem Lächeln, aber ihre Augen wirkten ernst und abwägend. „Einen Moment nicht, aber vielleicht eine halbe Stunde.“

„Ich habe mich gewundert“, sagte Nan, „als Empfangsdame braucht man eigentlich nicht so wahnsinnig perfekt Englisch zu sprechen. Warst du wirklich deswegen in England?“

Sie saßen sich an einem Tisch vor einem Straßencafé in einer Seitenstraße des Kudamms gegenüber. Anke hatte die Ärmel ihres Shirts aufgekrempelt und hielt ein Glas Mineralwasser in den Händen. Nan wandte den Blick von den schlanken langen Fingern und sah ihr ins Gesicht.

Anke lächelte schief. „Nein – ich fange im Oktober auf einer Dolmetscherschule an. Ich gehe nur nicht gern mit unausgegorenen Plänen hausieren.“

„Kann ich verstehen.“ Nan zündete sich eine Zigarette an. Es war schon die dritte innerhalb einer Viertelstunde. Sie war verdammt nervös. Sie war weitaus nervöser, als sie vorher gedacht hätte. Diese Frau, die ihr hier gegenübersaß, löste einen Sturm von Gefühlen in Nan aus. Kleine Blitze und stummer Donner sausten und kugelten in ihrem Innern um die Wette, so heftig, daß ihr fast der Schweiß ausbrach, und Anke saß die ganze Zeit stumm da, ein unergründliches Lächeln auf den Lippen, und sah Nan unverwandt an, ohne eine Miene zu verziehen.

„Ich habe mich die ganze Zeit darauf gefreut, dich wiederzusehen“, sagte sie jetzt leise.

Nan blies den Rauch aus und lehnte sich zurück. „Wenn du mich gerne sehen wolltest, warum hast du mir dann nicht deine Nummer gegeben oder dir meine geben lassen?“ Jetzt, wo sie Anke vor sich sah, war Nan nicht mehr klar, warum sie so lange damit gewartet hatte, sie zu besuchen. Es schien so folgerichtig zu sein, daß sie hier zusammensaßen.

„Warum denn“, sagte Anke bestimmt, „ich wußte doch, daß du kommst.“ Sie nahm eine Zigarette aus Nans Packung und steckte sie in den Mund. Auffordernd sah sie Nan an.

Nan gab ihr Feuer. „Und wenn nicht?“

„Hätte ich das nicht gewußt, hätte ich dich nicht angesprochen.“

„So einfach ist das?"

„Ja, genau, so einfach ist das." Obwohl sie Nan zuzwinkerte, war Ankes Blick scharf und ernst, und in ihren Augen lauerte wieder der gleiche, fast aggressive Ausdruck, den Nan auf dem Fest kurzzeitig darin hatte aufblitzen sehen. Ihr wurde mit schneidender Deutlichkeit bewußt, daß es genau dieser Blick war, diese unverhüllte Herausforderung, die sie hergetrieben hatte. Nan ließ die Hand mit dem Feuerzeug langsam sinken, aber Anke griff danach und hielt sie fest.

„Sehen wir uns heute abend?" fragte sie.

Nan sah sie an. Anke fing an zu lächeln. Nan lächelte zurück.

XXXVII

„Naja, ich bin halt einmal um den Park gegangen, und als ich zurückkam, saß sie immer noch vorm Madonna. Wie das Leben so spielt." Wally grinste fröhlich bei der Erinnerung. Sie nahm ihr Tonic in die andere Hand und kratzte sich mit der freigewordenen am Bein. Mit einem verschmitzten Lächeln sah sie zu Nan auf.

„Seitdem gehe ich zwar öfters abends die Wiener Straße entlang, aber bis jetzt ist nichts weiter dabei herausgekommen."

„Anfängerglück."

Wally lachte. „Vermutlich." Sie richtete sich auf. „Was ist *das* denn?"

Auf dem Laufsteg war soeben ein neues Model erschienen. Der weit ausgestellte Rock behinderte es sichtlich beim Gehen, die mühevoll einstudierten Bewegungen wirkten ein wenig verkrampft.

Wally öffnete ungläubig den Mund, dann klappte sie ihn wieder zu. „Naja", sagte sie bedeutungsschwanger und blickte Nan an. Nan sah zur Seite, um nicht lachen zu müssen.

Laute Discorhythmen dröhnten durch den Tränenpalast. Es war noch früh; der zweite Teil der Präsentation, in dem Tamaras Kollektiv seine Kollektion zur Schau stellte, würde erst in etwa einer halben Stunde beginnen. Im Moment zeigten noch junge, unbekannte Designer, die erste Schritte unternahmen, in der Modewelt Fuß zu fassen, ihre Entwürfe.

Nan sah nach oben zur DJ-Plattform, auf der die Videofilmer gerade ihre Ausrüstung aufbauten. Leo stand ganz vorne und schraubte ein Stativ zusammen, lässig eine Zigarette zwischen die Mundwinkel geklemmt. Die Lichtorgel ging an und warf zuckende Blitze durch die Halle. Einer davon schien immer wieder direkt über Leos Hinterkopf hinwegzuzielen, und seine milimeterkurzen Haare leuchteten jedesmal wie ein dunkler Heiligenschein auf. Der Aufnahmeleiter erschien neben Leo und begann, hektisch auf ihn einzureden. Leo nickte bedächtig, ohne sich bei seiner Beschäftigung stören zu lassen. Sein Blick fiel auf Nan, und er begann zu grinsen, hob einen Arm und winkte ihr zu. Sie winkte zurück.

Sie hatten beide keine großen Worte über die ganze Sache verlieren müssen. Als Leo vor einer Woche plötzlich in der Mitfahrzentrale gestanden hatte, die blauen Augen, die Nans eigenen so ähnlich waren, fragend auf sie gerichtet, ein verlegenes Lächeln um den Mund, da hatten sich die Gewichte, die die ganzen Wochen über so schwankend und ungleich in Nans Herzen umhergependelt waren, mit einem erleichterten Knarren wieder ins Lot geschoben.

„Wie hat Leo den Job eigentlich bekommen?“ fragte Wally neben ihr.

„Durch Tamara. Sie hat ihn mit dem Produzenten bekannt gemacht, als Leo sie gerade zufällig auf der Arbeit besucht hat.“ Nan fiel selbst auf, wie ungereimt das klang. Niemand besucht jemanden „zufällig“ bei der Arbeit.

„Der Junge hat wirklich ein Mordsglück.“ Wally betrachtete Leo halb neidisch, halb wohlwollend.

„Ach, da bist du ja. Ich hab' dich schon gesucht.“ Arndts Gesicht war blaß. Er schien sich etwas unbehaglich zwischen all den geschniegelten, welterfahren wirkenden Modemenschen zu fühlen. Verlegen nestelte er an seinem dünnen Schlips und rollte unbeholfen mit den Schultern.

„Steht dir prima, der Anzug.“ Nan zupfte einen losen Faden von seiner Schulter.

Er sah besorgt drein. „Meinst du? Ich komm' mir wie ein herausgeputzter Bauer vor. Ich würde liebend gerne mit Leo tauschen." Mit gerunzelter Stirn sah er zu Leo hoch, der zu seiner Jeans nur ein altes Armeeunterhemd trug.

„Er würde wahrscheinlich lieber mit dir tauschen."

„Meinst du?" Arndt sah halb geschmeichelt, halb zweifelnd wieder zu Leo, aber seine Stirn hatte sich geglättet. Nan betrachtete ihn von der Seite. Es war ihm einfach nicht auszutreiben.

„Ah, mein zukünftiger Mitbewohner!" Wally fuhr mit der Hand über Arndts Hinterkopf. „In dieser Aufmachung bitte ich jeden Morgen in der Küche das Frühstück serviert zu bekommen!"

Arndt lachte und fand wieder in die Wirklichkeit zurück. „Paß bloß auf, daß du keine Identitätskrise bekommst. Wir Schwulen haben ungeheure Chancen in der Damenwelt!"

Martin, der heute ungewohnt hektisch wirkte, kam schnellen Schrittes herbeigeeilt. Er nickte fahrig in die Runde und wandte sich dann an Nan. „Kannst du kurz mit nach hinten kommen? Tamara möchte dich gerne sprechen."

„Sicher." Nan entschuldigte sich bei Arndt und Wally und folgte ihm hinter die Bühne.

Tamara saß mit übereinandergeschlagenen Beinen zwischen aufgeregten Models, Bergen von Kleidungsstücken und hektisch hin- und herlaufenden Mitarbeitern auf einem der provisorisch in den Raum geschobenen Holztische und rauchte mit hastigen Bewegungen eine Zigarette. Über das Getümmel hinweg sah sie Nan direkt in die Augen, warf im Aufspringen die Zigarette in einen sandgefüllten Aschenbecher, der noch aus DDR-Zeiten stammte, und kam auf sie zu.

„Ich muß einen Moment mit dir sprechen", sagte Tamara nervös. Sie sah Nan fast ängstlich an, so, als fürchte sie, abgewiesen zu werden, und blickte sich dann suchend um. Nan legte eine Hand auf ihren Arm. Tamara sah sie wieder an, diesmal weniger ängstlich.

„Ich weiß nicht, wo", sagte sie hilflos, und ihr Mund zitterte ein wenig.

„He." Nan wünschte sich, sie beruhigen zu können.

Tamara sah sich weiter um, und ihre Lippen zitterten jetzt stärker.
„He, Tam", wiederholte Nan.
„Ach, verdammt", sagte Tamara und ergriff ihre Hand. „Komm, wir gehen in die Toilette, etwas anderes fällt mir jetzt nicht ein."
Sie bahnten sich einen Weg durch die Menge, ohne die Hände voneinander zu lösen. Auf der Toilette zog Tamara Nan in die erstbeste freie Kabine, verriegelte die Tür und setzte sich auf den Klodeckel.
Mit vorgerecktem Kinn sah sie zu Nan auf. Ihre Lippen zitterten nicht mehr.
„Es tut mir leid, daß ich vorhin so wütend geworden bin", sagte sie beherrscht.
„Schon gut." Nan kniete sich hin und verschränkte ihre Arme auf Tamaras Knien.
Tamara fuhr ihr durchs Haar und zog die Hand gleich wieder zurück. „Es ist gut, daß du mir davon erzählt hast. Es war nur, daß ich plötzlich gedacht habe, du hättest schon vorher gewußt, daß sich zwischen dir und Anke so etwas entwickeln wird, und mir nichts davon gesagt."
„Vielleicht hätte ich es ja vorher wissen können. Aber vielleicht wollte ich es nicht wissen."
„Warum nicht?"
Nan sah sie nachdenklich an. „Ich vermute, es gibt auch etwas, was du jetzt schon wissen könntest, von dem du aber nicht so überzeugt bist, daß du es tatsächlich schon wissen willst. Geschweige denn, daß du es aussprechen würdest."
Tamara öffnete den Mund zum Widerspruch, aber dann legte sie statt dessen ihre Hände auf Nans und sah darauf hinab.
„Wahrscheinlich hast du recht." Sie berührte Nans Stirn mit ihrem Kinn. Ihr Atem ging etwas ruhiger, aber Nan spürte, wie ihr Herz flatterte. „Aber was würde das ändern?"
„Ich weiß nicht, was überhaupt irgendetwas ändert", sagte Nan. „Meine Gefühle für dich fühlen sich jetzt auch nicht anders an als vorher."
Tamara seufzte. Nan sah sie an und wartete auf Tränen; ob Tamaras oder ihre eigenen, war ihr nicht klar. Tamara

ob Tamaras oder ihre eigenen, war ihr nicht klar. Tamara beugte sich nach vorn und küßte sie leicht auf die Lippen. Nan legte die Arme um sie und zog sie an sich. Ihr war sehr warm, und Tamaras Parfum mischte sich mit ihrem eigenen. Ein fantastischer Geruch, dachte Nan. Tamara löste sich von ihr und brachte ihren Mund an Nans Ohr.

„Ich liebe dich", sagte sie deutlich. Dann küßte sie Nan noch einmal. „Eigentlich", flüsterte sie, „sollte man das zur Begrüßung sagen und nicht zum Abschied." Sie lachte leise. „Aber vielleicht besser, als es überhaupt nie zu sagen." Sie drückte Nan wieder an sich.

Nan schloß die Augen. Sie konnte nur schweigen, schweigen und hoffen, daß das Ganze nicht doch noch furchtbar traurig werden würde.

Tamara richtete sich auf. Ihre Augen waren klar, und eine kleine Falte hatte sich über der Nasenwurzel gebildet, die darauf hinwies, daß sie sich zwang, an die bevorstehende Aufgabe zu denken.

„Ich muß jetzt in die Garderobe."

Nan küßte ihren Hals. Tamara schob sie fort und zwang sie, ihr ins Gesicht zu sehen.

„Laß mich heute nacht nicht alleine."

Nan zögerte nur kurz. „Mach' ich nicht." Und übrigens, ich dich auch, fügte sie im Stillen hinzu.

„Sie erinnert mich ein kleines bißchen an Anja, aber wirklich nur ein winzig kleines bißchen", flüsterte Wally. Nan betrachtete unauffällig die dunkelgelockte Frau, auf die Wally gedeutet hatte. Es war eine von Tamaras Mitarbeiterinnen, und sie stand, umringt von Kollegen aus der Modebranche, ein Stück weit entfernt.

„Ein bißchen, ja."

Wally schürzte die Lippen, und für einen Moment trug ihr Gesicht einen waidwunden Ausdruck. Sie sah Nan scheu an.

„Ach, Scheiße", sagte sie wehmütig. Dann lächelte sie der Dunkelgelockten zu, die sich herumgedreht hatte und Wally – Zufall oder nicht – ansah.

Die Modenschau war gerade eben zu Ende gegangen, und die Designer, einschließlich Tamara, waren am Fuße des Laufstegs damit beschäftigt, die Kommentare der Fachwelt entgegenzunehmen. Tamara paßt wirklich gut ins Business, dachte Nan, und sie ist nicht nur gut, sie ist sehr gut. Der Gedanke war irgendwie erleichternd.

Sie sah sich um und entdeckte Arndt, der sich mit Leo unterhielt. Er sah ihn mit jener nur schwer kaschierten Bewunderung an, die er speziell für Leo reserviert hatte. Leo klopfte ihm auf die Schulter, sah zu der Gruppe am Laufsteg und setzte sich in Bewegung. Arndt blickte ihm kurz hinterher, kratzte mit einem Hacken über den Boden und trank einen Schluck Sekt, wobei er nachdenklich ins Glas schielte. Nan seufzte.

„Was ist?" fragte Wally. Sie blickte Nan aufmerksam an.

Leo war bei Tamara angelangt, tippte ihr auf die Schulter und strahlte sie mit seinem charmanten Lächeln an, als sie sich umdrehte. Nan betrachtete ihrer beider Gesichter, wie sie nahe zusammenstanden und leise miteinander sprachen. Leo war bereit, Tamara würde noch ein Weilchen brauchen. Aber sie sahen schon jetzt sehr, sehr gut miteinander aus.

Nan spürte, daß Wally sie immer noch ansah.

„Ach", sagte sie. Das Sprechen fiel ihr plötzlich schwer, und sie setzte zweimal an, bevor sie den Satz herausbrachte. „Irgendwie bricht alles zusammen."

Wally schwieg, und Nan war ihr dankbar dafür.

Arndt fuhr aus seinen Gedanken auf, als Nan ihn bei der Schulter faßte. Verwirrt sah er sie an und schob die Oberüber die Unterlippe.

„Noch einen Sekt und mal kurz an die frische Luft?"

„Ach, warum eigentlich nicht?"

Nan besorgte die Getränke und ging dann mit ihm zum Ausgang. Tamaras Kollegin stand bei Wally und lachte über etwas, das Wally gerade von sich gegeben hatte. Wally krümmte den Rücken leicht nach hinten und lächelte sie von unten herauf an.

„Glaube ich nicht", kommentierte Arndt gleichmütig. Er war Nans Blick gefolgt.

„Ich weiß nicht", sagte Nan. Arndt hielt ihr die Tür auf, und sie trat hindurch. Die Hitze, die den ganzen Tag lang gebrütet hatte, war immer noch nicht abgeklungen. Wie ein feuchtes Tuch lag sie über der Stadt, dumpf und ver-

„Naja, ich glaub' es trotzdem nicht." Arndt sah interessiert zum mond- und sternenlosen Himmel auf.
Nan legte den Kopf ganz in den Nacken. „Ich weiß gar nicht, was ich alles schon nicht geglaubt habe", sagte sie.

Kapitel 6

XXXVIII

Der Verkehr auf dem Tempelhofer Damm kam nur stockend voran. Dicke, graublaue Abgaswolken in die sommerheiße Luft pustend, schoben sich die dicht an dicht stehenden Blechkarossen auseinander und quälten sich einige Meter voran, um dann wieder, einem unerbittlichen Ziehharmonika-Effekt gehorchend, zum Halten zu kommen.

Tamara wischte sich den Schweiß von der Stirn und sah aus dem Fenster. Die Ausläufer des Flughafengebäudes versperrten ihr die Sicht auf die Rollbahnen, über denen eine olivgrüne, dickbauchige Maschine gerade zur Landung ansetzte. Sofort dachte Tamara wieder an Amerika. Ihr Abflug war in greifbare Nähe gerückt, noch knappe vier Wochen trennten sie von ihrem neuen Leben. Nachdenklich starrte sie auf das übergroße weiße Radargerät auf dem Dach des Airports und fragte sich, was mit ihr los war. Irgendein spezielles Gefühl, das sie während der letzten Monate begleitet hatte, schien heute zu fehlen, aber sie konnte nicht auf Anhieb herausfinden, was es war. Erst, als der Fahrer hinter ihr ungeduldig hupte, um sie auf das Vorwärtsrücken der Schlange aufmerksam zu machen, schoß ihr die Erkenntnis durch den Kopf: Sie freute sich nicht besonders auf New York.

Ihr wurde flau im Magen, und sie hielt das Lenkrad mit beiden Händen fest umklammert. Um sich zu beruhigen, versicherte sie sich selbst, daß es sich nur um einen kurzen Moment der Verwirrung handelte, hervorgerufen durch die Überanstrengung in der letzten Zeit.

Am Platz der Luftbrücke schaltete die Ampel gerade auf Rot. Tamara hielt an. Auf der gegenüberliegenden Seite stauten sich die Autos bis in die Mitte der Kreuzung hinein, und Tamara konnte sich ausmalen, wie lange es dauern würde, bis sie an der Gneisenaustraße angelangt sein würde. Kopfschüttelnd registrierte sie, daß sie eigentlich überhaupt kein Ziel hatte. Aus einem Gefühl der inneren

Unruhe heraus hatte sie kurzerhand beschlossen, sich den Nachmittag freizunehmen, und war losgefahren, auf der Suche nach ein bißchen Muße, die sie dringend brauchte, um die vorangegangene Nacht zu verdauen.

Die Ampel schaltete auf Grün. Tamara warf einen abschätzenden Blick nach rechts. Der Columbiadamm lag frei in der prallen Sonne. Sie gab Gas und bog darauf ein. Erleichtert kurbelte sie das Fenster ganz herunter und steckte eine Sekunde den Kopf ein Stück weit heraus. Der Schweiß auf ihrer Stirn trocknete fast augenblicklich, und der Fahrtwind raubte ihr den Atem. Nach ein paar hundert Metern sah sie auf der rechten Seite das leuchtende Blau einer Wasserfläche zwischen einigen großen Gebäuden hervorblitzen. Spontan scherte sie in eine Parklücke ein und stieg aus.

An der Eingangstür des Columbiabades hing ein großes, weißgestrichenes Holzschild, das in verblichenen schwarzen Buchstaben die Schließung des Bades wegen Renovierung verkündete. Die Pforte an der rechten Seite des Gebäudes war einladend geöffnet, und Tamara schlenderte langsam hindurch.

Das Schwimmbecken und die angrenzende Wiese lagen verlassen im gleißenden Sonnenlicht, aber an den dahinterliegenden Umkleideräumen stand ein Gerüst, und ein Trupp Bauleute war damit beschäftigt, an den Wänden zu arbeiten und Materialien herauf- und herunterzureichen. Ein Bagger schob träge eine Ladung Sand zu einer länglichen Grube, und neben einem Haufen Bauschutt stieg ein Arbeiter in seinen Gabelstapler und ließ den Motor aufheulen. Das Geräusch drang wie das Summen eines sehr weit entfernten Bienenschwarms zu Tamara herüber.

Sie ließ den Blick über die spiegelglatte Wasserfläche gleiten und ging vorsichtig näher heran, bis sie am Rande des Beckens stand. Kein Grashalm, nicht ein einziges heruntergefallenes Blatt trübte die Oberfläche. Tamara blickte abschätzend zu den Arbeitern hinüber, von denen sich keiner um ihre Anwesenheit zu kümmern schien. Dann gab sie ihrem Bedürfnis kurzentschlossen nach, zog sich das überlange T-Shirt über den Kopf, unter dem sie nichts als einen schwarzen Bodystocking trug, streifte sich die Sandalen von den Füßen und sprang kopfüber und nahezu lautlos ins Wasser.

Sie fühlte sich erfrischt und sauber, noch bevor sie den ersten Zug getan hatte. Die Hände nach vorn ausgestreckt, glitt sie durchs Bassin und drehte sich auf den Rücken. Dann schlug sie die Augen auf und sah direkt in die Sonne, deren Strahlen ihren Bauch und ihre Brust bereits wieder erwärmten. Regungslos lag sie und genoß das Gefühl der Schwerelosigkeit. Dann warf sie sich herum und begann, in schnellen Zügen durch das Becken zu kraulen. Nach fünf Bahnen ließ sie sich austreiben und legte sich wieder auf den Rücken. Das Licht schien rot durch ihre geschlossenen Lider. Ihre Ohren lagen unter Wasser, und vollkommene Stille umgab sie.

Sie dachte an Leo und daran, wie sich seine glatten, runden Hinterbacken unter ihren Händen angefühlt hatten. Sie spürte wieder das Zucken seiner Muskeln auf und in ihr, seinen Atem in ihrem Ohr, seine harten Arme unter ihren Achseln, seine Finger in ihrem Nacken und ihrem Haar. Andere Bilder drängten sich dazwischen: Nans weiche Wange an ihrer, ihr Bein, gegen die Wölbung zwischen Tamaras Schenkeln gepreßt, Nans Hand auf ihrer Kehle. Dann wieder Leo, sein Mund, hart und fordernd auf ihrem Bauch, ihre Beine über seinen Schultern, und ein Ziehen stach durch ihren Unterleib und erfaßte ihren ganzen Körper. Tamara warf die Arme nach hinten und machte ein paar Züge, und das Wasser schwemmte die Feuchtigkeit zwischen ihren Beinen fort.

Schließlich schwamm sie zum Beckenrand und zog sich hoch. Die Arbeiter saßen einträchtig im Schatten des Gerüstes und hielten Pause. Zwei von ihnen sprachen miteinander und sahen dabei zu ihr her. Tamara tat so, als ob sie das nichts anginge, lief zu ihren Sachen und streifte sich das T-Shirt über. Um ihre Sandalen anzuziehen, mußte sie sich hinsetzen. Aus dem Augenwinkel bemerkte sie, wie einer der beiden sich aus der Gruppe löste und gemächlichen Schrittes auf sie zukam. Schließlich stand er vor ihr und blinzelte, eine schwach rauchende Pfeife zwischen die Zähne geklemmt, zu ihr hinunter. Seine Augen waren von Unmengen winziger Fältchen umgeben, die Brauen darüber waren buschig und so grau wie sein Kopfhaar, das unter der abgetragenen Mütze hervorstand. Bedächtig nahm er die Pfeife aus dem Mund und hielt sie abwägend in der Hand, bevor er sprach.

„Tag. Wir wollten Sie gerade nicht stören, weil Sie so friedlich ausgesehen haben, aber eigentlich ist das verboten. Dies ist 'ne Baustelle, wissen Sie. Uns stört das ja nicht, aber wenn Ihnen was passiert, dann sind wir dran, wissen Sie?"

Tamara nickte freundlich zu ihm auf. „Ja. Tut mir leid, ich mache das nicht nochmal. Es sah so verlockend aus..." Sie verkniff sich das „Wissen Sie?", das ihr schon auf der Zunge gelegen hatte.

Sein Gesicht verzog sich zu einem wohlwollenden Lächeln. Er tippte sich an die Mütze und nickte freundlich. „Na, nichts für ungut. Schönen Tag noch." Er steckte die Pfeife wieder in den Mund, sah noch einen Moment freundlich auf sie hinunter und machte sich dann mit langsamen, schlurfenden Schritten auf den Rückweg.

Tamara schnallte den letzten Riemen zu und sprang auf. Das T-Shirt klebte ihr am Leib, und die Sonne brannte heiß, aber ihr Kopf war klar, als sie auf den Ausgang zulief. Sie wußte genau, wo sie hinwollte.

„Ich weiß nicht", sagte Nan und räumte mit einer Hand einen Haufen loser Blätter vom Sofa, um für Tamara Platz zu schaffen, „mein Doktorvater meint, ich solle diese Doktorandenstelle auf jeden Fall annehmen, aber ich weiß nicht. Irgendwie hänge ich auch an dem Job in der Mitfahrzentrale." Sie stopfte sich ihr weißes T-Shirt in die Jeans und strich eine Haarsträhne hinters Ohr, während sie mit zusammengekniffenen Augen den Stapel Papiere neben Tamara musterte. Dann hob sie ihn kurzentschlossen hoch und legte ihn auf den Boden. Tamara sah sie fragend an. Nan gab den Blick zurück, und nach einem Moment begann sie zu lächeln.

„'Tschuldigung, ich bin heute etwas durcheinander. Willst du etwas trinken?"

„Gerne." Tamara folgte Nan in die Küche und betrachtete sie, lässig an den Türrahmen gelehnt. Nans Haar war lang geworden. Es reichte ihr mittlerweile über die Schultern, und Tamara wurde bewußt, wie schnell die Zeit vergangen war. Kannten sie sich wirklich schon zehn Monate?

Nan schien, trotz des Problems, das sie beschäftigte, gute Laune zu haben. Selbstvergessen kramte sie im Küchenschrank, von Zeit zu Zeit die Jeans, in der ein Gürtel fehlte, hochziehend und leise vor sich hinsummend. Tamara kannte die Melodie, irgendein schnulziger Song von K.D. Lang, der zur Zeit ständig im Radio lief; einer dieser Ohrwürmer, die das Gefühl eines ganzes Tages in eine andere Richtung lenken können, weil man sie nicht wieder los wird.

„Am ersten September würde es losgehen", sagte Nan laut. „Eigentlich erst am ersten Oktober, aber es gäbe da noch eine Menge Verwaltungskram zu erledigen, deshalb müßte ich früher anfangen. Kannst du dir das vorstellen, Tam, ich, vor fünfzig Studenten, bedächtig mit dem Kopf nickend, wenn jemand kluge Kommentare von sich gibt?" Sie lachte in sich hinein und schüttelte den Kopf.

„Nein", sagte Tamara. Sie betrachtete Nans sonnengebräunte Unterarme, ihre Hände, auf denen die hervortretenden Adern ein blaues Relief aus Fleisch und Blut zogen. War es normal? War es immer so, daß eine Liebesnacht mit jemand anderem die letzten Reste des Schmerzes zur Seite drängte, den Freiraum schaffte, sich zu lösen – von jemandem, der sich schon vorher umgedreht hat?

Nan lächelte ihr zerstreut zu und stellte zwei Gläser und eine Flasche Wasser auf ein Tablett, um es in ihr Zimmer zu tragen. Tamara trottete ihr hinterher wie ein herrenloses Hündchen.

Immer, wenn sie sich von jemandem getrennt hatte – es war immer Tamara gewesen, sie hatte dem anderen nie Zeit gelassen, sich vorher aus dem Staube zu machen –, war das fade Gefühl der Enttäuschung über die eigene Täuschung das Schlimmste gewesen. Die Momente, in denen Tamara erkannt hatte, daß von der Liebe nichts geblieben war als Ernüchterung und Verwunderung darüber, mit diesem Menschen im Grunde nichts gemein zu haben, diese Momente waren jedesmal wiedergekehrt – und jedesmal schlimm gewesen. Irgendwann hatte Tamara – tonlos, so war es ihr vorgekommen – gedacht: Man kann alle lieben, weil man alle hinterher nicht mehr lieben wird; der Gedanke war so ermüdend, daß er sich behäbig in ihrem Kopf festgesetzt hatte wie Frost in den Knochen.

Aber bei Nan war es ganz und gar nicht so. Das Gefühl ist noch da, dachte Tamara, als sie Nan betrachtete, es ist noch da – auf eine andere Art, aber es ist wirklich Liebe. Ich habe mich nicht getäuscht – weder in ihr noch in mir. Sie setzte sich und nahm ihr Glas in beide Hände. Dann dachte sie an Leo, und ihre zufriedene Stimmung schwand augenblicklich.

„Dein T-Shirt ist feucht", sagte Nan. Sie hatte sich neben Tamara auf die Lehne des Sofas gesetzt und sah, immer noch diesen abwesenden Zug in den Augen, zu ihr hinunter.

„Ich war schwimmen."

Nan nickte und sah aus dem Fenster, das weit offenstand und heiße Sommerluft und den Verkehrslärm vom Anhalter Platz hineinließ.

„Vielleicht könnten wir am Wochenende mal zu einem See rausfahren", sagte sie gedankenverloren.

„Wir hätten noch drei zur Auswahl", erwiderte Tamara.

„Drei Seen?"

„Drei Wochenenden."

Nan starrte sie an, und es war, als ob sie sich Tamaras Anwesenheit jetzt erst richtig bewußt geworden war.

„Meine Güte, es sind nur noch drei Wochen?"

„Tja."

Sie sahen sich an. Dann wandte Nan den Blick ab und betrachtete intensiv ihr Glas.

„Ich war heute nacht mit Leo zusammen", sagte Tamara unvermittelt, und als sie sich die Worte aussprechen hörte, wurde es zur Tatsache. Bis dahin war ihr die Nacht und auch der ganze Tag unwirklich erschienen, als hätte sie einen intensiven Traum gehabt, dessen Inhalt gleich nach dem Aufwachen verflogen war, von dem aber immer wieder Fetzen durch ihr Unterbewußtsein zogen und zuweilen wie Luftblasen in einem Aquarium an die Oberfläche kamen, wo sie sogleich zu Nichts zerplatzten. Einen Moment lang machte ihr Herz einen Satz, dann beruhigte es sich wieder. Sie sah Nan an, die immer noch in ihr Glas blickte. Ihr Gesichtsausdruck war schwer zu deuten. Schließlich blickte sie auf. „Und?“

„Ich dachte, du solltest es wissen.“

Nan nickte, und auf ihren Lippen erschien ein kleines Lächeln. „Ich hatte ja ausreichend Zeit, mich darauf vorzubereiten. Wie war es?“

Tamara starrte sie an, unsicher, ob Nan jetzt Details hören wollte.

„Ich möchte nur wissen, ob nicht seltsam ist, mit dem Zwillingsbruder deiner Ex-Geliebten ins Bett zu gehen.“ In Nans Tonfall lag kein Vorwurf.

„Er ist nicht wie du, falls du das meinst.“

„Kein bißchen?“ Nan sah sie interessiert an.

„Nein“, sagte Tamara fest, aber es war nicht wahr. Er *war* ein bißchen wie Nan, aber Tamara hätte nicht genau sagen können, *worin* Leo wie Nan war. Der Geruch? Seine Bewegungen, die Art, wie er sprach? Es ist etwas in seinem Innern, dachte sie, in dem, was er mir entgegenbringt, an dem Gefühl, das er in mir hervorruft – wie ein schwaches Echo. Etwas klingt in mir an, aber es sind nicht die beiden, Nan und Leo, die es klingen lassen, es ist ein Gefühl, daß von woandersher kommt, durch sie hindurchgeleitet wird und bei mir ankommt.

Sie sah Nan an und drückte sich tiefer in die Polster. Draußen auf der Straße knallte eine Fehlzündung, und sie beide zuckten zusammen.

Gleichzeitig fingen sie an zu sprechen.

„Nan...“

„Ich...“

Sie verstummten, und Tamara machte eine einladende Handbewegung. Sie wußte ohnehin nicht, was sie eigentlich hätte sagen wollen.

Nan räusperte sich. „Ich weiß ja nicht, was du willst, aber in jedem Falle ist es doch spannend, oder?“

„Ja“, sagte Tamara langsam, „das ist es in der Tat.“ Dann fiel ihr etwas ein. „Und bei dir?“ fügte sie hinzu. „Bei dir doch auch, oder?“

Ein Ausdruck der Verlegenheit breitete sich auf Nans Gesicht aus, und sie drehte den Kopf zur Seite. „Hm, ja“, antwortete sie zögernd, und aus irgendeinem Grund mußte

Tamara plötzlich lachen. Irgendwie war es lustig, das Ganze. Es war doch lustig, oder nicht?

IXL

Die Neonreklame, der kleine blaue Plexiglaskühlschrank über dem Eingang, war zerbrochen. Ein in seiner Regelmäßigkeit fast kunstvoll wirkendes sternförmiges Loch prangte in der Mitte und hatte den in schwarzen Buchstaben gemalten Namen drastisch verkürzt: „Kü rank" stand jetzt dort oben. Die Ecke mit dem „ü" drauf hing nur noch an einem Zipfel und schaukelte in der Abendluft leicht hin und her. Noch während Nan hinaufsah, löste sie sich und fiel direkt vor ihr auf den Gehsteig. Nan trat in den Eingang und zog die schwere Eisentür auf. Drinnen war es, obwohl die eigentliche Stoßzeit erst später beginnen würde, schon sehr verraucht. Nan schob sich zügig zum Tresen.

„Tag", sagte Wally. Sie saß an der Theke, die Ärmel des verblichenen Baseballshirts hochgekrempelt und ihre Lieblingskappe verkehrt herum auf dem Kopf. „Na, so ein Zufall aber auch!" Sie zog ihre Füße von dem Hocker neben ihr und schob ihn bereitwillig Nan zu.

„He, Wally. Bist du alleine hier?"

„Jawohl. Aber ich habe damit gerechnet, daß du kommst. Früher oder später mußtest du ja hier auftauchen."

Der Barkeeper hob fragend eine Becksflasche in Nans Richtung, sie nickte und schob ihm im Austausch das passende Kleingeld über die Theke. Dann wandte sie sich Wally zu, die sie mit einem frechen Grinsen betrachtete.

„Wie klingt denn das? Hört sich an, als sei ich vom Erdboden verschluckt gewesen."

„Tja", sagte Wally und griff nach den Zigaretten in Nans Jackentasche, „stimmt doch auch. Schließlich habe ich fünf Tage nichts mehr von dir gehört."

„Vier."

„Fünf."

„Vier. Am Montag waren wir noch zusammen im „Cazzo"."

„Ach ja", sagte Wally und lachte amüsiert. Es interessierte sie offensichtlich gar nicht, ob sie nun recht hatte oder nicht.

„Willst du mich etwa ärgern?"

Wally zuckte die Achseln. „Kommt davon, wenn du die ganze Zeit in fremden Betten herumhängst."

Nan brummte etwas Unzusammenhängendes und sah schnell zur Tür, die gerade aufgegangen war. Ein hochgewachsener Schwarzer kam herein und winkte schon vom Eingang aus einer Gruppe von Männern zu, die hinter Wally an der Wand standen.

„Na, wann kommt sie denn?" Auf Wallys Gesicht lag ein lauernder Ausdruck.

Nan mußte grinsen. „Gib's zu, du hast es gerochen, daß ich mich heute hier mit Anke verabredet habe."

Wally nahm einen Schluck Bier und lächelte dann breit. „Naja, irgendwann wird es doch mal Zeit, daß du die Dame in die feine Gesellschaft einführst."

„Haha."

„Naja?!" Wally beugte sich vor und zupfte einen Fussel von Nans Rolli. Nan musterte sie genauer.

„Fühlst du dich womöglich vernachlässigt?"

Wally seufzte affektiert. „Oh ja!" Dann wurde sie ernster. „Naja, es würde mir schon nicht unangenehm sein, dich öfters zu sehen, aber es kommen auch wieder andere Zeiten. Willst du Neuigkeiten hören?"

Halbwegs beruhigt, nickte Nan. Wally schob den Schirm ihrer Kappe nach vorne und grinste verschwörerisch.

„Anja hat mich angerufen. Sie vermißt mich."

„Oh nein", sagte Nan. Sogleich bereute sie die unbedachte Bemerkung, aber Wally schien sie ihr nicht übelzunehmen.

„Sie sehnt sich nach mir, sagt sie, und daß sie viel darüber nachdenkt, ob es nicht doch anders hätte laufen können."

„Und du?"

Wally legte Daumen und Zeigefinger um den Hals ihrer Bierflasche und ließ sie um ihre eigene Achse kreisen. „Was soll ich schon groß dazu sagen? Ich wollte doch immer, daß es anders läuft." Mit einem melancholischen

Lächeln sah sie von unten zu Nan auf. „Ich finde es nett, das von ihr zu hören, und es verschafft mir insgeheim auch ein fast hämisches Triumphgefühl, aber im Endeffekt – was soll ich damit anfangen? Ich weiß nur, daß ich noch nie so in den Tag hinein gelebt habe wie im Moment, und daß es mir gefällt." Sie tippte auf ihre Stirn. „Da drin ist es so herrlich leer." Sie lachte und nickte dem Barkeeper zu, wobei sie ihre Flasche und zwei Finger in die Höhe hielt. Dann sah sie Nan mit schiefgelegtem Kopf prüfend an. „Was ist überhaupt mit dir? Hast du dich entschieden, ob du diese Doktorandenstelle annimmst?"

„Ach", sagte Nan und spürte, wie sich ihre Augenbrauen bei der Erwähnung dieses Themas unwillig zusammenzogen. „Ich kann mich einfach nicht entscheiden." Ihre Unentschlossenheit widerte sie mittlerweile selbst an. Bei jedem Gedanken an ihre Zukunftsplanung blockierte etwas in ihrem Gehirn, routierten immer gleiche Ideenfetzen hin und her.

„Bis wann kannst du überlegen?"

„Bis nächste Woche, wenn ich das Konzept abgebe."

„Dann wird's Zeit", murmelte Wally abgelenkt. Auf ihrem Gesicht lag ein eindeutig faszinierter Ausdruck. Sie sah interessiert an Nans Schulter vorbei zur Tür. Nan drehte sich um.

Die halblangen Haare waren ab. Ein zentimeterkurzer, nach vorne gekämmter Schopf bedeckte Ankes Kopf und ließ sie zugleich jünger und femininer wirken. Das sorgfältig geschminkte Gesicht, vor allem der knallrote Lippenstift, verstärkten diesen Eindruck noch. Nan konnte nicht umhin, unverhohlen die schlanken Beine in den schwarzen Netzstrumpfhosen zu bewundern. Der kurze Minirock saß so knapp, daß sich die Bauchmuskeln darunter abzeichneten.

„Hallo", sagte Anke und kam auf Nan zu. Nan legte ihre Wange an Ankes Hals und küßte sie leicht. Ein warmes Gefühl von wachsender Zärtlichkeit stieg in Nan auf, als ihre Lippen die weiche Haut berührten.

„Gut siehst du aus", flüsterte sie und ließ ihren Blick zu dem tief ausgeschnittenen ledernen Dekolleté wandern, das einen ungehinderten Ausblick auf den Ansatz der runden Brüste freigab.

Während der vielen Zeit, die sie beide in den vergangenen Wochen miteinander verbracht hatten, war Nan nicht entgangen, daß Anke sich gerne verschieden zurechtmachte. Mal trug sie Jeans, mal war sie ganz in Leder gekleidet, oder aber sie kam in einem knabenhaft-sportlichen Look daher, doch diese aufreizend feminine Aufmachung war neu. Nan war fasziniert. Bei jedem Treffen hatte sie das Gefühl, eine neue Frau kennenzulernen, von der sie sich nicht vorstellen konnte, daß sie jemals anders aussah als jetzt eben.

Anke setzte sich auf den freien Barhocker neben Nan. „Habe ich dich aus der Fassung gebracht?"

Nan lachte. „Ich werde dich doch wohl ein wenig bewundern dürfen. Schließlich war ich nicht vorbereitet."

„Du solltest immer auf mich vorbereitet sein", sagte Anke herausfordernd und schlug die Beine übereinander. „Außerdem hast du doch gesagt, daß du *alles* von mir haben willst. Also – bitte." Sie grinste fröhlich, und Nan spürte, wie sie bei der intimen Anspielung errötete. Erst jetzt fiel ihr wieder ein, daß Wally neben ihnen saß.

„Übrigens", sagte sie, „das ist Wally, und das ist Anke."

Anke lächelte. „Hallo."

„Tag", sagte Wally. *Sie* jedenfalls schien aus der Fassung gebracht worden zu sein, ihrem verlegenen Grinsen nach zu urteilen. Nan beobachtete, wie sie sich gerade hinsetzte und verstohlen mit der Hand zu ihrer Kappe hochfuhr, um sich dann als Ausweichmanöver am Kopf zu kratzen. Wetten, dachte Nan, daß Wally gerade überlegt, wie sie die Kappe unauffällig vorteilhafter verschieben kann? Abnehmen geht ja nicht, weil dann die Haare nicht richtig sitzen.

„Habe ich euch gerade unterbrochen?" fragte Anke.

„Nein, nein", erwiderte Wally schnell, „wir reden nur gerade über Nans beruflichen Werdegang."

Nan warf ihr einen bösen Blick zu. Mußte sie das Thema unbedingt weiterverfolgen?

Anke sah Nan nachdenklich an. Zwar kannten sie sich noch nicht lange genug, als daß sie hätte wissen können, wie verzweifelt sich Nan nun schon monatelang mit der Frage herumschlug, ob sie wirklich diesen ersten Schritt in eine akademische Forschungslaufbahn einschlagen oder lieber doch so weitermachen sollte wie bisher – halbherzig an der Doktorarbeit arbeiten, in der Mitfahrzentrale jobben und hoffen, daß ihr endlich etwas Besseres zu tun einfiele. Aber als sie jetzt sprach, wurde Nan klar, daß Anke sich mehr Gedanken darüber gemacht hatte, als ihre kargen Kommentare dazu hatten vermuten lassen.

„Im Grunde spricht doch nichts dagegen, daß du die Stelle annimmst, nicht wahr?“

„Ich hatte mich gerade damit abgefunden, daß ich kein Stipendium bekomme, und mich mit dem Gedanken angefreundet, daß ich Sabine und der Mitfahrzentrale noch weiter erhalten bleibe, und auf einmal wird mir diese Doktorandenstelle angeboten. Meine ganze Planung ist von einem Tag auf den anderen hinfällig geworden.“

Anke zog die Augenbrauen hoch, und ein kleines Lächeln zog quer über ihren schönen Mund und verschwand wieder. „Manchmal ist das Leben eben schneller.“

Wally grinste zustimmend, aber Nan war nicht nach Lachen zumute. „Ich weiß einfach nicht, ob es das Richtige für mich ist. Ich habe Angst, daß ich zu einer intellektuellen Fachidiotin werde, wenn ich jetzt, außer daß ich Tag für Tag über der Doktorarbeit hänge, auch noch meinen Broterwerb in das akademische Leben verlege. Ich habe einfach Angst, daß ich vielleicht einen riesigen Fehler mache.“ Sie stellte einen Fuß auf die Querleiste von Ankes Hocker und empfand es als ungemein beruhigend, daß Anke die Hand auf ihren Schenkel legte und dort liegen ließ.

„Sag mir, wenn ich unrecht habe“, sagte Anke, „aber ich denke, daß du im Moment nicht die Wahl zwischen zwei gleich interessanten Möglichkeiten hast, sondern zwischen der Möglichkeit, etwas Neues zu tun, oder aber, es zu lassen. Und in dem Fall sollte man sich – finde ich – immer entscheiden, etwas zu *tun*. Und überhaupt – manchmal kommt es vielleicht weniger darauf an, für was man sich entscheidet, sondern vielmehr darauf, *daß* man sich entscheidet. Und so furchtbar interessant ist der Job in der Mitfahrzentrale doch auch nicht.“ Sie zuckte die Achseln, so als sei sie ein wenig verlegen über ihren Monolog, und dann lächelte sie Nan ermutigend an.

Nan fand ihren Standpunkt beunruhigend überzeugend. Gerade diese Schlüssigkeit mißbehagte ihr, und sie bemühte sich, nicht bockig zu klingen. „Ich weiß trotzdem noch nicht so recht. Ich muß mir das noch -"

„- überlegen", beendete Anke den Satz für sie. Sie strich mit der Hand über Nans Oberschenkel. Mitfühlend und zugleich belustigt sah sie Nan an, und eine Woge der Zuneigung schwappte in Nan hoch. Plötzlich fühlte sie sich getröstet, und als sie darüber nachdachte, wußte sie, daß es nicht nur an Ankes beruhigenden Worten lag, sondern vielmehr daran, daß sie überhaupt da war. Und daß zwischen ihnen beiden etwas begonnen hatte, das Nan bis an ihre Grenzen fordern würde. Und sie wußte, ohne zu zögern, daß sie bereit dazu war.

Nan sah auf und bemerkte, daß Wally sie und Anke mit leicht heruntergezogenen Brauen beobachtete. In ihren Augen lag ein Ausdruck, der zwischen staunender Erkenntnis und vorsichtigem Wohlwollen schwankte. Aber ein Schatten lag ebenfalls darin, und erst als Wally zur Seite sah, erkannte Nan an dem schmerzlichen Zug um ihre Lippen, daß es die Erinnerung an Wallys eigene verlorene Liebe war, die sich wieder in ihr Bewußtsein geschlichen hatte. Wally starrte vor sich hin, aber dann, ganz langsam, erhellte sich ihre Miene, so, als sei ihr soeben eine Idee von enormer Tragweite gekommen. Sie blickte auf und zwinkerte Nan zu.

„Du wirst das schon hinkriegen." Anke schob ihre Finger unter Nans und lächelte sie an. Und Nans Herz flog ihr zu, direkt und auf kürzestem Wege, ohne auch nur den kleinsten Bogen zu machen.

XL

Kim trat ungeduldig von einem Fuß auf den anderen und schob ihre Sonnenbrille hoch. Als sie sich zu der Angestellten am Schalter hinunterbeugte, schob sich ihr Minirock ein ganzes Stück hoch, und mit einer Hand fuhr sie hastig nach hinten, um ihn wieder hinunterzuziehen. Unter den Achseln ihres enganliegenden Oberteils zeichneten sich bereits dunkle Ringe ab, und das Tuch, das sie sich um den Kopf geschlungen hatte, drohte zu verrutschen. Die Angestellte schob ihr die Bordkarte zu, und Kim drehte sich um und seufzte mit gerötetem Gesicht.

Nan mußte sich das Lachen verbeißen. Kim sah so aus, als würde sie im nächsten Moment in Ohnmacht fallen.

Nervös kam sie auf Nan zu.

„Ich muß unbedingt auf Toilette. Meinst du, ich hab' Zeit genug?"

„Kim", antwortete Nan geduldig, „du hast noch fast eine Dreiviertelstunde. Geh aufs Klo, wir warten hier, und dann gehen wir noch an die Bar und trinken was."

Kim sah sich hektisch um. „Welche Bar? Ich will nicht so weit weg." Sie klappte die Sonnenbrille herunter, sah Nan einen Moment irritiert an und schob sie wieder hoch.

„Hach!" sagte sie und beschrieb mit den Armen einen Kreis, der die ganze Schalterhalle mit einbezog. „Mich macht das alles nervös."

Nan lachte. „Ach was?!"

Kim verzog die Lippen zu einem zittrigen Lächeln, das eher Ähnlichkeit mit dem Vorboten eines Heulkrampfes hatte, nahm ihre Tasche von der Schulter und reichte sie Nan.

„Ich gehe dann mal eben. Aber ihr wartet hier?"

Nan nickte beruhigend. Kim entfernte sich ein paar Schritte, machte dann kehrt und kam wieder zurück. Schwungvoll streckte sie die Hand nach der Tasche aus.

„Da sind meine Tampons drin, die brauche ich doch."

Endlich ging sie. Nan drehte sich zu Leo um. Er stand, einen Fuß an der Wand abgestützt, die Hände in den Taschen seiner Jeans, lässig an eine der Säulen gelehnt und studierte mit ausdruckslosem Gesicht die Anzeigetafel über dem Abfertigungsschalter. Sein Kinn war leicht vorgeschoben, und seine Kiefer zuckten von Zeit zu Zeit unmerklich. Er sah gut aus, wie er da stand, das Hemd bis zum Bauchnabel aufgeknöpft, aber hinter seiner Stirn arbeitete es, und in seiner ganzen Haltung steckte eine Spur Verdrossenheit, die er schon den ganzen Tag an sich gehabt hatte. Nan kannte die Anzeichen; es würde sich geben, wenn er eine Entscheidung getroffen hatte.

Leo fing ihren Blick auf, nahm die Hände aus den Taschen, stieß sich von der Wand ab und kam auf sie zu.

„Gib mir bitte eine Zigarette."

Nan reichte ihm die Packung, und er schnippte gekonnt mit den Fingern eine heraus und steckte sie sich zwischen die Lippen. Dann drehte er sich zu einer elegant gekleideten Dame um, die gerade ihren Gepäckwagen hinter ihm vorbeischob, und bat sie höflich um Feuer. Die Dame kramte in ihrer Handtasche und hielt Leo nach einigem Wühlen ein silbernes Feuerzeug unter die Zigarette. Während er die Flamme mit einer Hand abschirmte, beobachtete sie ihn mit einem scheuen Lächeln. Nan steckte ihr Feuerzeug, das sie schon aus der Hosentasche gezogen hatte, wieder zurück. Leo dankte höflich und wandte sich zu Nan um. Die Dame schob ihren Wagen weiter, nicht, ohne ihm noch einen interessierten Blick zugeworfen zu haben. Nan lächelte. Leo sah sie an. Sein Gesichtsausdruck war undurchdringlich.

„Tja", sagte er und pustete in die Glut seiner Zigarette. „So weit sind wir also schon mal gekommen."

Nan fuhr sich mit der Hand durchs Haar. Die Pomade machte ihre Finger schlüpfrig, und sie wischte sich die Hand an der Hose ab.

„Ich weiß auch nicht", sagte sie grundlos.

Er sah auf, und seine Augen wirkten merkwürdig dunkel in der künstlichen Beleuchtung der Abflughalle.

„Manchmal, wenn ich dich ansehe, kann ich überhaupt nicht verstehen, wieso Tamara mich überhaupt in Betracht gezogen hat", sagte er unvermittelt.

Nan starrte ihn erstaunt an. Er gab ihren Blick mit hochgezogenen Augenbrauen zurück.

„Mein Gott", sagte sie, „das läßt sich doch nun überhaupt nicht vergleichen. Schließlich bist du ein Mann."

„Eben", sagte er gedehnt. „Weißt du, Nan, ich habe immer gefunden, daß Mann und Frau sowieso nie richtig zueinander kommen können – unsere Körper täuschen es uns vor, oder auch nicht, aber ich dachte immer, nein, ich fand es, daß die Vereinigung" – der Anflug eines Lächelns huschte über sein Gesicht – „der Körper die einzigen Momente sind, in denen es so etwas wie Zusammenkommen gibt. Einerseits fand ich das immer schade, aber andererseits war es auch beruhigend. Weißt du, so hat jeder seine Position, und ein Leben lang versucht man, daraus auszubrechen, aber wenn es nicht gelingt, dann ist es nicht schlimm, weil man sich immer wieder sagen kann, daß es sowieso nicht möglich gewesen wäre. Und das hat eben etwas sehr Beruhigendes an sich." Er warf seine Zigarette auf den Boden und drückte sie mit dem Stiefelabsatz aus. „Manchmal war ich deshalb eifersüchtig auf dich, weil du einer Frau viel näher sein kannst als ich, aber wiederum konnte ich mir sagen, daß du diese sogenannte Vereinigung nicht so erleben kannst wie ich."

„Schön ausgedacht", sagte Nan verärgert. „Worauf bildest du dir denn etwas ein? Auf deinen Schwanz, oder vielleicht eher auf deinen Samen? Das hört sich verdammt nach den üblichen Begründungen an, warum Homosexualität unnatürlich ist – weil wir keine Kinder produzieren. Das ist doch letzten Endes die Vereinigung, von der du sprichst – Mann und Frau und die Frucht der Liebe, nicht wahr?"

Leo schüttelte heftig den Kopf, aber Nan ließ ihn gar nicht erst zu Wort kommen. „Aber darauf läuft es doch hinaus. Nähe ist für mich etwas ganz anderes – sich spüren, riechen, all das – aber dazu brauche ich doch keinen Schwanz."

„Nein", sagte Leo nachdrücklich. Diesmal hinderte er Nan daran, ihm wieder ins Wort zu fallen. „Das ist es nicht. Nan, ich gebe gerne zu, daß ich stolz drauf bin, daß ich in eine Frau eindringen kann und noch dazu dort meinen ureigenen Samen hinterlassen kann, den kein anderer auf der ganzen Welt besitzt. Meine Gene hat niemand."

„Mein Gott, meine auch nicht", sagte Nan verächtlich, aber Leos schelmisches Grinsen nahm ihr den Wind aus den Segeln. Gleich darauf wurde er wieder ernster.

„Nan, du mußt auch verstehen, daß ich, wenn ich dich und alles, was dich betrifft, ernst nehme, dann auch wissen muß, was für eine Rolle ich als Heterosexueller überhaupt habe. Peinlich genug, wenn das mein einziger Vorzug sein sollte. Und ich bin nun mal absolut hundertprozentig heterosexuell."

„Wo sind wir denn hier, in einem Volkshochschulkurs über das Geschlechterverständnis?“

„Blöde Ziege“, sagte er und machte den Mund zu.

Nan schmollte ebenfalls.

Leo durchbrach das Schweigen als erster. „Eigentlich wollte ich dir nur sagen, daß ich, wenn ich dich so ansehe, daß ich mich manchmal wundere, warum Tamara mit mir etwas angefangen hat.“

„Das hast du ja nun auch gesagt.“

Er sah sie forschend an.

„Okay, ich bin eine alte Zicke“, lenkte Nan versöhnlich ein. „Aber du mußt zugeben, daß das, was du sagst, ganz schön machohaft klingt.“

„Ich geb's zu, aber ich habe mit keinem Wort gesagt, daß mein Sexualleben vollkommener ist als deins.“

„Aber gedacht.“

„Nein!“ sagte Leo aufgebracht. „Ich finde, es ist gleich. Es hebt sich auf: Du hast die Nähe und ich habe...“

„Deinen Schwanz? Tut mir leid, Leo, da muß ich dich enttäuschen. Ich meine, möglich, oder gut wahrscheinlich, daß ich eine besondere Nähe zu einer anderen Frau habe, weil ich auch eine Frau bin, aber eindringen kann ich ebenfalls. Das geht auch anders, dazu brauche ich keinen Schwanz.“ Sie mußte kichern. „Und schon gar keinen angewachsenen.“

Leo preßte die Lippen zusammen.

„Das einzige, was ich vielleicht nicht kann, ist – wie hast du es so schön genannt? – ach ja, meinen „ureigenen Samen hinterlassen“, das kann ich nicht.“

Leo starrte sie finster an, und nach ein paar Sekunden mußte Nan lachen. Widerstrebend grinste er.

„Okay, okay“, sagte Nan einlenkend. „Das können wir zur beiderseitigen Zufriedenheit so stehen lassen, finde ich.“

Nach ein paar Sekunden nickte er, und dann mußte sie beide lächeln. Leo zog die Schultern hoch und kratzte sich am Nacken.

„Was meinst du, wann wirst du sie besuchen?“ fragte er.

Nan zuckte die Achseln, obwohl sie schon mit Tamara darüber gesprochen hatte. Dennoch, die Zeit bis zu Tamaras Abreise war wie ein Vakuum, verdichtete sich immer mehr und machte es Nan schwer, darüber hinaus zu planen. Wenn das Flugzeug mit Tamara darin vom Boden abhob, würde es ein großes „PLOPP!" in ihrem Innern geben, und dann würde sie wieder in anderen Zeitbegriffen denken können.

„Zu Weihnachten, vielleicht", sagte sie leichthin.

Leo nickte nachdenklich. Weit hinter ihm, dort, wo die Halle eine Biegung machte, tauchte Kim auf. Selbst aus der Ferne konnte Nan die hektischen roten Flecken auf ihren Wangen erkennen.

Leo warf die Zigarette auf den Boden und drückte sie mit dem Stiefelabsatz aus. Er musterte die wartenden Passagiere um sich herum, Geschäftsreisende mit Aktenkoffern, junge Leute in kurzen Hosen, vollgestopfte, unförmige Rucksäcke auf dem Rücken, engumschlungene Paare, die bereits eine gute Stunde vor Abflug damit begonnen hatten, sich mit vielen Küssen und zärtlichen Liebkosungen den Abschied zu versüßen.

„Seltsam, wie die Menschen sich in alle Winde zerstreuen", sagte Leo. „Und das Merkwürdige daran ist, daß sie ohne weiteres von einem Tag auf den anderen wieder zurückkehren können."

Nan beobachtete, wie Kim ungeschickt einem Gepäckwagen, der von einem Ehepaar mittleren Alters geschoben wurde, auswich und dabei fast stolperte. „Merkwürdig? Warum findest du das merkwürdig?"

„In früheren Zeiten", erklärte Leo, „war jemand, der weit fortging, eben fort, meist für immer. Darauf konnten sich die Zurückbleibenden wenigstens einstellen. Aber jetzt? Man weiß gar nicht mehr, wie man sich verabschieden soll. Ernsthaft, mit blutendem Herzen? Oder lieber locker, nur vorläufig?" Er schüttelte den Kopf und richtete seinen Blick wieder auf die Anzeigetafel. „Vielleicht gibt es in nicht allzu ferner Zeit gar keine Abschiede mehr."

Kim war herangekommen. Sie hob einen Arm und versuchte erfolglos, ihr Kopftuch in Form zu bringen. Die Schweißflecken unter ihren Armen waren jetzt doppelt so groß wie zuvor.

„Ich krieg' noch zuviel", jammerte sie mit einem flehenden Blick zu Nan. „Ich hab nur noch zwei Tampons, und der Flug dauert schließlich acht Stunden. Ich glaube, ich habe die Vorratspackung mit dem Reisegepäck aufgegeben."

„Macht doch nichts", beschwichtigte Nan sie. „Neben der Bar ist ein kleiner Supermarkt, da kaufen wir welche."

„Schaffen wir das denn noch?" Kims Stimme klang schrill vor Aufregung.

„Aber ja", antwortete Nan beruhigend.

„Sicher, du hast noch jede Menge Zeit", sagte Leo. Er streckte die Hand aus, um Kim die Tasche abzunehmen, aber sie preßte sie an sich, als wäre er ein Räuber.

„Da hab' ich alles drin, die darf nicht verloren gehen", wehrte sie ängstlich ab.

Leo lächelte sie liebevoll an und hielt weiter die Hand ausgestreckt. Kim seufzte aus tiefstem Herzen und reichte ihm widerwillig die Tasche. Nan hakte sich bei ihr ein. Kims Arm zitterte leicht an ihrer Seite, als sie Leo folgten, der sich zielstrebig einen Weg durch die Menge bahnte.

„Ich bin schon fast hysterisch", stellte Kim resigniert fest. „Seit ich aufgewacht bin, plagen mich die schrecklichsten Vorstellungen: Ich komme an, und Jop ist nicht da. Oder ich komme an, und er ist da, aber wir können uns auf einmal nicht mehr leiden. Oder er mich nicht."

„Unsinn", erwiderte Nan mit Nachdruck. Sie betrachtete Leos kleinen, runden Hintern in den ausgebleichten Jeans. Warum hatte er so lange Beine und sie nicht?

Kim war verstummt. Anscheinend war ihr Vorrat an Sorgen fürs erste erschöpft.

Leo reichte Kim ihre Tasche.

„Wir treffen uns gleich an der Bar, ich will schnell was nachsehen." Er warf Nan einen fast schuldbewußten Blick zu und drehte sich um.

„Wo ist denn die Bar?" fragte Kim aufgeregt. Nan legte ihr die Hand auf die Schulter und schob sie in den Laden hinein. „Gleich nebenan. Immer mit der Ruhe, Kim."

Nan hatte Kim schon das zweite Bier bestellt, als Leo zurückkam. Er wirkte merklich ruhiger als vorher, das Zucken in seinen Kiefern war verschwunden. Nach einem zufriedenen Blick auf Kim, die seine Abwesenheit nicht bemerkt oder seine Rückkehr nicht registriert hatte und mit geröteten Wangen vor ihrem Bier saß, ging er zur Theke und holte sich eine Cola.

„Ich kann nicht so viel trinken", maulte Kim unglücklich.

„Doch, trink. Bier ist das beste Beruhigungsmittel vor einem langen Flug. Es macht müde."

„Woher willst du das wissen? Du bist doch noch nie so weit geflogen." Kim musterte sie mißtrauisch. Zwischen ihren Augenbrauen hatte sich eine steile Falte gebildet, in der sich der Schweiß von ihrer Stirn sammelte und zu einem Tropfen zusammenlief.

„Anja macht das immer so", sagte Nan, zufrieden, weil ihr eine glaubwürdige Begründung eingefallen war. In Wirklichkeit hatte Anja nie etwas dergleichen erzählt. Nan vertraute einfach auf die einschläfernde Wirkung von Bier, an einem heißen Sommervormittag getrunken.

„Na gut", gab sich Kim mürrisch geschlagen und wischte sich mit dem Handrücken den Tropfen aus der Stirnfalte.

Leo kam wieder und legte einen kleinen silbernen Kugelschreiber vor Kim auf den Tisch.

„Hier. Damit du uns mal schreibst."

Kim sah verdutzt auf das Geschenk nieder, und ihre Augen füllten sich ganz plötzlich mit Tränen.

„Danke", sagte sie krächzend. Dann schwenkte sie ungeschickt herum und lehnte sich an Nans Schulter, wobei sie in Schluchzen ausbrach.

„Tut mir leid, ich bin so durcheinander. Ich weiß auch nicht, aber ich freue mich so auf Jop", brachte sie schniefend heraus.

„Na, ist doch prima", sagte Leo. Er streckte die Hand aus, strich Kim aufmunternd über die Wange und warf Nan einen amüsierten Blick zu.

„Ich meine", quiekte Kim mit erstickter Stimme an Nans Schulter und nahm dankbar das Papiertaschentuch entgegen, das Nan ihr hinhielt, „es ist doch einfach zu blöde. Es ist so selten, daß man jemanden findet, den man mag, und das Leben ist so kurz, da kann man doch nicht einfach ewig lange Zeit vergeuden und auseinander sein." Sie putzte sich geräuschvoll die Nase.

Leo kratzte sich unbehaglich am Kopf. Seine betretene Miene sprach Bände.

„Naja, du fährst ja jetzt hin", sagte Nan, um vom Thema abzulenken.

Kim steckte das Tuch ein und zog hüstelnd die Nase hoch. „Na, aber ist doch wahr. Du findest es doch auch nicht toll, daß Tamara wegfährt."

Nan sah Leo an, gespannt auf seine Antwort. Er starrte zurück. Es dauerte eine Weile, bis Nan merkte, daß Kim zu ihr gesprochen hatte.

„Äh, nein, finde ich nicht toll. Aber es ist ja nun auch nicht gerade die große Liebe", erwiderte sie verlegen. Sie konnte sich nicht mehr erinnern, ob sie Kim erzählt hatte, daß ihr Bruder jetzt an ihre Stelle getreten war – anscheinend nicht, aber das war nun auch unwichtig.

Leo betrachtete sie mit umwölkter Stirn, aber seine Augen darunter blickten amüsiert. Er stieß ein kleines Schnauben aus, griff nach Nans Hand und küßte sie leicht.

„Süße Schwester", sagte er leise. Kim Aufmerksamkeit hatte sich bereits Wichtigerem zugewandt. Mit gerunzelter Stirn kramte sie in ihrer Tasche.

„Ich weiß nicht genau, ob ich das Ticket hier drin habe oder in der Jacke", sagte sie verwirrt, ohne aufzusehen. „Wie spät ist es überhaupt? Müssen wir nicht dringend los?"

XLI

Arndt lehnte den Kopf an das heiße Polster und versuchte, möglichst bewegungslos zu verharren, um die abkühlende Wirkung des Fahrtwindes nicht abzuschwächen. Leo gab Gas, aber es dauerte eine Weile, bis der schwerfällige Transporter, auf dessen Ladefläche sich Arndts gesamte Habseligkeiten befanden, auf Touren kam.

Ein ungeduldiger BMW-Fahrer hupte hinter ihnen. Leo lachte nur und schlug Arndt leicht mit der Hand aufs Knie.

„So, jetzt sind wir endlich unterwegs."

„Gott sei's gedankt. Die Hitze macht mich alle." Bernie saß, notgedrungen dicht an Arndt gepreßt, auf der Fensterseite. Er zog den Schirm seiner Baseballkappe tiefer hinunter, bis auf den Rand seiner Sonnenbrille. So vermummt, wagte er es, den Kopf ein Stück weit aus dem Fenster zu stecken.

Arndt betrachtete ihn amüsiert. Das herzförmige Muttermal auf Bernies Wange fiel inmitten der sonnengebräunten Haut gar nicht mehr so auf. Arndt streckte eine Hand aus und kitzelte die Stelle.

Bernie rutschte ins Wageninnere zurück und wandte ruckartig den Kopf. „Was machst du denn da?"

„Fühlst du da was?"

Bernie sah ihn halb verdutzt, halb vorwurfsvoll an. „Na klar. Ich fühle überall was. Du etwa nicht?"

Arndt lachte. Er hatte einfach angenommen, daß die Haut eines Muttermales taub sei. „Doch", sagte er. „Ich fühle auch überall was. Und wie!"

Der heutige Tag war der Auftakt zu einem gewaltigen Umbruch in Arndts Leben. Heute zog er um, und heute früh hatte er im Briefkasten die Einladung zur Prüfungskommission vorgefunden. Er konnte es immer noch nicht glauben. Vor kaum drei Wochen war ihm der Gedanke zum ersten Mal gekommen, und jetzt hatte er die Zusage für seinen neuen Berufsweg bereits halb in der Tasche. Es war so schnell gegangen. Aber vielleicht war das der einzige Weg, jemanden wie ihn zu etwas zu bringen? Er würde ins kalte Wasser springen, und den Schock der Umstellung spürte er schon jetzt. Manchmal griff eine eisige Hand von hinten an sein Herz und preßte es schmerzhaft zusammen, aber er wußte jedesmal, daß es vorübergehen würde.

„Na, freust du dich?" fragte Leo neben ihm. Arndt sah ihn an. Leos Oberkörper unter dem grauen Trägershirt glänzte vor Schweiß, und seine Haare, die mittlerweile wieder etwas nachgewachsen waren, lockten sich leicht durch die Feuchtigkeit. Sein herbes Rasierwasser roch gut.

„Oh ja", sagte Arndt, „ich freue mich."

Nan und Wally saßen im Schatten auf der Schwelle zur Eingangstür. Nans gebräunte Haut bot einen interessanten Gegensatz zu Wallys schweißüberströmtem Gesicht und den knallroten Schultern. Neben ihr hockte Marion. Ihr geblümter Wickelrock und das kleinkarierte Oberteil waren ein Fall für sich. Sie redete stark gestikulierend auf Wally ein, und Arndt konnte gerade noch die letzten Sätze ihrer Litanei mithören, als er aus dem Wagen sprang.

„...finde ich wirklich super. Ich meine, für mich persönlich ist das ja natürlich nicht so angenehm, aber, tut mir leid, machen wir uns nichts vor, deine Gürtel verkaufen sich ja auch nicht so wahnsinnig gut in letzter Zeit."

Arndt trat heran. „Hallo!" Er küßte Nan und Wally auf die Wange und lächelte Marion an, die ihren Blick forschend auf Leo gerichtet hatte. Arndt kannte diesen interessierten, fast verblüfften Blick, mit dem viele Frauen Leo ansahen, und während er in solchen Situationen sonst immer nahezu ehrfürchtig verstummt war – so als sei dieses bewundernde Taxieren etwas, vor dem ein ungelenker, langweiliger Bursche wie er respektvoll zur Seite treten mußte –, stellte er plötzlich fest, daß er jetzt nur darüber lachen konnte.

„Tag Marion, ist ja nett, daß du auch helfen willst", sagte er.

Marion schob die Brille hoch und blickte ihn vorwurfsvoll an. „Tut mir leid, Arndt, aber ich kam nur mal vorbei, um mit Wally Geschäftliches zu besprechen, aber das hat sich ja nun erledigt."

„Wieso?" Leo war neben Arndt getreten und rieb sich den Nacken. Er sah Wally an, die mit genervtem Gesichtsausdruck Hautfetzen von ihrer Nase pellte.

„Naja, Madam fliegt schließlich in zehn Tagen nach Bombay", sagte Marion in einem eindeutig neidischen und beleidigten Tonfall.

Arndt mußte grinsen. „Ehrlich? Also doch. Und wie lange?"

„Wie ich dir gesagt habe", erwiderte Wally. „Erstmal vier Wochen, aber vielleicht auch länger."

Marion sah verärgert zu Arndt hoch. „Also du wußtest es auch schon. Naja. Dann bin ich also wieder mal die Letzte, die irgendetwas erfährt. Aber gut, es ist ja auch nur mein Geschäft und nicht deins." Sie betrachtete Wally mit finsterer Miene.

„Ich wußte es doch gar nicht so genau, warum soll ich ganz lange gackern, bevor ich das Ei lege?" Wally sah merkwürdig zerknirscht aus.

„Ich finde es richtig gut, daß du fährst“, sagte Leo und lächelte Marion an. „Bist du die, bei der Wally ihre Gürtel verkauft?“

Marion schien sich unwillkürlich aufzurichten, und ihr Gesicht nahm einen Arndt bis dahin völlig unbekannten, fast charmanten Ausdruck an.

„Ja, genau. Ich bin Marion.“

„Das ist Leo, Nans Bruder“, sagte Wally müde, aber pflichtbewußt.

„Und das hier ist Bernie“, fügte Arndt hinzu, ganz der Kavalier. „Bernie?“

Aber Bernie hörte nicht hin. Er hatte die Sonnenbrille abgenommen und starrte andächtig einem jungen Mann in kurzer Hose hinterher, der gerade die Straße überquerte. Marion scherte es gar nicht. Sie sah Leo interessiert an, als er weitersprach.

„Wenn die Gürtel sich so schlecht verkaufen, wie du gesagt hast, dann ist es ja nicht so schlimm. Vielleicht läuft es auch schon wieder besser, wenn Wally zurück ist.“

„Ja, das ist sehr gut möglich“, sagte Marion gestelzt und lächelte breit. Alle starrten sie an. Nach einem Moment bemerkte sie es, packte ihr Lächeln ein und setzte erneut eine beleidigte Miene auf, als sei ihr gerade wieder eingefallen, daß man sie schlecht behandelt hatte.

„Nun denn“, sagte sie energisch und stand auf. Nan und Wally erhoben sich ebenfalls, Wally unter Stöhnen. Die Hitze schien ihr arg zuzusetzen.

„Wir sehen uns vorher noch, wir müssen die Abrechnung machen.“ Das Wort „Abrechnung“ spuckte Marion heraus wie einen Bissen fauligen Apfels, aber dann lächelte sie doch, wenn auch widerwillig.

„Bis dann. Macht's gut. Wir sehen uns ja noch, Wally.“ Sie ging, nicht ohne Leo noch ein Extra-Lächeln zu schenken, aber er bemerkte es kaum.

„Laßt uns anfangen.“ Er blickte in die Runde. „Wenn wir uns beeilen, können wir noch rausfahren. Ich muß den Wagen erst morgen früh zurückbringen.“ Mit eifrigen Schritten lief er zum Transporter und sprang auf die Seitenstrebe, um die Plane hochzuschlagen. Bernie eilte ihm zu Hilfe.

„Ich kann aber nicht mitkommen nachher. Ich hab' noch was vor."

Leo schleuderte die Plane so schwungvoll in die Höhe, daß sie Bernie fast aus den Händen gerissen wurde. „So? Was hast du denn vor?" Sein Tonfall klang leutselig.

Bernie zwinkerte ihm verführerisch zu. „Ich gehe auf Männerfang. Willst du nicht vielleicht mit?"

Leo sprang vom Wagen und wischte sich die Hände an der Hose ab. „Süßer", sagte er und sah zu Bernie auf, „der Unterschied zwischen uns ist ganz einfach: Du stehst auf kleine baumelnde Klöpse, und ich auf pralle, dicke Möpse."

Arndt ließ fast die Kiste fallen, die er gerade angehoben hatte, so sehr mußte er über Bernies vergrätzten Gesichtsausdruck lachen. Wally schlug vergnügt mit der flachen Hand auf den Fernseher, Arndts einzigem Wertgegenstand. „Haha! Möpse! Das ist gut! Ich steh' auch auf Möpse!" Bernie schien drauf und dran, mit einer schnippischen Antwort zurückzuschlagen, aber eine andere Stimme kam ihm zuvor.

„So, Leo, du stehst also auf pralle, dicke Möpse? Ich weiß ja nicht, ob du da bei mir an der richtigen Adresse bist." Tamara war hinter dem Transporter aufgetaucht und stellte sich vor Leo, den Brustkorb herausgestreckt und eine Augenbraue herausfordernd hochgezogen.

Leo hörte auf zu lachen. Arndt sah die Röte in seinem Gesicht aufsteigen wie Quecksilber in einem Thermometer, das in kochendes Wasser gehalten wird, und er prustete von neuem los. Diesmal lachten sie alle, auch Bernie.

Dämmeriges Licht fiel durch die geöffnete Dachluke in das Innere des Transporters. Es reichte gerade aus, daß Arndt die schemenhaften Umrisse von Nans Gestalt an der Wand gegenüber erkennen konnte. Sie saß im Schneidersitz, während er seitwärts auf dem Boden lag, einen Ellenbogen aufgestützt; bei jeder Kurve rutschten sie synchron ein paar Zentimeter über die glatte Ladefläche. Aus der Fahrerkabine waren gedämpfte Stimmen zu vernehmen. Der Wagen beschrieb einen Bogen und beschleunigte.

„Das wird hart", sagte Nan und verschränkte die Arme hinter dem Kopf. Das Weiße in ihren Augen leuchtete auf, als der Transporter unter einer Straßenlampe hindurchfuhr.

„Ich weiß."

Nan lächelte. „Feuerwehrmann – gib es zu, Arndt, das ist ein alter Kindertraum."

Arndt zuckte die Achseln. „Als Kind habe ich ihn nie gehabt. Dazu hatte ich viel zuviel Angst. Vielleicht ist bei mir in der Entwicklung etwas falsch gelaufen." Er lachte.

„Oder du hast nicht mehr soviel Angst."

„Doch." Er horchte dem sehr bestimmten Klang seiner eigenen Stimme nach. „Populärpsychologisch gedeutet, will ich mich vermutlich selbst herausfordern, aber ich täte es nicht, wenn ich mir ausrechnen könnte, daß ich es nicht schaffe. Also habe ich wahrscheinlich doch weniger Angst." Befriedigt von der schlüssigen Logik seines Gedankenganges setzte er sich auf und verschränkte die Arme auf seinen Knien.

Der Transporter fuhr über ein Schlagloch, und Nan und Arndt wurden hochgestoßen und setzten unsanft wieder auf. Nan rieb sich mit schmerzverzerrter Miene den Hintern.

„Jedenfalls, hat es irgendwas damit zu tun, daß du deine Steine weggeworfen hast?"

Arndt starrte sie an. Daß ihr das aufgefallen war – sie mußte darauf geachtet haben, daß alle seine Kartons relativ leicht gewesen waren. Er war sehr erfreut, und ein warmes Gefühl der Geborgenheit überkam ihn. „Ich habe nicht alle weggeworfen. Die kleineren habe ich behalten."

„Und die anderen? Du hast doch immer so an den Steinen gehangen."

Arndt zuckte die Schultern. „Relikte meiner Vergangenheit."

„Manchmal fallen einem die Steine nicht von selbst vom Herzen. Manchmal muß man sie vielleicht selbst herunterschubsen." Nan lachte.

Der Wagen verlangsamte das Tempo, fuhr von der ebenen Straße auf holprigen Untergrund und hielt. Von vorne polterte jemand gegen die Trennwand zwischen Fahrerkabine und Laderaum.

Eine gute halbe Stunde später saßen sie um ein kleines Feuer, dessen Glut bei ihrer Ankunft noch geglimmt hatte.

Leo hatte sich gleich daran gemacht, es wieder neu zu entfachen, ungeachtet Wallys Beschwerden, daß es ohnehin schon so heiß sei. Jetzt lag sie ein Stückchen entfernt im warmen Sand und schlürfte seufzend aus ihrer Bierbüchse. Ihr sonnenverbranntes Gesicht leuchtete rötlich im schwachen Licht.

Mittlerweile war es Nacht geworden, nur noch wenige Leute saßen in Grüppchen verteilt am Wannseestrand. Die meisten waren gegangen, als die letzten Strahlen der untergehenden Sonne verschwunden waren. Vielleicht ist der Urinstinkt, die Flucht vor der Dunkelheit zu ergreifen, bei den Stadtbewohnern noch viel ausgeprägter, dachte Arndt. Wir ähneln immer mehr den Insekten – hin zum Licht! Er ließ sich zurückfallen und streckte die Beine aus. Mit einem Fuß stieß er gegen Tamaras Schenkel. „Verzeihung."

„Macht nichts."

Das scharfe Zischen, mit dem Nan den Ring von einer neuen Bierdose abzog, knallte durch die Nacht. Sie schlürfte den Schaum ab. „In zwei Wochen können wir hier nur noch zu dritt sitzen."

„Werd' nicht sentimental", rief Wally von hinten. „Du wirst froh sein, daß du endlich mal deine Ruhe hast."

„Glaub' ich nicht", murmelte Nan neben Arndt. Sie reichte die Büchse an Leo weiter, der ihr gegenüber saß, eng bei Tamara, aber ohne sie zu berühren. Nan öffnete eine neue Büchse. Über den Dosenrand hinweg sah sie Tamara an, die mit ihrem bloßen Fuß einen kleinen Ast aufgepickt hatte und ihn über die niedrigen Flammen hielt. Unvermittelt hob sie den Blick und sah Nan an.

„Es gibt eine Theorie, wonach die meisten Menschen unbewußt wissen, welches Flugzeug abstürzen wird. Deshalb tritt bei Unglücksflügen ein relativ großer Prozentsatz an Passagieren den Flug gar nicht erst an", sagte sie und kniff nachdenklich die Augen zusammen. Leo bewegte sich unruhig neben ihr. Sie sprach weiter, ohne darauf zu achten. „Wenn die Theorie stimmt, dann bedeutet das auch, daß viele Unfälle nicht geschehen, weil die daran beteiligten Leute gar nicht erst in das betreffende Auto einsteigen, zum Beispiel."

„Wenn du davon ausgehst, daß es eine Vorherbestimmung gibt, dann ja." Nan redete leise.

Der Stock zwischen Tamaras Zehen fing Feuer, und sie ließ ihn fallen. Sofort züngelten kleine Flammen daran empor. „Niemand kann das Gegenteil beweisen."

„Gottseidank", sagte Arndt. „Es passiert auch so schon genug."

„Ich für meinen Teil habe jedenfalls keine Ahnung, ob mein Flugzeug abstürzt, aber wenn, dann kann ich daran nichts ändern." Wally kicherte. Ihr sonniges Gemüt schien sich mit einer fatalistischen Ader ganz gut zu vertragen.

„Hast du Angst?" Leos Stimme klang besorgt. *Er* hat Angst, dachte Arndt, und am liebsten hätte er die Hand ausgestreckt und Leo berührt.

„Nein", sagte Tamara, „aber gerade das kann auch wieder ein schlechtes Zeichen sein. Daß ich keine Angst habe, heißt das nicht vielleicht, daß ich etwas verdränge? Oder daß ich unsensibel bin? Ich habe höchstens Angst, daß ich nicht genug fühle", fügte sie hinzu. Leo zog die Brauen zusammen. Tamara lächelte ihn an, und die Falten auf seiner Stirn glätteten sich wieder.

„Ich denke auch, daß wir eigentlich viel mehr wissen könnten", sagte Nan. Sie sah zu Tamara, und Tamara und erwiderte ihren Blick.

Leo stand auf und ging über den Strand zum Wasser. Ein paar Meter weiter streckte ein Baum seine knorrigen Äste aus dem Wasser. Er blieb davor stehen, den Rücken den anderen zugewandt. Nan und Tamara lächelten sich immer noch an. Arndt betrachtete die beiden, und der innere Kontakt zwischen ihnen schien ihm so stark, daß er sich wieder einmal wunderte, wieso sie nicht zusammengeblieben waren. Er sah zu Leo, der sich die Stiefel ausgezogen hatte und durch das Wasser auf den Baum zuschritt. Das Plätschern drang herüber und veranlaßte Nan und Tamara, sich zu ihm umzuwenden. Leo blieb stehen und zog seine Hosenbeine hoch. Dann ging er weiter, und das Grau seines Shirts verschmolz mit der Schwärze des Wassers.

„Was macht er denn da?" fragte Tamara erstaunt. Alle drei sahen sie zu, wie Leo den Baum erreichte und Anstalten machte, die Gabelung zu erklimmen. Nach einigen mühevollen Versuchen stand er schwankend in der Mitte zwischen den beiden dicken Ästen und hielt sich unsicher daran fest.

„Gibt's noch Bier?" Wally war von hinten herangekommen. Tamara entdeckte hinter sich noch zwei ungeöffnete Büchsen. Als sie eine davon Wally reichte, drang ein ächzendes Knarren vom Wasser herüber. Alle vier sahen rechtzeitig auf, um zu sehen, wie Leo, sich mit dem einen Arm krampfhaft festhaltend, mit dem anderen wild umherfuchtelnd, mitsamt der einen Hälfte des alten, knorrigen Baumes im Zeitlupentempo nach rechts umkippte und schließlich mit einem lauten Aufplatschen ins Wasser stürzte. Für einen Moment war nichts mehr von Leo zu sehen, dann tauchte er wieder auf, prustend und mit den Armen wild um sich schlagend. Hinter ihm glitt die Krone des Baumes wie ein zitterndes Mahnmal aus dem See.

„Oh", sagte Nan verblüfft.

„Na, das hat er aber bestimmt nicht vorausgesehen." Wally kratzte sich am Hals.

Tamara war die erste, die aufstand; und sie war auch die erste, die zu lachen begann.

XLII

Die Straße war voll und belebt, und Wally spürte, daß sie über kurz oder lang die Beherrschung verlieren würde. Wenn sie nicht im nächsten Geschäft den passenden Badeanzug fand, würde sie eben ohne Badeanzug nach Bombay fahren. Oder mit ihrem uralten Modell von 1981, daß sie noch zusammen mit ihrer Mutter in Recklinghausen gekauft hatte.

„Sieh mal, das könntest du doch Anja mitbringen, das ist doch wirklich nett!" Marion zerrte die dicht an dicht hängenden Blusen auseinander und deutete auf eine in grellbunten Farben. Das Muster ließ sich am ehesten in die Kategorie „abstraktes Gemälde" einordnen.

Wally schüttelte den Kopf. „Nein. In Bombay kann sie sich wahrscheinlich mit bunten Blusen zu zwei Mark das Stück bewerfen."

Marion zuckte mit den Schultern und betrachtete weiter die Bluse, ein bedauerndes Lächeln im Gesicht. Für einen Moment sah sie so verletzlich aus, daß Wally von einer großen Woge schmerzlichen Mitleids ergriffen wurde. Wann hat ihr wohl jemand das letzte Mal etwas geschenkt?

Spontan kam ihr der Gedanke, Marion die Bluse zu kaufen. Aber dann dachte sie an ihren schmalen Geldbeutel, der nur für das Nötigste reichte (war ein Badeanzug eigentlich wirklich nötig?), und sie verwarf den Gedanken. Marion ließ die Bluse zwischen ihre Gegenstücke zurückgleiten und rieb sich die Hände.

„Vielleicht wäre das was für meinen Laden", murmelte sie vor sich hin, und ihr Gesicht trug wieder den Wally so wohlbekannten geschäftstüchtigen Ausdruck.

„Also", sagte Wally, „ich suche nicht mehr weiter. Mir reicht's. Ich will lieber irgendwo etwas trinken."

Marion sah auf ihre winzige Armbanduhr. „Oh, es ist schon halb vier! Ich muß los." Sie blickte auf. „Kathrin hat gesagt, sie vertritt mich bis vier. Oder ob ich sie anrufe und frage, ob sie noch eine halbe Stunde länger macht?"

Sie sah Wally fragend an. Wally zuckte die Schultern. Sie war nicht sonderlich darauf erpicht, Marion noch eine halbe Stunde länger um sich zu haben und ihr nie verstummendes Geplapper zu hören, aber als sie den enttäuschten Ausdruck sah, der kurz über Marions Gesicht huschte und gleich darauf von einer Maske aus Gefaßtheit ersetzt wurde, tat es ihr leid. Wally war vorhin nur kurz bei Marion vorbeigegangen, um die Abrechnung zu machen und sich zu verabschieden, und als sie erwähnte, daß sie noch zu Kudamm wolle, um ein paar Sachen einzukaufen, war Marion ganz aufgeregt geworden. Sie hatte sich anerboten, sie zu fahren, und als Wally zögerlich eingewilligt hatte, war sie beglückt zum Telefon gelaufen und hatte schnell eine Vertretung besorgt. Irgendwie, fand Wally im Nachhinein, hatte ihr Eifer etwas Rührendes gehabt.

„Nein, ich geh' besser. Also dann, Wally, mach' es gut." Marion streckte ihr die Hand hin. Wally nahm die kleinen dicken Finger in ihre Hände und hielt sie einen Augenblick fest. Sie war überrascht, wie trocken Marions Hand war. Ihre eigene war schweißfeucht, und zum erstenmal, seit sie sich erinnern konnte, war ihr vor Marion etwas peinlich.

„Paß gut auf dich auf", sagte Marion. „Laß was von dir hören. Und, äh, wenn was ist, gib mir Bescheid, wie ich dir helfen kann."

Wally verspürte einen kleinen Kloß in der Kehle. Sie schürzte die Lippen, um sich ihre Betroffenheit nicht anmerken zu lassen. Warum bin ich eigentlich so mißtrauisch ihr gegenüber? Im Grunde ist sie ein verdammt lieber Mensch. Aber wir sind wie zwei falsch gepolte Magneten – die Anziehungskraft ist genauso groß wie die Abstoßung. Sie lächelte Marion an, und Marion lächelte zurück, bevor sie ihre Sonnenbrille herunterrückte und einen Schritt zurücktrat.

„Gut." Sie trat noch einen Schritt zurück und schob ihre Umhängetasche höher. Ihre Augen, nur schwach zu erkennen hinter den dunklen Gläsern, musterten Wally ernst.

„Grüß Anja von mir."

„Mach' ich. Danke fürs Fahren – und nochmal Danke, daß du mir das Geld für die Reise geliehen hast."

Marion winkte ab. „Also dann. Guten Flug!"

„Danke."

Marion drehte sich um und ging los. Wally sah ihr unschlüssig hinterher – irgendetwas war unvollständig, aber was? – dann drehte sie sich ebenfalls um und machte sich auf den Weg in die entgegengesetzte Richtung.

„Wally?"

Wally sah zurück. Marion stand mit leicht herabhängenden Schultern da, und Wally konnte nicht sagen, ob es ihre Haltung war oder ihre aufgebauschte Frisur, die ihren Körper plötzlich so winzig im Vergleich zu ihrem überdimensionalen Kopf erscheinen ließ.

Marion hob eine Hand und winkte. „Paß auf dich auf!" Dann verschwand sie, ohne eine Antwort abzuwarten, im Getümmel, das am Straßenrand um die dort aufgebauten Verkaufsstände mit Schmuck und Souvenirs herrschte.

Auf der Suche nach einem freien Platz ging Wally an mehreren Straßencafés vorüber, aber die Aussicht, sich zu einer Gruppe Touristen oder einem knutschenden Pärchen dazusetzen zu müssen, war nicht gerade verlockend. Sie war jemand, der einen relativ großen Freiraum um sich herum benötigte; nichts haßte sie mehr, als in überfüllten Fahrstühlen zu stehen, oder in Menschenschlangen, womöglich noch mit Brust und Rücken in Kontakt zu Vorder- und Hintermann. Andere mochten es vielleicht gerne dicht an dicht, aber sie nicht.

Meine Güte, dachte sie plötzlich erschrocken, wie soll es erst in Bombay werden? Ein Bild tauchte vor ihren Augen auf: enge Straßen, in denen sich Menschen tummelten, durch die überfrachtete Busse fuhren, an deren Einstiegsluken Menschentrauben hingen, Leiber, wohin man auch sah, schwitzend, schubsend, drängelnd, und dazwischen sie selbst, ohne jede Orientierung, mit einem unübersichtlichen Stadtplan in der Hand, dessen Papier von Hitze und Schweiß feucht und zerknittert in ihren Händen hing. Wally wurde ganz heiß. Dann dachte sie an Anja, und ihr wurde noch heißer. Wenn nun alles schiefging?

Ängstlich und nervös stand sie auf dem Kudamm und reckte das Gesicht dem Himmel entgegen. Über ihr zog ein Luftschiff mit leuchtend grüner Fuji-Reklame auf den Seiten gemächlich seine Runden. Undeutlich konnte sie das Seil an der Schnauze erkennen, mit dem das Luftschiff nach der Landung am Boden verankert werden würde. Und wo ist mein Anker? fragte sie sich vage. Plötzlich hatte sie das Bedürfnis, eine bekannte Seele zu treffen, irgend jemanden, den sie kannte. Ihr Geist tastete suchend herum, und wieder überfiel sie ein leichter Anflug von Panik. Ihr war, als ob die Welt sich plötzlich ausgedehnt hatte, zu groß geworden war, um noch überschaubar zu sein. Was hatte sie darin verloren? Und wie winzig sie war. Weniger als ein I-Tüpfelchen in der letzten Zeile eines Sehtests. Nur durch den Kontakt mit anderen Menschen existiert man überhaupt, dachte Wally. Sie schloß die Augen, und als sie sie wenige Sekunden später wieder öffnete, kam ihr gleichzeitig der rettende Einfall. Sie setzte sich in Bewegung.

Im Foyer saß ein einsamer Hotelgast in der geblümten Sitzgruppe und blätterte in einer Zeitschrift. Er sah auf, als Wally eintrat, und nickte ihr zu.

„Guten Tag“, sagte Wally.

„Guten Tag."
So lächerlich es auch war, aber die Tatsache, mit einem menschlichen Wesen kommuniziert zu haben, gab ihr Auftrieb. Der Hotelgast, ein Mann in den Vierzigern mit einem säuberlich gezwirbeltem Kaiser-Wilhelm-Bart, deutete ihr Grinsen falsch und schenkte ihr ein strahlendes Lächeln, bevor er sich wieder auf seine Zeitschrift konzentrierte. Ein kleines, erstaunt-erfreutes Schmunzeln blieb auf seinen Lippen haften.

Am leeren Empfangstresen stand, mit dem Rücken zu Wally, eine Frau in einem eleganten braunen Kostüm und strich sich unablässig über den Rock, während sie wartete. Das Kostüm bestand aus einer Art Knitterjersey, und Wally beobachtete fasziniert, wie sich der Stoff nach jedem Handstrich wieder neu in die vorgeformten Falten legte. Am liebsten wäre sie stehengeblieben, um weiter zuzusehen – mit einemmal schienen ihr Details wie dieses von enormer Wichtigkeit zu sein, so als würde der Bezug zur Realität nur einzig und allein dadurch aufrechtzuerhalten sein, indem sie genauestens auf derlei kleinste Einzelheiten achtete –, aber dann stellte sie sich doch neben die Frau an den Tresen.

Ihre Nachbarin räusperte sich – ein Schnauben, das von einem Zwergpony hätte stammen können –, musterte sie kurz, nickte und starrte dann wieder ungeduldig auf die angelehnte Tür in der Wand. Wally ließ den Blick über den Tresen schweifen. Die Glocke in der Mitte sah einladend aus, und sie wollte schon die Hand heben, um darauf zu drücken, als ein junger, gutaussehender Türke aus der Verbindungstür kam, gefolgt von Anke. Er steuerte auf Wally zu und Anke auf die Frau.

„Guten Tag", sagte er freundlich.

„Guten Tag", sagte Anke, an die Frau gerichtet.

„Guten Tag", sagten Wally und die Frau gleichzeitig.

Anke entdeckte Wally, und ihr Lächeln wurde eine Spur breiter. „He!"

Die Frau und Ankes Kollege sahen verwirrt von Anke zu Wally.

„Äh..." Wally deutete hilflos auf Anke. Anke lächelte ihren Kollegen charmant an. „Tauschen? Das ist eine Bekannte." Sie nickte der Frau im Kostüm freundlich zu und kam um ihren Kollegen herum zu Wally.

„Hallo! Du bist eine Viertelstunde zu früh."

„Was?"

„Es ist erst viertel vor vier."

Wally war irritiert. Sie waren doch gar nicht verabredet gewesen. Oder etwa doch?

Anke stützte die Ellenbogen auf den Tresen und grinste belustigt.

„Sag bloß, du bist wegen mir vorbeigekommen?"

„Äh, ja. Ich wollte mich verabschieden." Wally war leicht unbehaglich zumute. „Aber wenn ich störe, dann..."

„Nein, nein. Ich dachte nur, du bist mit Nan verabredet. Sie wollte um vier kurz vorbeikommen und mir meinen Schlüssel wiederbringen."

„Ach so", sagte Wally erleichtert. „Also, ich war gerade in der Nähe, und da dachte ich..." Sie brach ab. Es klang dermaßen unbeholfen, daß sie nicht anders konnte, als in Ankes Lachen miteinzustimmen.

„Komm mit nach hinten." Anke öffnete die Klappe in der Seite des Tresen und winkte ihr.

Der angrenzende Raum war ganz und gar nicht so, wie Wally sich das Büro eines Hotels vorgestellt hatte. An den Wänden hingen eine Menge Schnappschüsse, darunter auch mehrere von Anke und dem jungen Türken, auf zwei Schreibtischen standen Computer zwischen Ablagebehältern und Büchern, und in der Ecke waren diverse Kleidungsstücke über eine Streckbank geworfen. Das einzige Fenster führte auf einen dicht begrünten Hinterhof hinaus. Der Raum hätte durchaus als das Gemeinschaftszimmer einer Wohngemeinschaft durchgehen können.

Wally setzte sich auf das schwarze, ein wenig abgenutzte Ledersofa und nahm dankbar eine Tasse mit dampfendem Kaffee entgegen, den Anke ihr aus der Kaffeemaschine neben der Spüle eingeschenkt hatte. Anke setzte sich ihr gegenüber, zog den Tabak, der auf dem Tisch lag, zu sich heran und holte ein kleines Döschen aus ihrer Hosentasche. Während sie zwei Blättchen geschickt aneinanderklebte, sah sie zu Wally auf.

„Willst du kiffen?"

Wally zuckte zusammen. „Hier?"

Anke warf ihr einen langen, amüsierten Blick zu und richtete ihr Augenmerk wieder auf den Joint. „Keine Angst, wir sind hier sicher." Ihre Stimme hatte einen verschwörerischen Tonfall angenommen.

„Janein, ich dachte nur..."

Anke sah auf, und Wally verstummte unter ihrem schelmisch-spöttischen Blick.

„Schon gut", sagte sie. „Ich möchte nicht kiffen, danke."

Anke lachte und zündete den Joint an. Sie sog den Rauch tief ein und betrachtete Wally interessiert, immer noch das amüsierte Lächeln auf den Lippen. Wally zog nervös ihre Schachtel Zigaretten aus der Tasche. Sie fand ihr Feuerzeug nicht gleich, und Anke schob ihr das ihre hin, ohne sie aus den Augen zu lassen. Ungeschickt fummelte Wally an der Mechanik herum – es war ein Feuerzeug zum Drehen, das konnte sie erkennen, aber in welche Richtung drehte man? Anke beugte sich vor und nahm es ihr ab. Die Flamme loderte auf, und Wally hielt ihre Zigarette zu weit weg, sodaß Anke näher heranrücken mußte. Endlich brannte die Zigarette, und Wally lehnte sich zurück ins Sofa. Anke griente sie breit an.

„Man hat's nicht leicht, wie? Nervös?"

Wally runzelte die Stirn. „Wieso?" fragte sie verstört, im Geiste schon nach einer passenden Rechtfertigung suchend.

„Wegen der Reise. Wann fliegst du, übermorgen, nicht wahr?"

„Ach so. Ja, übermorgen."

Anke nahm einen weiteren tiefen Zug. Durch den Rauch hindurch musterte sie Wally nachdenklich. Wally erwiderte ihren Blick, dann sah sie zur Seite und tat so, als würde sie aufmerksam die Fotos an den Wänden betrachten. Ankes helle Augen schienen sie zu durchbohren.

„Was ist Anja für ein Mensch?"

Die Frage traf Wally völlig unvorbereitet. Sie sah Anke an, deren Blick ein Ausweichen nicht zulassen würde.

„Sie ist... sie ist nicht einfach. Nicht einfach, ja, aber sie ist auch... sehr interessant."

Wally schluckte. Sie wollte zu einer gründlicheren Erklärung ansetzen, aber als sie den Mund öffnete, stellte sie fest, daß ihr absolut nichts Geeignetes einfiel. Stumm starrte sie Anke an, mit halb geöffneten Lippen: Sie mußte aussehen wie ein Fisch, der nach Luft schnappte. Verlegen und peinlich berührt klappte sie den Mund wieder zu.

Anke befreite den Joint von der Asche, indem sie ihn sorgfältig am Rand des Aschenbechers entlang drehte. Das Schweigen dauerte an, und Wally spürte, wie sie langsam aber sicher rot wurde.

„Ich kann das nicht so gut erklären", sagte Wally beschämt. Sie hatte das Gefühl, Anja zu verraten; dabei war es gar nicht so, es war nur Anke, die ihr das Gefühl gab. Wally war stolz darauf, daß sie unglaublich cool sein konnte, aber bei Anke klappte das nicht. Ein durchdringender Blick aus ihren merkwürdig intensiven Augen, und man war aus der Fassung gebracht. Mit ihr zusammenzusein war, als säße man neben einem aufgeheizten Ofen, der ungeheure Energie abgab, nur auf einer anderen, schwer zu fassenden Ebene. Man geriet ins Schwitzen. Ständig dieses Gefühl, auf der Hut sein zu müssen: Man konnte jederzeit mit etwas Unberechenbarem, Unerwartetem konfrontiert werden. Wie hielt Nan das nur aus?

„Vergiß es", sagte Anke und grinste. Wally entspannte sich etwas, zuckte aber gleich wieder zusammen, als die Tür sich öffnete.

„He, Süße!" sagte Nan. „Oh, Wally! Was machst du denn hier?"

Sie kam zu ihr und küßte sie auf die Wange, und Wally wurde sofort leichter ums Herz.

„Ich war gerade in der Nähe, und da dachte ich, ich verabschiede mich von Anke", sagte sie. Plötzlich hatte sie das Gefühl, unentwegt weiter plappern zu können, so erleichtert war sie, ihre beste Freundin zu sehen. Zufrieden sah sie zu, wie Nan sich neben Anke hockte und deren Gesicht in beide Hände nahm, um sie zu küssen. Der Kuß dauerte und dauerte, und als die beiden schließlich voneinander abließen, sahen sie ganz erhitzt aus.

„Alles klar mit dir?" fragte Nan.

„Ja, mir geht es gut." Anke strich Nan zärtlich über die Wange. Wally rückte tiefer in die bequemen Lederpolster, froh darüber, daß die Aufmerksamkeit von ihr abgelenkt war.

„Hier sind die Schlüssel“, sagte Nan und legte ein schweres Schlüsselbund auf den Tisch. „Ich will gleich weiter, ich möchte mich duschen. Bin vollkommen verschwitzt.“ Sie blickte zu Wally. „Was ist mit dir? Was hast du jetzt vor?“

Wally zuckte die Achseln. Hatte sie etwas vor? Sie mußte nur noch packen.

Nan küßte Anke noch einmal und stand dann auf. „Willst du noch bleiben? Wenn nicht, nehme ich dich mit.“

„Ja, gerne“, sagte Wally. Ihr war danach zumute, einfach willenlos hinter Nan herzutrotten und ein Weilchen mit ihr zusammenzusein, selbst wenn es nur für die Dauer der Autofahrt war. Jemanden Vertrautes um sich zu haben, das war es.

Wally wartete bescheiden, bis Anke und Nan sich aus ihrer innigen Umarmung gelöst hatten, dann streckte sie Anke die Hand hin. Anke sah darauf nieder, nahm sie mit einem fröhlichen Grinsen und zog Wally kurz an sich.

„Viel Glück“, sagte sie. „Und mach' es gut. Bleib nicht ewig, Nan vermißt dich sonst zu sehr.“

Sie blieb mitten im Raum stehen, als sie hinausgingen, und Wally registrierte den sehnsüchtigen Blick, den sie Nan hinterherwarf. Die beiden mochten sich wirklich sehr, das war nicht zu übersehen.

„Was hältst du davon, wenn du mit zu mir kommst, und dann gehen wir was trinken?“ fragte Nan. Die Bewegungen, mit denen sie den Wagen in den fließenden Verkehr steuerte, wirkten energiegeladen. Sie muß aber auch jede Menge Energie haben, wenn sie es schafft, so gut mit Anke zurechtzukommen, überlegte Wally. Sie sah Nan mit ganz neuen Augen.

„Wally? Was meinst du dazu?“

Es muß wirklich verdammt anstrengend sein. Aber scheinbar klappt es. So anstrengend war es mit Anja jedenfalls nicht. Bei Weitem nicht.

„Wally?!“

Jetzt wird es bestimmt anstrengend werden mit Anja. Vielleicht tut sich was. Vielleicht finden wir uns wieder, oder es ist vorbei, und dann ist auch diese verdammte Sehnsucht vorbei. Egal, der Versuch ist es wert.

„Wally!"

„Ja", sagte Wally und drehte den Kopf zu Nan. „Das ist ein guter Vorschlag. Laß uns was trinken gehen."

Und vielleicht wird es auch gar nicht so anstrengend.

XLIII

„Danke." Nan legte die Hand auf den leicht speckigen Einband und zog das Buch zu sich herüber. Die Bibliothekarin wandte sich bereits dem Nächsten in der langen Warteschlange am Ausgabeschalter zu. Nan betrachtete voller Hoffnung die nach oben gebogenen Ecken des Einbandes. Wenn alle Querverweise stimmen, dann war dieses tatsächlich das Werk, in dem sie die Information finden würde, die ihr die ganze Zeit gefehlt hatte.

Sie nahm den Band auf und trug ihn zu ihrem Arbeitsplatz ganz in der Ecke des großen Saals hinüber. Überall beugten sich schweigende Menschen über ihre Bücher, und der Raum schien Nan schwer von all dem lastenden Wissen. Auf beiden Seiten ihres Tisches türmten sich Bibliographien von Sartre und de Beauvoir, in der Mitte lag ihr Notizblock, von dem einige Seiten bereits vollgeschrieben waren. Sorgfältig legte Nan das Buch hin und setzte sich. Noch bevor sie es aufschlug, sagte ihr ein inneres Gefühl, daß sie einen Volltreffer gelandet hatte. Rasch überflog sie das Inhaltsverzeichnis, blätterte die ersten Seiten um und ließ die Augen über die in einem altmodischen Schriftsatz gedruckten Zeilen schweifen, ohne den Inhalt bewußt zur Kenntnis zu nehmen. Das hatte Zeit bis später. Sie dachte an etwas anderes.

Seit sie sich entschieden hatte, die Doktorandenstelle anzunehmen, war irgendein Damm in ihr gebrochen. Am Ende ihres siebenjährigen Studiums hätte die Frage stehen sollen, wie Nan ihre erworbenen Fähigkeiten einsetzen und was sie damit erreichen wollte. Und als sie entdeckte, daß sie im Alter von 28 Jahren darauf immer noch keine Antwort wußte, begann sie, in Frage zu stellen, ob sie überhaupt irgendwelche Fähigkeiten besaß. Die Absicht, eine Doktorarbeit zu schreiben, kam ihr immer mehr wie ein sinnloses Unterfangen vor. Wenn das Ergebnis jahrelangen Studierens war, daß Nan sich nun in der Lage befand, über drei Jahre hinweg ein ellenlanges Machwerk über ein philosophisches Problem zu verfassen, für das sich kaum jemand interessierte außer einer Anzahl vergeistigter Akademiker, sollte sie nicht dann lieber einen nützlicheren, praktischen Beruf ergreifen?

Anke hatte sie aufmerksam und leicht verblüfft gemustert, als Nan ihr diese Gedankengänge vorgetragen hatte.

„Ich denke, du unterschätzt die Bedeutung der geistigen Arbeit“, hatte sie mit gerunzelter Stirn gesagt. „Was wären wir ohne die Denker?“

„Ach! Was wären wir ohne Tischler und Krankenschwestern?“ hatte Nan verächtlich dagegen gehalten. Es hörte sich in ihren eigenen Ohren an wie Unkenrufe aus dem Teich der Mutlosen und Neidischen, aber – wenn sie schon an sich selbst zweifelte, dann zumindest gründlich. Wer weiß, wenn sie ihr eigenes Bett aus dem Fenster warf, vielleicht kam darunter eine längst vergessene schmale Matratze zum Vorschein, staubig und verdreckt zwar, aber immerhin ein Lager?

„Wir leben nun mal nicht mehr im Mittelalter, wo der Buchdruck noch nicht erfunden war. Erzähl' mir nicht, du hättest besser Krankenschwester werden sollen, weil das so viel nützlicher und sinnvoller ist. Warum machst du dich nicht daran, das, was du gelernt hast, richtig zu nutzen? Wenn sich herausstellt, daß du es nicht kannst, dann bin ich die Erste, die dir schriftlich bescheinigt, daß du sieben Jahre sinnlos vergeudest hast. Aber bis dahin – mach' es, oder laß es gleich sein, aber hör' auf, dich in Selbstmitleid zu baden.“

Eine Weile noch war das Wortgefecht weitergegangen, dann hatte Nan Ruhe gegeben, mit dem stillen und vor allem trotzigen Vorsatz, kein Wort zu dem Thema mehr zu sagen.

In den Tagen danach hatte sie begonnen, ihre Arbeitstechnik zu überprüfen. Nach und nach dämmerte ihr, daß sie noch einmal von vorne anfangen mußte. Die Herausforderung lag in der Vermengung von strengem wissenschaftlichen Arbeiten und Nans eigenem Denkstil. Wenn sie das akademische Leben kritisierte, ihr Weg aber dennoch in diesem Bereich lag – sie konnte sich doch eigentlich kaum sieben Jahre lang etwas vorgemacht haben, oder? –, dann mußte sie dem eben etwas entgegensetzen. Das beinhaltete auch, zwischen den Zeilen zu lesen, zu kombinieren, möglichst viele Informationen herauszuziehen.

Und dieses Buch, was sie nach langen Suchen endlich gefunden hatte, war der erste offensichtlich Beweis, daß sie auf dem richtigen Weg war. Hier lag der Schlüssel zu jenem Problem verborgen, auf das die anderen anerkannten Werke ihr keine Antwort hatten liefern können. Der nahezu unbekannte und früh verstorbene Musiker behandelte in seinem Werk über den Jazz jene Ansichten Sartres über Musik, die bei der Interpretation seiner schriftlichen Werke nicht in Betracht gezogen worden waren, aber nach Nans Ansicht dennoch einen wichtigen Schlüssel zu seiner Philosophie darstellten. In seinen Ausführungen würden Nan jene Belege finden, die sie benötigte, um die Hauptthese ihrer Doktorarbeit zu untermauern.

Sie grinste vor sich hin und klappte den Band wieder zu. Vielleicht war es objektiv betrachtet immer noch ein relativ unnützes Unterfangen, aber langsam begann Nan, den Belag aus herabwürdigender Geringschätzigkeit, den sie über ihre Aufgabe und über sich selbst gelegt hatte, wieder abzukratzen. Sie war nun mal keine Krankenschwester, und das hatte eben auch seinen Grund.

Nan drehte den Kopf, und die verspannten Wirbel in ihrem Nacken knackten. Nach einem abschätzenden Blick auf ihren Notizblock beschloß sie, eine Pause einzulegen. Sie räumte die durchgesehenen Werke zusammen, brachte sie zum Ausleihschalter zurück und machte sich auf den Weg ins Café.

Kaum saß sie, ihren Kaffee vor sich auf dem kleinen Tisch, in einer Ecke, da entdeckte sie den rothaarigen Ex-Kommilitonen, dessen Name ihr entfallen war. Er steuerte zielstrebig auf sie zu.

„Hallo, Nan“, sagte er, als er vor ihr stand. „Rückst du ein Stückchen?“

Sie kam seiner Aufforderung nach – zum Weglaufen war es ohnehin zu spät, und er ließ sich mit einem Aufseufzen auf die gepolsterte Bank fallen. Nachdem er sich eine Zigarette angesteckt hatte, hustete er kurz in die geballte Faust und blickte Nan aus wässrig-blauen Augen forschend an.

„Was treibst du denn hier? Ich dachte, du hast dein Studium abgebrochen? Oder" – er lächelte leicht arrogant, aber dennoch freundlich – „hat dich das akademische Leben wieder in seinen Bann gezogen?"

„Nein", sagte Nan leichthin, „ich habe nur etwas für mich gelesen." Es war noch nicht mal gelogen, stellte sie fest. Aber in erster Linie bereitete es ihr einfach eine kleine boshafte Freude, diesem Eiferer in Sachen Wissenschaft etwas vorzumachen.

Seine Stirn verzog sich mitleidig-herablassend. „Wie schade", sagte er mit unaufrichtigem Bedauern, „du hast doch immer so gute Beiträge geliefert. Du solltest dir das noch einmal durch den Kopf gehen lassen. Und was arbeitest du jetzt?" Der letzte Satz kam derart vorsichtig über seine gespitzten Lippen, als würde er Nan nach dem Stand ihrer Drogenabhängigkeit fragen. Armes Ding, schien seine stirngerunzelte Miene auszudrücken, so viele Chancen und dann so tief abgerutscht. Naja, kann man nichts machen.

„Ich mache gerade gar nichts Besonderes", sagte Nan. „Ab und zu in einer Bar als Kellnerin, aber ansonsten genieße ich das Leben."

Seine Mundwinkel verzogen sich für einen Moment angewidert, bevor er seine Abscheu wieder unter Kontrolle bekam. „Na, das kann ja auch ganz nett sein, aber auf Dauer wird es dich wahrscheinlich nicht so ganz befriedigen." Er drückte mit spitzen Fingern seine Zigarette aus.

Nan spürte, wie er förmlich darauf brannte, daß sie ihn ihrerseits nach seinem Werdegang fragte. Als sie es unterließ, reckte er sich ein wenig und sagte dann in wichtigtuerischem Tonfall: „Ich bin letzten Monat fertiggeworden, und, wie der Zufall so will, habe ich gleich für Oktober eine ABM-Stelle angeboten bekommen."

„Ach ja?" Zufall! Sie konnte sich richtig vorstellen, wie er eine Bewerbung nach der anderen geschrieben hatte, die

Zeitung mit den Stellenangeboten neben sich ausgebreitet und die Nummer des Arbeitsamtes im Kopf, damit er ja keine Möglichkeit verpaßte, sich umgehend eine Aufstiegschance zu sichern.

„Ja, beim Springer-Verlag, natürlich nicht *der* Springer, sondern der wissenschaftliche, du weißt schon." Er lächelte angeberisch. „Ist zwar an und für sich nicht ganz mein Metier, aber Philosophie und Wissenschaft zu verbinden, war mir schon immer ein Anliegen. Gerade in der heutigen Zeit."

„Hmhm." Hatte er in früheren Zeiten denn auch schon gelebt? Wenn, dann sicher ohne ABM-Stelle. Nan streckte die Beine noch weiter aus. Er redete weiter, und Nan war schon fast soweit, behaglich die Augen zu schließen, um sich auszumalen, welchen Beruf er wohl im Mittelalter ausgeübt hätte – wäre er vielleicht Stadtschreiber gewesen oder eher ein Kaufmann? Oder Fischverkäufer? –, als der Redeschwall plötzlich verstummte.

„Darf ich mal durch?" fragte eine wohlbekannte Stimme. Nans Lippen verzogen sich unwillkürlich zu einem Grinsen, und Tina lächelte ebenso breit zurück. Der Kommilitone – Gerhard, fiel ihr schlagartig ein, Gerhard hieß er – sog schnell an seiner Zigarette und schielte mit einem dermaßen irritierten Gesichtsausdruck zu Tina auf, daß Nan das Lachen nur mit Mühe unterdrücken konnte. Tinas erotische Ausstrahlung verfehlte ihre Wirkung selten. Es war etwas, das sie mit Anke gemein hatte, fiel Nan auf. Manche Menschen, vor allem Männer, reagierten mit einem fast unmerklichen Heben der Nasenflügel, ein nahezu unwilliger Ausdruck zog blitzschnell über ihre Gesichter, so als würden ein Duft an ihnen vorüberziehen, der sie magnetisch anzog, aber zugleich Gefahr signalisierte. Es schien eine instinktive Reaktion zu sein, und Nan stellte belustigt fest, daß sie selbst genauso darin gefangen war. Der einzige, wenn auch maßgebliche Unterschied zwischen ihr und den anderen war vielleicht, daß sie es geschafft hatte, die Aufmerksamkeit dieser beiden Frauen nachhaltig auf sich zu ziehen. Und das gerade, weil sie eben kein Mann war.

Tina beugte sich herunter und küßte Nan auf den Mund.

„Hier darf ich das ja", sagte sie munter, „oder kommt deine Freundin gleich um die Ecke gerannt?"

Nan sah sie erstaunt an. Woher wußte Tina von Anke?

„Ich habe dich neulich mit dieser Blonden da gesehen. Und so, wie ihr euch angesehen habt – da konnte ich mir ganz schnell alles zusammenreimen. Stimmt's?"

Nan zögerte nur kurz. „Stimmt."

„Hast du einen Moment Zeit?" Tina warf eine flüchtigen Seitenblick auf Gerhard, der mit kaum kaschierter Neugier im Gesicht dasaß und sie verstohlen beäugte.

„Klar. Setz dich." Nan rückte ein Stück von Gerhard ab, aber Tina zwängte sich zwischen ihr und dem Tisch vorbei und ließ sich auf ihrer anderen Seite nieder.

„Na, wieder mal ein wenig an der Doktorarbeit basteln?"

Nan spürte förmlich, wie Gerhards Ohren ein paar Zentimeter in die Höhe wuchsen. „Ein wenig, ja. Und du?"

„Ich dachte, ich arbeite mich mal wieder ein Stück weiter aufs Lehramt hin. Wenn ich diese verknöcherten Typen hier sehe, vergeht mir zwar wieder alles, aber momentan bewege ich mich schleichend und auf Umwegen auf die Zwischenprüfung hin." Tina lachte süffisant, und die Form ihrer vollen Lippen rührte etwas in Nan an. Es war wie immer, nichts schien sich verändert zu haben. In diesem kurzen Moment wurde Nan sich bewußt, daß die Anziehungskraft zwischen Tina und ihr bestehen bleiben würde – es war nicht ausgeschlossen, daß sie über Jahre hinweg immer wieder einmal miteinander ins Bett gehen würden. Der Gedanke war warm und beruhigend. Vielleicht gab es noch mehr Konstanten in ihrem Leben, die sie bis jetzt gar nicht als solche wahrgenommen hatte? Vielleicht war das Flechtwerk des Lebens dichter, als man dachte? Vielleicht wäre es unmöglich, zu fallen? Nan legte die Hand auf Tinas Knie, einfach, um ihr warmes Fleisch zu spüren.

Tina stieß den Rauch aus und legte ihre Hand über Nans. „Faßt sich doch immer noch gut an, nicht wahr?" sagte sie mit betont rauchiger Stimme.

„Sicher." Nan legte den Kopf etwas zurück und betrachtete Tinas Profil. Auch, wenn sich nie mehr zwischen ihnen entwickeln würde, als sich schon herausgebildet hatte – eines Tages, wenn Nan auf ein langes Leben mit vielen Menschen darin zurückblicken würde, an wen würde sie sich bestimmt mit einem durchweg positiven Gefühl erinnern? An Tina, an Tina und andere Menschen, die ihr schlicht und einfach Freude gemacht hatten.

Neben ihr war Gerhard aufgestanden und nahm gerade seine Aktentasche in die Hand. Sein Gesicht war immer noch leicht gerötet, und der mangelhafte Versuch, eine arrogante Miene aufzusetzen, stand in krassem Gegensatz zu seinen aufeinandergepreßten Zähnen und der starken Roséfärbung seiner Ohren.

„Ja, Nan, dann mach's gut. Vielleicht sehen wir uns ja mal wieder.“ Seine Augen schweiften unruhig von Nan zu Tina und wieder zurück.

„Okay, alter Knabe“, sagte Nan. Die Worte waren ihr einfach so herausgerutscht, und Gerhard wirkte überrascht und pikiert, als er sich mit einem Nicken endgültig verabschiedete und ging.

Tina musterte Nan eindringlich. Das Lächeln auf ihren Lippen vertiefte sich.

„Ich weiß schon, warum ich so auf dich abgefahren bin“, sagte sie.

Nan zog fragend die Augenbrauen hoch.

Tina nahm Nans Hand zwischen ihre beiden Hände und drückte sie fast schmerzhaft.

„Ich hab' dir nie ein Liebesgeständnis gemacht, und ich beabsichtige auch nicht, das jemals zu tun, schon gar nicht jetzt, wo du so offensichtlich in festen Händen bist“ – wieder drückte sie Nans Hand, und diesmal schmerzte es wirklich – „in ziemlich festen Händen. Tut manchmal ganz schön weh, nicht wahr?“ Sie drückte noch fester zu, und Nan blieb kaum etwas anderes übrig, als zu nicken.

Tina führte ihre Hand an die Lippen und küßte sie. „Zuckerbrot und Peitsche, Nan.“ Ihre Augen blitzten.

„Die Peitsche kannst du fürs erste stecken lassen.“

Tina lachte leise und streckte behaglich die Beine aus. „Holst du mir einen Kaffee?“ Sie blinzelte Nan zu.

„Okay“, sagte Nan und stand auf, „ich werd' mal sehen – vielleicht ist ja auch noch ein Stück Zuckerbrot von heute Nachmittag übrig.“

„Das“, sagte Tina und warf ein abgebranntes Streichholz in den Aschenbecher, „das hole ich mir immer gern persönlich ab.“ Sie schmunzelte und sah mit schiefgelegtem Kopf zu Nan auf. „Worauf wartest du?“, setzte sie hinzu und wedelte mit einer Hand, „mich hungert und dürstet!“

XLIV

„Wally, vielleicht solltest du auch noch etwas umtauschen.“ Anja kam von hinten auf sie zu und stellte sich neben Wally, während sie die Formulare in ihrer Hand durchblätterte.

„Was?“ fragte Wally abwesend. Sie konnte sich nicht von dem Anblick der Kuh losreißen, die auf der anderen Seite der Fensterscheibe stand und leicht mit dem Schwanz schlug. Wally fand den Anblick unglaublich. Mitten in der Großstadt stand eine Kuh und verscheuchte die Fliegen von ihrem Hinterteil, ohne sich von dem Trubel um sie herum stören zu lassen.

Anja warf einen flüchtigen Blick nach draußen und faltete die Formulare in der Mitte.

„Daß du die heiligen Kühe immer noch so faszinierend findest“, sagte sie halb erstaunt, halb gelangweilt und steckte die Papiere in ihre Umhängetasche. Dann straffte sie sich und sah Wally auffordernd an. „Also, ich finde, du solltest noch etwas tauschen, wenn wir schon gerade in einer Bank sind.“

Wally verlagerte das Standbein. Die Kuh setzte sich in Bewegung und verschwand außer Sichtweite.

„Ich hab’ keine Schecks dabei. Außerdem habe ich noch genug Bares“, sagte sie abwesend. So eine Gemütsruhe ist zu beneiden, dachte sie. Am besten stelle ich mir einfach vor, ich sei auch eine heilige Kuh. Sie mußte grinsen bei der Vorstellung. Vielleicht war sie ja schon eine? So träge, wie sie durch die Gegend schlurfte?

„Wie du meinst“, sagte Anja. „Dann laß uns bitte gehen.“ Die leichte Ungeduld in ihrer Stimme veranlaßte Wally, sie endlich anzusehen. Anja blickte mit gerunzelter Stirn und hochgezogenen Augenbrauen in ihre Tasche.

Mist, dachte Wally, ich habe schon wieder den Anschluß verpaßt. „Ich bin bereit."

Anja sah auf, und nach einem Moment entspannte sich ihre Miene.

Die Hitze war unerträglich brütend, bedingt durch die hohe Luftfeuchtigkeit. Das leichte Baumwollhemd klebte Wally am Körper, kaum, daß sie draußen waren. Innerlich aufseufzend lief sie hinter Anja her, die in ihrem Rock und der buntbedruckten Bluse nach dem langen Tag immer noch wie aus dem Ei gepellt wirkte. Wally war stolz darauf, daß sie es bislang geschafft hatte, sich kein einziges Mal über die Hitze zu beschweren.

Anja wich geschickt einem Bettler aus und setzte zielstrebig ihren Weg durch das Menschengewimmel fort. Wally hielt sich dicht hinter ihr. Sie fand Anjas Talent, sich unbehelligt durch die Massen zu winden, beachtlich. In der kurzen Zeit, die Anja in Bombay war, schien sie einen ganz anderen Gang entwickelt zu haben, den Bettler-und-Getümmel-Ausweichgang. Wally selbst wurde ständig angerempelt oder stieß mit jemandem zusammen.

Ein paar Meter von der Bank entfernt wartete Hansjörg, Anjas Kollege, in seinem blauen Mitsubishi. Er bewohnte ebenfalls ein Apartment in der großen Villa, die den nachziehenden Bediensteten der Botschaft zur Verfügung gestellt worden war. Als er Anja und Wally kommen sah, öffnete Hansjörg von innen die Wagentüren. Anja stieg vorne ein, während Wally sich in den Fond setzte.

„Und, alles erledigt?" Hansjörg schob seine modische Brille mit dem Zeigefinger hoch und sah nach hinten, bevor er, ohne den Blinker zu setzen, in eine Lücke im Verkehr einscherte.

„Ich habe die Formulare bekommen, die du mir empfohlen hast, allerdings gibt es da ein Problem..."

Hinter ihnen hupte es, und Wally sah ängstlich zurück, direkt auf die Schnauze eines Ungetüms von Bus, der sich etwa einen Zentimeter von der hinteren Stoßstange des Mitsubishis entfernt befand. Hansjörg kümmerte sich nicht darum. Er legte einen Ellenbogen auf die Fensterkante und unterhielt sich weiter mit Anja über die Widrigkeiten des indischen Bankwesens.

Wally betrachtete die beiden von hinten. Hansjörg wirkte genauso adrett und frisch wie Anja. Sie sahen aus wie ein junges, dynamisches und erfolgreiches Paar. Wally seufzte leise und sah aus dem Fenster.

In der Vorhalle summte der Ventilator. Hansjörg nahm die an ihn gerichteten Briefe von dem Tischchen am Fuße der Treppe und nickte Anja und Wally zu, bevor er in dem Gang verschwand, der zu seinem Apartment führte. Wally und Anja stiegen die Treppen ins zweite Obergeschoß hinauf.

„Ich werde erstmal duschen, ich bin ganz verschwitzt", sagte Anja munter. Ihre Stimme hallte in dem weitläufigen Treppenhaus. Sie steckte den Schlüssel ins Schlüsselloch und sperrte auf.

Die Wohnung war sehr schön. An den großen Wohnraum mit Blick auf den Garten schloß sich das Schlafzimmer an, zur anderen Seite des Flurs lagen die geräumige Küche und ein weiß gekacheltes Bad. Die Einrichtung bestand aus dunklen, gediegenen Holzmöbeln, wie sie auch in Frankfurt oder Berlin beliebt waren. Eigentlich erinnerte nur der Blick aus dem Fenster daran, daß sie sich in Indien befanden. Draußen standen merkwürdig bauschig geformte Bäume in einem Halbkreis auf dem gepflegten Rasen, der frühmorgens vom Gärtner gesprengt wurde.

Wally knöpfte ihr Hemd auf und ging in die Küche, um Anjas – mittlerweile – heißgeliebten Darjeelingtee zuzubereiten. Aus dem Bad klangen Plätschern und Waschgeräusche. Wally ging wieder ins Wohnzimmer und setzte sich auf das riesige Sofa. Einen Moment saß sie still da, die Arme verschränkt, und lauschte dem Summen der Klimaanlage. Dann fiel ihr der Tee wieder ein.

„Vielleicht könnten wir am Wochenende einen Ausflug machen." Anja trug ihren seidenen, in der Mitte leicht zugeknoteten Morgenmantel und goß Tee in zwei Tassen. Die dunklen Locken ringelten sich bis über ihre Schultern und waren noch feucht.

„Wohin denn? – Danke." Wally nahm ihre Tasse entgegen. Sie roch daran und trank einen kleinen Schluck. Der Tee war verdammt heiß, fast hätte sie sich die Zunge verbrüht. Sie stellte die Tasse zurück und beobachtete Anja, die mit genießerischer Miene an ihrem Tee nippte.

„Guck' doch, was dir gefällt", sagte Anja und leckte sich die Lippen. Sie deutete auf einige Prospekte, die auf dem Tisch lagen. Wally zog sie zu sich heran und schlug den ersten auf. Auf der aufgeschlagenen Seite war ein Tempel abgebildet, vor dem eine westliche Reisegruppe stand und bewundernd daran hinaufblickte. Wally blätterte um. Das nächste Foto zeigte denselben Bau – oder war es ein anderer? –, diesmal aus veränderter Perspektive und ohne Reisegruppe.

„Wally?"

Wally blickte auf. Anja kniete immer noch auf der anderen Seite des Tisches, die Tasse in der Hand, und sah sie forschend an.

„Was ist?"

„Sag mal", begann Anja, „könntest du dir denn eigentlich nun vorstellen, hier zu leben?"

Wally wurde heiß. „Ich?" fragte sie, überrumpelt von der Ernsthaftigkeit der Frage. „Ich weiß nicht", fügte sie hastig hinzu, „ich meine, ich weiß nicht so genau, ich finde es schon gut hier..." Sie unterbrach sich, als sie Anjas mißtrauische Miene bemerkte. Sie legte die Prospekte weg und holte tief Luft.

„Also, wenn ich ehrlich bin, dann kann ich mir nicht vorstellen, welche Rolle ich hier spielen soll."

Anjas Augen verengten sich, und Wally holte noch einmal tief Luft. „Ich kann meinen Platz hier nicht sehen."

„Deinen Platz?" fragte Anja, und der kühle Ton in ihrer Stimme verriet, daß ihre Stimmung umgeschlagen hatte. „Was heißt das, du siehst deinen Platz nicht?"

Wally zögerte, weil es ihr Schwierigkeiten machte, die richtigen Worte zu finden. „Ich habe nicht das Gefühl, daß du mich hier brauchst." Sie wußte sofort, daß sie die richtigen Worte tatsächlich nicht gefunden hatte.

„Wieso brauchen? Darum geht es doch gar nicht, oder?" Anja ließ sich aus ihrer knieenden Haltung zurücksinken und setzte sich aufrecht auf den Boden. „Ich habe nie gesagt, daß ich dich hier haben will, weil ich dich brauche. Ich habe dich gefragt, ob du dir vorstellen kannst, hier zu leben, damit wir vielleicht noch einmal von vorne anfangen können."

„Ich will nicht von vorne anfangen", sagte Wally. Ein eisiges Schweigen entstand. Anja sah sie über den Tisch hinweg mit gerunzelten Brauen an.

„Das sind ja ganz neue Töne", erwiderte sie schließlich. „Ich dachte, wir wollen sehen, ob es mit uns noch gehen könnte. Und das kann ja wohl nicht gehen, wenn du in Deutschland bist und ich hier."

Wally zog unbehaglich die Schultern hoch. „Ja, natürlich. Ich meine, daß ich nicht von vorne anfangen will. Ich würde gerne weitermachen." Sie und Anja hatten sich gut verstanden in den vergangenen zwei Wochen; sie hatten Spaß, redeten viel miteinander, sogar Sex hatten sie gehabt. Es war zwar nicht mehr so schön wie früher, aber doch befriedigend – sie kannten sich eben. Dennoch, irgendetwas stimmte nicht mehr. Über allem lag eine seltsam luftige Kühle, ein Hauch von Distanz.

„Weitermachen oder von vorne anfangen, das ist doch einerlei. Es geht um unsere Beziehung zueinander." Eine winzige Pause lag zwischen Anjas letzten beiden Worten, aber Wally bemerkte sie sehr wohl.

„Nein", widersprach sie. „Weitermachen bedeutet, auf der Basis, die wir haben, etwas aufzubauen, von vorne anfangen würde heißen, daß es keine Basis mehr gäbe." Ein Schauder lief ihr über den Rücken, als sie erkannte, daß es der hypothetische Teil ihrer Schlußfolgerung war, welcher der Wahrheit entsprach. Sie *hatten* keine gemeinsame Basis mehr. Wallys Wut, die sie so abhängig gemacht hatte, war verflogen. Sie nahm die Situation gelassen hin, versuchte, das Beste draus zu machen, und betrachtete Anja mit den leicht verwunderten Augen einer Fremden, die eine gewisse Sympathie für die andere empfindet. Aber reichte das aus, um von vorne anzufangen?

Sie dachte an all die Male, wo sie Anja deren frühere Liebesschwüre vorgehalten hatte. Wally hatte immer gefunden, daß Anja, indem sie diese Schwüre für nicht mehr gültig erklärte, die Verantwortung für das Gesagte einfach abschütteln wollte. Wally glaubte an Worte. Daß sie selbst gerade eben etwas gesagt hatte, von dem sie gar nicht mehr überzeugt war, erschreckte sie zutiefst.

„Du sagst gar nichts", sagte Anja, und ihre Stimme klang unsicher und warm zugleich. Wally hob den Kopf und sah sie an. Anjas Miene war weicher geworden, sie blickte Wally mit einer Zärtlichkeit an, in der Reste der alten Liebe lagen. Wallys Herz zog sich zusammen. Am besten, man redete gar nicht mehr groß davon, dachte sie, dann würden die Worte der Liebe, an denen man so gehangen hat, zu bloßen Erinnerungen, die nicht mehr wehtun können. Aber ob es dann zwischen uns weitergehen würde?

Anja fuhr sich mit der Hand durchs Haar und lächelte dann schief. „Vielleicht ist es auch zu früh, darüber zu sprechen", sagte sie. Wally nickte, beugte sich vor und streckte ihre Hand aus. Anja sah darauf nieder, dann legte sie ihre eigene hinein. Sie hielten sich fest und sahen sich über den Tisch hinweg an, skeptisch und unruhig, aber dennoch voller Wärme. Nach einem Moment ließ Anja Wallys Hand los und stand auf. „Ich werde jetzt mal den Salat machen." Mit einem nachdenklichen Blick auf Wally ging sie in die Küche.

Wally blätterte lustlos in den Prospekten. Die Landschaft und die Bauwerke wirkten kahl und fremdartig; Wally konnte sich überhaupt nicht vorstellen, daß sie selbst in diesem Augenblick inmitten des Erdteiles saß, der auf den Hochglanzfotos abgebildet war. Sie legte die Prospekte weg und sah sich um. Die Vorhänge aus dünnen Stoff hingen zu beiden Seiten des Fensters herunter und bewegten sich leicht im Luftzug des Ventilators. Wally betrachtete den Fenstergriff. Er war etwas anders geformt als die in Deutschland, aber wie genau, hätte sie nicht sagen können. Sie nahm den Aschenbecher aus Messing, der auf dem Tisch stand, in beide Hände und drehte ihn langsam herum. Auch er sah unvertraut aus. War es die Form? Sie stellte ihn zurück und spürte unvermittelt, wie ihre Wahrnehmung sich verfremdete. Alles sah irgendwie indisch aus. Alles war fremd, und sogar Anja war ihr fremd. Angenommen, sie, Wally, war für Anja immer noch – oder wieder – die Partnerin, – worauf lag die Betonung: auf „die" oder auf „Partnerin"? Wally dachte an Anja, wie sie in ihrer gemeinsamen Wohnung in Berlin umhergegangen war. War nicht alles ganz falsch? Gehörten sie nicht in eine andere Zeit, eine andere Konstellation, an einen anderen Ort? Wally stand auf und ging in die Küche.

Anja stand mit dem Rücken zu ihr an der Spüle und wusch Salat. Wie konnte es sein, daß sie in Bombay in einer Küchentür stand und zusah, wie Anja Salat wusch?

„Anja“, sagte Wally laut und trat näher. „Was *machst* du eigentlich hier?“

Anja drehte sich um und starrte sie verständnislos an. Zwischen ihren gerunzelten Augenbrauen hatte sich eine steile Falte gebildet.

„Was ich hier mache?“ fragte sie entgeistert. „Ich wasche den Salat!“

XLV

„Oh nein!“ Mit zutiefst unglücklichem Gesichtsausdruck starrte Nan auf den überfüllten Strand. Tamara schirmte die Augen mit einer Hand ab und betrachtete die dicht an dicht gedrängten, sich träge in der Sonne räkelnden Leiber. Der Anblick erinnerte sie an ein Fladenbrot, das von wimmelnden Maden bedeckt war.

Einige der Badegäste waren tiefbraungebrannt, andere stellten noch fischblasse Haut zur Schau. Auf den winzigen freien Streifen zwischen den Familien und Pärchen rannten kreischende Kinder umher und schlugen mit Schaufeln und Eimern nacheinander. Dort, wo der Sandstrand in mit Gestrüpp bewachsene Flächen überging, hatten sich einige Sonnenanbeter zwischen die Büsche gequetscht. Ein Mann lag mitsamt seiner Luftmatratze auf einem kniehohen Busch, seine Arme und Beine baumelten zu beiden Seiten herunter und berührten den Boden.

Nur ganz am Rande, dort, wo die Terrasse des Ausflugscafés begann, war noch ein schmaler freier Weg übrig Eine Familie mit zwei mürrisch dreinblickenden Teenagern machte soeben Anstalten, sich dort häuslich niederzulassen.

Nan ließ ihre Tasche mit dem Badezeug sinken und verlagerte ihr Gewicht von einem Fuß auf den anderen. „Sollen wir woanders hinfahren?" Ihre Stimme klang ein wenig schuldbewußt.

Tamara schirmte die Augen mit einer Hand ab und sah zum gegenüberliegenden Ufer des Sees. Soweit sie erkennen konnte, war das gesamte Ufer mit Schilf bestanden, an das sich dicht bewaldetes Gebiet anschloß. Sie kniff die Augen noch fester zusammen und suchte den Uferrand ab. Schließlich entdeckte sie, was sie erhofft hatte. Der helle Fleck genau gegenüber sah ganz nach Sand aus. Tamara wandte sich nach links – ihr Blick streifte Nan, die sie hoffnungsvoll und gespannt ansah – und betrachtete nachdenklich den Waldweg hinter ihnen. Nach einigen Metern nahm er eine leichte Biegung nach rechts – wenn sie richtig vermutete, führte er einmal um den See herum.

Sie sah Nan an, die sich hilflos am Kopf kratzte. „Komm mit."

Ohne Nans Antwort abzuwarten, machte sie sich auf den Weg.

Der schmale Pfad, gerade breit genug, um zu zweit nebeneinander herzugehen, führte in einem weiten Bogen durch den Mischwald. Trotz der Hitze war es kühl und feucht. Hoch über ihnen hatten sich die Bäume zu einem Dach aus grünen Blättern verbunden, das den direkten Einfall der Sonnenstrahlen verhinderte. So ähnlich, überlegte Tamara, mußte es im tropischen Regenwald sein, nur daß anstelle des Brüllens von Tigern oder des Pfeifens exotischer Vögel das ständige Sirren von Insekten zu hören war. Zur Rechten schimmerte zwischen den Pflanzen hindurch das Blau des Sees.

Nach zwanzig Minuten Fußmarsch hatten sie immer noch keinen Zugang zum Ufer gefunden. Nan blieb stehen.

„Hoffentlich führt dieser blöde Weg nicht schlicht und einfach einmal um den See herum, ohne daß wir an einem Badeplatz vorbeikommen", sagte sie zweifelnd und verscheuchte mit einer ungeduldigen Handbewegung eine Fliege, die in kleinen Kreisen um ihren Kopf herumgeflogen war.

„Ach, das kann nicht sein. Ich hab's doch von der anderen Seite aus gesehen." In Wirklichkeit freute Tamara die gemächliche Wanderung. Sie fühlte sich auf eine seltsame Weise abgeschlossen von der übrigen Welt. Bisher waren sie keiner Menschenseele begegnet. So alleine waren sie und Nan noch nie zusammen gewesen, nicht einmal in Travemünde, am leeren Brodthener Ufer.

„Der See ist nicht einmal mehr zu sehen", sagte Nan und blickte mit gerunzelter Stirn in Richtung Ufer. Der Wald hatte sich verdichtet, weiter hinten war nur noch das Unterholz zu sehen, und dahinter stand Schilf, meterhoch und leicht in einer unsichtbaren Brise schwankend.

„Womöglich bewegen wir uns die ganze Zeit von Ufer weg. Ich glaube, der Weg hat sogar eine Biegung nach links gemacht", stellte Nan fest.

„Laß uns einfach mal weitergehen, umkehren können wir ja immer noch." Um keinen Preis wollte Tamara umkehren. Aber genausowenig wollte sie das Nan gegenüber eingestehen, obwohl es eigentlich keinen Grund für diese Vorsicht gab.

Nan betrachtete sie prüfend. „Ich habe so das Gefühl, daß dir das völlig wurscht ist."

„Stimmt genau." Tamara ging weiter. Hinter ihr stieß Nan ein ärgerliches Schnauben aus. „Sollen wir denn den ganzen Tag hier so weitergehen?"

„Klar!" rief Tamara über die Schulter zurück. „Den ganzen Tag – und abends mit Beleuchtung!"

Sie hörte Nan stöhnen, aber kurz darauf war sie wieder an Tamaras Seite, ein widerwilliges Grinsen im Gesicht

Hundert Meter weiter verengte sich der Pfad plötzlich und zwang sie, hintereinander zu gehen. Schmaler und schmaler wurde der Weg, um dann scharf nach links abzuknicken. Geradeaus führten noch ein paar Schritte in den Wald hinein, direkt zu einer undurchdringlichen Wand aus Bäumen und Gestrüpp. Tamara marschierte darauf zu, ohne auf Nans protestierendes Jammern zu achten.

Ihre Intuition hatte sie nicht getrogen: Auf der rechten Seite entdeckte sie ein paar Planken, die zwischen die moosbewachsenen Bäume gelegt worden waren. Unter Tamaras Gewicht sanken sie mit einem schmatzenden Geräusch ein wenig in den morastigen Untergrund.

„He..." sagte Nan schwach hinter ihr.

Tamara tastete sich vorsichtig weiter auf den glitschigen Planken, hinter ihr schlug das Buschwerk wieder zusammen, und dann stand sie auf einem verwitterten Anlegesteg mitten im Schilf. Vor Tamara lag die blaue Fläche des Sees, und gegenüber, in der Ferne, sah sie den überfüllten Badestrand.

Der Steg war aus seltsam ockerfarbigem Holz, wie Tamara es noch nie gesehen hatte. Kein Wunder, daß sie ihn von drüben für Sand gehalten hatte. Sie hockte sich am Rand nieder und sah ins Wasser. Es war flach, vielleicht zwanzig Zentimeter tief, und so klar, daß sie die schwankenden Algen auf dem Grund so deutlich erkennen konnte, als würde sie sie mit einer Lupe betrachten. Sie faßte hinein und erschauerte. Das Wasser umschloß ihre Hand wie ein kühler Samthandschuh.

Der Steg schwankte leicht. Tamara drehte sich nicht um. Mit einem dumpfen Geräusch landete die Tasche auf den Planken, und dann spürte sie Nans Arme um sich. Nan legte ihr das Kinn auf die Schulter und sah auf den See hinaus. Sie roch ganz leicht nach frischem Schweiß, ein angenehmer, wohltuender Geruch, den Tamara mit gerade gefallenem Sommerregen in Verbindung brachte. Sie rieb ihre Wange an Nans weicher Haut. Nan umarmte sie fester, und so blieben sie eine Weile hocken, ohne zu sprechen.

„Was fühlst du mehr? Angst oder Freude?" Nan lag auf der Seite, Tamara zugewandt, und betrachtete sie aufmerksam.

Tamara dachte einen Moment nach. „Am meisten fühle ich Aufregung. Solch starke Aufregung, daß alles andere dahinter zurücktritt", sagte sie langsam. „Immerhin habe ich Jahre davon geträumt, in die Staaten zu gehen."

Nan blickte gedankenverloren aufs Wasser hinaus, in eine Ferne, die nur für sie erreichbar war.

Tamara streckte die Hand aus und berührte ihre Schulter, die noch leicht feucht vom Baden war. Hell leuchtete Nans Haut zwischen Tamaras tief gebräunten Fingern hervor. Verwundert betrachtete Tamara den Kontrast. Sie konnte sich nicht erinnern, jemals so braun gewesen zu sein. Mir kommt es vor, als hätte ich den ganzen Sommer nur im Ullstein-Haus verbracht, dachte sie. Ich war doch so selten in der Sonne, viel seltener als Nan, oder? Die Wochenenden fielen ihr ein, an denen sie mit Leo ins Grüne gefahren war, meistens auf dem Motorrad, bis er es vor zwei Wochen verkauft hatte. War sie davon so braun geworden? Oder schien die Sonne in Deutschland heißer?

„Und ich bedaure, daß ich euch verlasse“, sagte sie nach einem Moment. Nan löste ihren Blick widerstrebend vom See und sah Tamara an. „Mich und Leo?“

„Dich und Leo. Und Arndt, und Wally, und Martin, und die anderen Leute aus dem Kollektiv. Sogar Marion. Zu Anfang habe ich mir immer wieder gesagt, daß ich mich bloß nicht so sehr an jemanden hier gewöhnen darf, damit es nicht so weh tut, wenn ich gehe. Aber ich kann nicht behaupten, daß ich das geschafft habe.“ Sie lächelte leicht. „Ich wollte keine Wurzeln schlagen. Aber nun – vielleicht reicht mir ja jemand noch eine Gartenschere.“

„Ich bestimmt nicht“, sagte Nan.

„Zumindest bist du fürs erste anderweitig gut untergebracht.“ Tamara sah Mißbilligung in Nans Augen aufblitzen, aber das störte sie nicht. Nan hatte kaum je über Anke gesprochen, und Tamara hatte auch nicht danach gefragt: Nans zunehmend ausgeglicheneres Wesen und die knappe Zeit, die sie übrig hatte, sprachen für sich. Aber Tamara selbst hatte auch kaum Zeit übrig. Die Nächte, die Leo nicht bei sich zuhause schlief, verbrachte er mit ihr, und das waren nicht wenige. Leo hatte sich in ihr Herz geschlichen, nein, weniger geschlichen als hineingearbeitet, mit Händen, an deren Fingerspitzen Widerhaken gewachsen waren. So fühlt es sich jedenfalls an, dachte Tamara, es war und ist schmerzhaft, aber so, wie ich damit an ihn gezerrt bin, genauso hängt er auch an mir fest. Und das machte ihr Sorgen. Natürlich, Leo würde sie besuchen kommen, aber dazu mußte er erst einmal den Ozean überqueren. Und der war weit. Was Leo betraf, so würde sie keine Gartenschere, sondern ein Hackebeil brauchen, und sie war sich noch nicht einmal sicher, ob das ausreichen würde. Und vor allem, im tiefsten Innern wußte sie, daß sie es gar nicht wollte. Sie wollte *ihn.*

„Woran denkst du?“ Nans Stimme schreckte Tamara aus ihren Gedanken auf.

Tamara zögerte. Dann sagte sie, sich bewußt vage ausdrückend: „An Beziehungen. An das, was man voneinander will. Was man sich wünscht."

Nan setzte sich auf, und ihre Haut schimmerte weich im harten Sonnenlicht. „Ach, es ist zum Kotzen." Sie schien nur auf einen Aufhänger gewartet zu haben, um endlich das, was ihr auf der Seele lag, loswerden zu können. Hell glitzerten ihre Augen. „Ich habe das Gefühl, daß ich dich immer wie ein nicht zu Ende gelesenes Taschenbuch in meiner Hosentasche mit mir herumschleppen werde. Und warum habe ich es nicht zu Ende gelesen? Aus Angst? Aus Faulheit?"

Sie funkelte Tamara an, und Tamara mußte grinsen. Nans Stimmungsumschwünge hatten sie schon immer belustigt – und gereizt.

„Was willst du denn? Dann liest du eben ein neues." Ihr war bewußt, daß sie jetzt Öl ins Feuer goß.

„Ganz prima. Findest du das toll?"

„Ich? Ich denke, ich bin froh, daß ich so etwas Spannendes lesen konnte. Davon kann ich lange zehren."

Nan schwieg erbost und starrte sie an. Dann senkte sie den Blick und begann, an einem brüchigen Stück Holz zu zupfen.

Tamara lächelte. Der Steg unter ihrem Rücken war angenehm warm, und die trockene Luft um sie herum roch wie der Inbegriff des Sommers selbst. Sie sah Nan mit halbgeschlossenen Augen beim Nachdenken zu, und eine erstaunlich prickelnde Gelassenheit überkam sie. Plötzlich wußte sie genau, was sie wollte, und auch, wie sie es erreichen konnte.

„Komm mal her zu mir."

Nan sah ruckartig auf, und über ihr Gesicht zog ein Echo von Tamaras eigenem Bedürfnis, bevor es sich wieder verschloß.

„Wieso?"

„Komm her", sagte Tamara noch einmal, diesmal in einem Ton, der, wie sie hoffte, keinen Widerspruch zuließ.

Nan kniff die Augen zusammen, und ihre Schultern versteiften sich, aber ihr Widerstand war bereits geschwächt, und sie wußte, daß es Tamara nicht entgangen war.

„Hältst du das für eine gute Idee?" Nans spöttischer Tonfall konnte nicht verbergen, daß der Motor in ihrem Innern, der sich Lust nannte, mit einem leisen Rumpeln angesprungen war.

„Nicht nur für eine gute, sondern für eine fantastische Idee halte ich das", sagte Tamara leise. Sie drehte sich auf die Seite und legte ein Bein über Nans Knie. Nan sah darauf hinab und legte den Kopf schief.

„Du willst doch wohl nicht meinen Bruder betrügen", sagte sie in einem letzten Versuch kläglicher Abwehr.

„Ich werde deinen Bruder nicht betrügen, sondern höchstens mich selbst." Tamara schob sich näher an Nan heran und stellte mit Befriedigung fest, daß Nan ebenfalls, wenn auch mit sichtlichem Widerstreben, in ihre Richtung rückte. „Und ob ich das will, werde ich ja wohl noch alleine entschieden können."

Nan legte ihre Hand auf Tamaras Schenkel und ließ sie dort liegen. Immer noch schien sie zu zögern.

„Okay", sagte Tamara, „und im übrigen: Ich gehe davon aus, daß sowohl Leo als auch Anke genug Lebenserfahrung haben, um zu wissen, daß so etwas passieren kann."

„Schön abgeschoben." In Nans Stimme schwang Unsicherheit mit. Sie hat Gewissensbisse, stellte Tamara fest. Irgendwie erstaunte sie das.

„Neue Taschenbücher sollten strapazierfähig sein, dann halten sie auch was aus." Für einen Moment wunderte sich Tamara selbst, woher die Leichtigkeit kam, mit der sie diese Worte, die für andere so schmerzlich sein würden, aussprach.

„Aber man muß sie auch richtig behandeln", sagte Nan mit Nachdruck. Sie hatte angefangen, mit fester Hand über Tamaras Rücken zu streichen. Tamara erschauerte unter der Berührung. Sie fühlte, wie ihr Denken verschwomm.

„Keine Sorge, das wirst du." Sie preßte sich gegen Nan, und mit einemmal brach alle Zurückhaltung zusammen wie ein Staudamm, der dem Druck der Masse nicht mehr standhalten kann. Mit einem heiseren Stöhnen zog Tamara Nan zu sich herunter, und wie von einem Magneten gezogen, drängte sich Nan an sie. Feuchte, sommerheiße Haut rieb sich aneinander, und ihre Finger fanden mühelos die weichen Rundungen der Brüste, die zarte Haut zwischen Hüfte und Bein, die empfindlichen Perlen zwischen den warmen, feuchten Falten. Weichheit verwandelte sich in Härte, Zartes zog sich zusammen, wurde steif und wieder locker, Beine schoben sich auseinander, um sich dann fester noch um einen Schenkel zu schließen, um ein Knie, eine Hand, Finger, Einlaß. Nan war über ihr, auf ihr, ihr Oberkörper bog sich zurück, Brüste glänzten im Sonnenlicht, und dann sah Tamara auf Nan hinab, die Hand auf ihr Brustbein gestemmt, geschlossene Augen, die sich langsam, unendlich langsam öffneten, zu kleinen Schlitzen erst, die größer wurden, größer, und ihren Blick in sich hineinzogen, Hitze, Schweiß, und ein Tropfen, der durch die Luft flog, wie in Zeitlupe, um dann aus ihrem Blickfeld zu verschwinden.

Es war fast wie früher, wie vor Monaten noch, vor Wochen? Aber nur fast: Ein träges Bedauern schwang mit, hing darin wie eine Fliege, die immer kurz außer Sichtweite, aber knapp neben dem Auge summt, schwankend in dem Tempo, in dem sich die Lust steigerte. Es war da, und Tamara spürte es zwischendurch, wenn ihr die Luft wegblieb; es schob sich heran, und ihre Finger krallten sich zu Fäusten und hinterließen Spuren auf weicher Haut, es war da, und sie küßte es fort, beugte sich über Nan und gab es mit ihrem Mund an sie weiter, küßte es in sie hinein, zeichnete es mit der Zunge hinter ihr Ohr, rieb es mit ihrem Saft auf ihre Haut. Der Schweiß auf der Haut schmeckte nach Trauer, wie Regen und Salz, süß und bitter zugleich; und dann ein Beben, andauernd, und ein Schrei -

Deine Haut ist weich, doch ich spüre sie nicht.
Dein Herz klopft schnell, doch ich höre es nicht.
Dein Atem geht rauh, doch ich rieche ihn nicht.
Ich bin schon weit fort.
Weit fort.

Ihre Ohren dröhnten, und langsam wurde sie wieder klarer. Nan lag dicht neben ihr, noch an allen Gliedern zitternd, der Schweiß zwischen ihren Brüsten war noch nicht trocken. Sie hatte die Augen geöffnet und sah Tamara an, die Lider leicht verhangen.

Tamara sog hart die Luft ein und stieß sie wieder aus. Sie erwiderte Nans Blick, und ein Nachbeben durchfuhr sie, leicht nur, aber stark genug, um sie erschauern zu lassen.

„Meine Güte", flüsterte Nan leise und legte ihre Hand auf Tamaras Hals.

Tamara bewegte die Schultern und drehte sich langsam zur Seite. Die Planken schnitten ihr in den Rücken, aber es war nicht unangenehm.

„Wie ist dir?" fragte Nan leise.

Tamara dachte an das Gefühl des Bedauerns, das sie so unbestimmt empfunden hatte, und ein Gedanke schoß ihr durch den Kopf, den sie ebenso spontan aussprach, wie sie eine Weile zuvor ihrem Verlangen nachgegeben hatte.

„Man krönt die verlorene Liebe mit einem letzten, leidenschaftlichen Fick."

Nan schwieg verdutzt. Dann blitzte in ihren Augen ein Schimmer des Verstehens auf.

„Hör' auf", sagte sie unbehaglich, aber zu schwach, um überzeugend zu wirken.

„So ist es doch, oder? Unterm Durchschnitt bleibt es positiv. Wir machen uns ein paar schöne Erinnerungen." Die Worte klangen hart, aber Tamara empfand nicht so. Ihr war heiter zumute, leicht.

„Mach' es nicht so runter."

„Ich mache nichts runter, ich spreche nur ein paar kleine Wahrheiten aus." Tamara rollte sich wieder auf den Rücken und sah zu Nan auf. Ihr Gesicht war dunkel im Gegenlicht. Direkt hinter ihrem Kopf stand die Sonne wie ein Strahlenkranz.

„Wenn ich hier bliebe, würden wir es wieder und wieder tun, bis es zu etwas Schmutzigem geworden wäre", fuhr Tamara fort. Die Worte kamen scheinbar ohne eigenes Zutun aus ihrem Mund, und auf eine fremde Art, die entfernt mit Selbstgeißelung zu tun hatte, genoß sie es. „Dann wäre es erledigt."

„Glaubst du wirklich?" Nans Frage sollte spöttisch klingen, aber das gelang nicht. Eher lag Zustimmung darin.

„Das ist doch das Muster, oder nicht?" fragte Tamara leise. Nan schwieg.

„Dann kannst du genausogut sagen, daß es keine Liebe gibt", sagte sie plötzlich störrisch und bitter. Ihre Augen funkelten, aber weniger angriffslustig denn verletzt und – müde.

„Oh doch", sagte Tamara fest. „Daß ich dich liebe, weiß ich genau. Alle Muster der Welt hin oder her."

Nan sah sie zweifelnd an und öffnete den Mund, um etwas zu entgegnen, aber das, was sie in Tamaras Augen sah, veranlaßte sie, ihn wortlos wieder zu schließen.

„Keine Angst", sagte Tamara, „das kostet dich nichts." Sie faßte nach Nans Hand und hob sie an ihre Lippen. Ihr eigener Geruch stieg in ihre Nase, und sie küßte Nans Hand noch einmal.

Von der gegenüberliegenden Seite des Sees hallte ein kreischendes Lachen herüber. Tamara und Nan schauten auf.

„Na, hoffentlich hat jemand ein Fernglas dabeigehabt," sagte Nan ironisch. Sie beugte sich über Tamara und zog die Zigaretten zu sich heran, um sich eine anzuzünden. Der Rauch roch scharf und beißend, die Zigaretten hatten zu lange in der heißen Sonne gelegen. Nans Gesicht wirkte entspannt, während sie das Feuerzeug und die Zigaretten in der Tasche verstaute. Die kurze Ablenkung schien sie wieder beruhigt zu haben. Tamara war klar, daß sie nicht weiter über das Thema sprechen würden. Irgendwie schafft Nan es doch zu guter Letzt immer, sich aus der Affaire zu ziehen, dachte sie ohne Groll. Wie haben wir das nur fertiggebracht? Bis zuletzt habe immer ich geredet, und sie hat reagiert. Sie setzte sich aufrecht hin und rückte dichter an Nan heran.

Nan sah auf und hob fragend eine Augenbraue. „Was?"

„Ist dir heiß?"

Nan stieß den Rauch aus und nickte dann. „Ein bißchen schon, ja." Ihre Augen verengten sich etwas, und sie sah Tamara mißtrauisch an.

„Wieso? Dir nicht?"

„Doch." Tamara rückte noch näher. Nan runzelte die Stirn. Unheil witternd, lächelte sie irritiert.

Tamara lachte sie an. „Achtung", sagte sie ruhig. Dann legte sie die Arme um Nan, stieß sich ab und rollte zusammen mit ihr über den Rand des Stegs hinaus ins Wasser. Sie fielen weich.

XLVI

In dem Moment, als sie klingelte, fiel ihr jene Nacht ein, in der sie die Münze geworfen hatte und daraufhin zu Tamara gefahren war. Es schien verdammt lange her zu sein. Und doch viel zu kurz – jetzt stand sie hier und klingelte zum letzten Mal an Tamaras Wohnungstür. Dieser Moment war von Anfang an vorhersehbar gewesen, mehr noch, er war immer präsent gewesen, hatte immer in ihrer beider Verhältnis mitgeschwungen, leider. Und wenn es nicht so gewesen wäre? Wie hätten sich die Dinge entwickelt? Bevor Nan noch weiter darüber nachdenken konnte, öffnete sich die Tür.

„Ah!" rief Martin und schwenkte einladend die Hand, in der er eine halbvolle Sektflasche hielt. „Die Madame! Lang ersehnt, lang erwartet, nun ist sie endlich da! Nur herein!"

Er stieß schwungvoll die Tür hinter ihr zu und folgte ihr ins Zimmer, wobei er sie lauthals ankündigte.

„Madame Nan ist eingetroffen!"

Nan konnte sich nicht entsinnen, in Tamaras Wohnung jemals irgendjemand anderen außer Tamara selbst gesehen zu haben. Jetzt war der kleine Raum voller Menschen, die es sich auf dem Fußboden und dem Sofa bequem gemacht hatten. Wie es schien, waren alle Leute, die Tamara in Berlin kennengelernt hatte, das gesamte Kollektiv eingeschlossen, zu ihrer Verabschiedung gekommen. Nan nickte in die Runde. Sprechen schien überflüssig. Der Lärmpegel war einfach zu hoch.

Martin setzte sich auf den Fußboden und schenkte Sekt in die herumstehenden Gläser nach. Auf dem Sofa saß Arndt neben Tamara, die sich an Leo lehnte. Leo hatte ein Bein um ihre Hüften geschlungen, seine Hand lag locker auf Tamaras Taille. Er machte ein bedrücktes, abwesendes Gesicht, das sich etwas aufhellte, als er seine Schwester eintreten sah. Bis auf ihn wirkte die versammelte Gesellschaft äußerst heiter, was nicht zuletzt am Sekt liegen mochte, von dem Martin Nan nun auch ein Glas hinhielt.

„Trink mit! Der eiserne Vorhang hat sich mit knarrendem Gerassel gehoben, und mitten durch die Hauptstadt des wiedervereinigten Königreiches Europa geht sie nun in das Land der unbegrenzten Freiheit, unsere Prinzessin! Eine geknechtete Seele auf dem Weg ins Glück!“ Er lachte breit, und das blonde Haar fiel ihm in die Stirn, als er sein Glas an die Lippen setzte. Tamara verdrehte die Augen zur Decke und winkte Nan heran.

„Wie geht's?“ fragte Nan, nachdem sie ihr einen flüchtigen Kuß auf den Mund gedrückt hatte.

Tamara zuckte die Achseln. „Ich weiß nicht, ganz gut, glaube ich. Aber bei solch einem Abschied...“ Sie machte eine Handbewegung, die den ganzen Raum miteinschloß. Nan kippte den Sekt in einem Zug herunter und stellte das Glas auf dem Boden ab. Es war kaum zu glauben, daß Tamara in vier Stunden im Flugzeug nach New York sitzen würde. Die Stimmung war eher einer freudigen Begrüßung als einem Abschied angemessen – aber eigentlich gab es ja auch wirklich einen Grund zum Feiern. Nur, Nan war nicht danach.

Nan sah zu Leo. Er begegnete ihrem fragenden Blick mit einem Stirnrunzeln, und als sie leicht mit dem Kinn zur Küchentür hinüberdeutete, löste er sich von Tamara und stand auf.

„Wir kochen Kaffee“, sagte er entschuldigend.

„Gute Idee.“ Tamara lächelte ihn an, und Arndt nickte zustimmend. Tatsächlich, fand Nan, sahen alle im Raum so aus, als ob sie einen Kaffee brauchen konnten.

Nan setzte sich auf den Kühlschrank und ließ die Beine baumeln. Die Geräusche und Stimmen aus dem Nebenraum klangen gedämpft herüber, aber durch irgendeinen akustischen Effekt hörte es sich dennoch so an, als würde eine Riesenparty stattfinden.

Leo holte das Kaffeepulver aus dem Schrank. Dann setzte er Wasser auf. Seine Bewegungen waren langsam und bedächtig. Nan kannte ihn gut genug, um zu wissen, daß es hinter seiner neutralen Miene fieberhaft arbeitete.

„Du hast immer noch nicht mit ihr darüber gesprochen", stellte sie fest.

„Nein, habe ich nicht." Leo sah nicht auf. Methodisch füllte er weiter Kaffee in den Porzellanfilter, aber seine Schultern hatten sich etwas gesenkt.

Nan sprang vom Kühlschrank hinunter und lehnte sich mit dem Rücken dagegen. Sie wollte nicht, daß Leo zu ihr aufsehen mußte. „Warum nicht?"

Er zuckte mit den Schultern, verschloß sorgfältig den Kaffeebehälter und stellte ihn wieder an seinen Platz in den Küchenschrank. Dann begann er, Tassen auf dem Tablett nebeneinander aufzustellen.

Nan musterte seine schlanke Gestalt, und sie verstand nicht, wieso er nicht sah, was sogar sie sehen konnte.

„Was denkt denn Tamara, wie es weitergehen wird?"

Leo stellte die letzte Tasse hin, räusperte sich und sah Nan an. „Sie möchte, daß ich sobald wie möglich komme und ein bißchen bleibe." Wieder zuckte er mit den Achseln, so als versuchte er, die Bedeutung dessen, was er gerade gesagt hatte, herunterzuspielen, oder als glaubte er nicht daran.

Nan steckte die Hände in die Hosentaschen. „Na und, worauf wartest du noch? Auf eine schriftliche Einladung?"

Er schüttelte den Kopf. „Nan, ich kann sie doch nicht einfach damit überfallen! Die ganze Zeit habe ich lässig gesagt, daß ich sie „demnächst mal" besuchen komme, und jetzt? Ich habe mir selbst ein Bein gestellt, aber so ist das."

„Meine Güte, Leo! *Ich habe mir selbst ein Bein gestellt!* Du hast immerhin genug Geld zusammenge..ge..." Er kniff die Lippen zusammen, aber Nan übersah es geflissentlich. „Du hast genug Geld für ein paar Wochen. Alles kein Problem. Du hast ganz einfach Angst, daß sie dich doch nicht so sehr will" – er zuckte zusammen, mit schmerzlich verzogenem Gesicht, und diesmal kostete es Nan Mühe, weiterzusprechen, aber sie zwang sich dazu – „und deswegen windest du dich schon seit Wochen wie ein Hase in der Falle, und deswegen versuchst du jetzt, deinen hübschen Schwanz einzukneifen."

Leo sah mit beschämten Gesichtsausdruck an sich hinunter, und er tat Nan leid, aber noch hatte sie nicht alles gesagt. „Sei nicht so ein verdammter Feigling."

Er sah sie mit vorgeschobenem Kinn an. „Aber vielleicht will sie mich tatsächlich nicht so sehr wie ich sie“, wandte er ein. „Ich will mit ihr zusammensein, und ich glaube, daß ich ihr näher sein könnte als jeder anderen Frau zuvor. Ich denke, es geht, aber ich weiß nicht, ob sie mich läßt. Und wenn sie mich läßt – vielleicht komme ich dann zerschunden wieder raus. Oder gar nicht. Wenn einer von uns den anderen verläßt, dann sie mich.“ Er lächelte gequält.

„Ich glaube kaum, daß das momentan zur Debatte steht.“

Leo kratzte sich am Nacken. „Vielleicht nicht“, sagte er mit gesenktem Kopf. „Aber vielleicht doch.“ Er verstummte und sah Nan mit zusammengekniffenen Augen an. „Nan – ich muß dir was erzählen.“ Er sah plötzlich so ernst aus, daß Nan erschrak. „Klar“, sagte sie.

Er sah sie immer noch eindringlich an, dann räusperte er sich. „Hör' mal, es ist ziemlich intim, aber ich will es dir trotzdem erzählen. Es hängt mir total nach, ich muß immer wieder daran denken. Nichts, weißt du, nichts hat mir jemals mehr gezeigt, wie wenig weit ich bisher gekommen bin, wieviel Mühe und Zeit es braucht, jemandem nahe zu sein.“ Er starrte einen Moment auf den Herd, dann sah er Nan fragend an.

„Erzähl'“, sagte sie. Von nebenan erklang lautes Gelächter, das gleich darauf wieder abflaute. Undeutlich war Tamaras Stimme zu vernehmen.

Er seufzte und verschränkte die Arme vor der Brust. „Es war vor zwei Wochen“, fing er an. „Wir – wir waren bei ihr, wir haben auf dem Boden gelegen und Musik gehört und miteinander geredet. Ich dachte, sie wäre vielleicht zu müde – es war schon ziemlich spät – aber sie war nicht zu müde. Gar nicht.“ Er verstummte und sah auf, um Nans Gesichtsausdruck zu studieren. Einen Moment lang kämpfte er sichtlich mit sich, dann sprach er weiter. „Sie war nackt, bald, schneller als ich, und sie hielt meine Hände fest, als ich mir die Hose runterziehen wollte. Statt dessen legte sie sich auf mich, und dann fing sie an, sich zu bewegen, und die ganze Zeit wollte ich aus meiner verfluchten Hose raus.“

Er lächelte verlegen bei der Erinnerung, und Nan hatte das Gefühl, daß er mehr zu sich selbst sprach als zu ihr.

Leicht überrascht, aber eher befriedigt stellte sie bei sich fest, daß sie Leos Erzählung nicht im Geringsten peinlich oder zu intim fand. Es gefiel ihr vielmehr – sie konnte sich Tamara so gut vorstellen.

„Ich lag auf dem Rücken, und ich mußte mich unheimlich zusammenreißen, um nicht zu kommen“, fuhr Leo fort, jetzt in drängenderem Tonfall. „Ich wollte nicht brutal werden, aber irgendwann konnte ich nicht mehr anders. Ich hab' ihr die Arme nach hinten gerissen, und sie hat sich aufgebäumt, und gerade als ich sie herunterziehen wollte, hat sie mich angepißt.“ Er sah Nan vorsichtig an, und ihre interessierte Miene schien ihn zu beruhigen, denn er sprach weiter. „Okay, ich hab' es dann irgendwann geschafft, Tamara von mir herunterzuschieben und meine Hose aus- und dieses blöde Gummi drüberzuziehen, und sie lag die ganze Zeit neben mir und grinste unverschämt. Es hat eine ganze Weile gedauert, bis sie mich gelassen hat, und dann wurde es total heftig. Irgendwann hab ich verstanden, was sie die ganze Zeit über zu mir sagt – sprich mit mir, und Nan, ich bin mir verdammt nochmal nie zuvor so vertrottelt vorgekommen. Ich wußte einfach nicht, was sie hören wollte.“

Der Wasserkessel pfiff, und Leo stellte geistesabwesend die Flamme aus. „Ich habe alles gesagt, Dinge, die ich gar nicht oder noch nicht hatte sagen wollen. Aber es war nicht das Richtige, sie wollte was anderes hören, und ich *wußte nicht, was.* Es war berauschend und doch irgendwie furchtbar – ich hatte das Gefühl, sie saugt mich aus. Ich dachte, ich würde darüber sterben, und im letzten Moment würde ich immer noch nicht wissen, was sie eigentlich von mir will, und dann würde ich einfach sterben. Ich hab' zu weinen angefangen“ – seine Stimme wurde leiser – „und sie auch. Aber wir haben nicht nur einfach geweint; wir haben Rotz und Wasser geheult. Ich dachte, wir sind dabei, uns zu zerbrechen, und die ganze Zeit wußte ich, daß sie mir nahe war, sie war in mich eingedrungen, aber ich nicht in sie, obwohl ich so tief in ihr drin war wie nur möglich.“

Nan zog ihre Zigaretten heraus und zündete sich eine an. Langsam erahnte sie, was er ihr sagen wollte.

„Ich wußte nicht mehr, was ich war. Irgendwie war mir, als ob ich mit dem Kopf gegen eine Wand rannte, immer wieder, und sie weinte dahinter, aber ich konnte nicht zu ihr. Sie weinte, aber nicht, weil ich nicht zu ihr kam, sondern weil – weil sie – ich weiß immer noch nicht, was sie wollte." Er sah auf und preßte die Lippen zusammen. „Ich will zu ihr, und ich weiß nicht wie. Ich denke nicht mehr, daß es nicht geht, ich glaube, es geht, aber ich weiß einfach nicht, wie." Er schwieg.

„War das alles?" fragte Nan.

„Nein." Leo schüttelte den Kopf. Es kostete ihn sichtlich Mühe, weiterzusprechen. „Sie ist gekommen, und dann bin ich am Ende auch gekommen, mehr aus Verzweiflung denn aus sonst was. Und dann ist mir das verdammte Gummi abgerutscht."

„Oh nein!"

„Tja", sagte Leo, „du kannst sicher dir vorstellen, wie ich mich gefühlt habe, als ich auf dem Wannenrand gehockt habe und ihr nichtsnutzig bei der Scheidenspülung zusah."

Nan stellte sich die Szene bildhaft vor. Sie konnte sich sehr gut in Tamaras wütende Verzweiflung, aber auch in Leos Hilflosigkeit hineinfühlen. Nie zuvor war ihr so deutlich klargeworden, wie gut die beiden füreinander waren. Sicher – manchmal spürte sie einen Hauch von Eifersucht, wenn sie an die beiden dachte oder sie zusammen sah, aber auf wen diese Eifersucht gerichtet war, wußte sie kaum zu sagen. Ihrem Gefühl nach waren die beiden einfach ein gutes Gespann.

„Wie hat sie denn reagiert?" fragte sie neugierig.

Leo blickte unbehaglich drein. „Sie war unheimlich wütend auf mich, aber..." Er zuckte betreten mit den Schultern und hob die Hände. „Es war meine Schuld, aber es war alles so außer Rand und Band -"

„Das ist ja wohl keine Entschuldigung."

„Nein", sagte Leo unglücklich. „Sie hat gesagt, das sei ja wohl das Letzte, worauf sie Lust hätte – sich, nachdem sie die ganze Anstrengung und den ganzen Schmerz auf sich genommen hat und endlich in die Staaten gehen kann, von einem Trottel schwängern zu lassen."

Nan konnte nicht anders, sie mußte lachen. Leo sah sie an wie ein Hund, dem man auf den Schwanz getreten und gleichzeitig den Knochen weggenommen hat.

„Ist denn was passiert?“ fragte Nan, als sie sich wieder beruhigt hatte.

Leo lächelte verschämt. „Sie hat gestern ihre Tage bekommen, aber zur Sicherheit will sie trotzdem noch einen Test machen lassen.“

„Und du?“

Er sah sie einen Moment irritiert an, bevor er verstand. „Habe ich dir das nicht erzählt? Ich habe neulich noch einen Kontrolltest gemacht. Negativ.“

„Und Tamara?“

Er schüttelte den Kopf. „Sie will keinen HIV-Test machen lassen. Außerdem, wenn ich nach der ganzen Zeit noch negativ bin, dann ist es ziemlich unwahrscheinlich, daß sie infiziert ist.“

„Ziemlich“, sagte Nan nüchtern.

Nach einem Moment sagte Leo: „Steffi ist schwanger.“

„Was?“

„Steffi – Georgs Freundin. Sie ist schwanger.“

„Von wem?“ fragte Nan verblüfft.

„Von Georg.“

„Aber – das kann doch nicht sein, er ist doch schon vier Monate tot.“

„Drei“, erwiderte Leo, und plötzlich fiel Nan auf, daß er das erste Mal, seit Georg gestorben war, von ihm sprach. „Sie hat es nicht gemerkt, weil sie ihre Tage weiter bekommen hat, durch die Aufregung oder so. Es ist schon seltsam, nicht wahr. Etwas kommt immer nach, und alles hängt ineinander. Ich meine, ich habe nie gedacht, daß Georg ganz fort ist – irgendwo ist er immer noch –, aber offensichtlich hat ihm das, was er hinterlassen hat, nicht ausgereicht.“ Er lächelte schief.

„Vielleicht hat er auch Platz machen müssen“, sagte Nan leise.

Leo hob fragend eine Augenbraue.

„Naja, wer weiß, ob es das Kind geben würde, wenn er am Leben geblieben wäre.“

Leo sah sie stumm an, dann räusperte er sich. „Vielleicht, aber ich weiß nicht, ob mir der Gedanke gefällt.“ Nach einem Moment fügte er hinzu: „Aber ob es mir gefällt oder nicht, spielt vermutlich keine Rolle.“ Er lehnte sich an die Wand und verschränkte die Hände hinter dem Kopf. „Ach, was weiß man überhaupt schon?“

Nan schwieg. Obwohl Steffis Schwangerschaft und Leos Bericht über jene Nacht mit Tamara scheinbar nichts miteinander zu tun hatte, wußte sie, daß ein Zusammenhang bestand – auch wenn sie ihn nicht benennen konnte.

Leo schien ihren unausgesprochenen Gedanken zu folgen. „Manchmal“, sagte er, „manchmal habe ich den Eindruck, daß Tamara und ich im Ring stehen. Hinten hängt der Gong, und ich weiß schon, wer von uns am Boden liegen wird.“

„Bist du dir da tatsächlich so sicher?“

Er hob die Achseln und ließ sie wieder fallen. „Jedenfalls stehe ich bereits im Ring, und ich habe eigentlich nicht die Absicht, da wieder 'rauszusteigen. Trotzdem. Ich weiß einfach nicht, ob es richtig ist.“

„Dann geh hin und finde es raus.“ Plötzlich hatte Nan genug. Warum stellte Leo sich so dämlich an? Warum stellten sich alle so dämlich an, sie selbst eingeschlossen? Dieses ewige Zaudern und Zagen, dieses ständige vorsichtige Sondieren, ob man auch ja nicht in eine Falle trat. Wohin kam man damit? Dahin, daß man dastand wie ihr Bruder jetzt und ängstlich abwägte, ob man es wagen könnte, seinem Gefühl entsprechend zu handeln, oder vielleicht doch lieber nicht.

Irgendetwas in ihrem Gesicht schien ihre Gedanken widerzuspiegeln, denn Leo betrachtete sie mit zusammengekniffenen Augen. Dann nickte er schwer.

„Würdest du es tun?“ fragte er, aber in seinem Tonfall lag eher interessierte Neugier denn ängstlicher, nach Bestätigung heischender Zweifel.

Nan stieß sich vom Kühlschrank ab und stellte die Flamme unter dem Wasserkessel wieder an. „Frag mich nicht, ob ich es tun würde; frag mich, ob ich finde, daß du es tun solltest“, sagte sie resolut.

„Scheiße. Findest du, daß ich es tun soll?“

„Ja. Und nun geh und hol' dein Zeug, oder sag es ihr zuerst oder was auch immer, aber warte nicht darauf, daß dir irgendein riesiger göttlicher Finger den Weg weist. Du mußt deinen Arsch schon von selber in Bewegung setzen." Leo grinste und ging langsam zur Tür. „Ich denke, ich hätte es sowieso gemacht, aber danke, daß du mir nochmal gesagt hast, was dir an deinem Bruder liegt."

„Daß ich was?!?"

Er war schon an der Tür und drehte sich noch einmal um. „Du hast mich schon richtig verstanden", sagte er und lächelte sein altbekanntes, frech-charmantes Lächeln. Damit verschwand er und ließ sie stehen. Nan betrachtete die Kaffeetassen auf dem Tablett. Eine davon war jetzt überzählig, und Nan stellte sie wieder in den Schrank zurück und klappte ihn energisch zu.

Plötzlich wünschte sie sich, daß es endlich vorbei wäre. Ihr kam es vor, als würde sie seit ewigen Zeiten nichts anderes tun, als auf Flughäfen zu stehen, abwechselnd in Tegel oder Schönefeld, und die Menschen, die ihr am meisten am Herzen lagen, zu verabschieden. Kim, Wally, jetzt Tamara, und wenn alles gut – oder schlecht? Auf einmal wußte sie den Unterschied nicht mehr – ging, Leo noch gleich mit dazu. Natürlich, alle würden wiederkommen, bis auf Tamara vielleicht, aber war das ein Trost? Wegfahren hieß Trennung, und Trennung bedeutete Abschied, und Abschied war Schmerz.

Und wenn sie selber führe? Irgendwohin? Nan horchte in sich hinein. Es gab nicht das leiseste Echo in ihrem Inneren. Nein, entschied sie und schüttelte wie zur Bekräftigung den Kopf. Ich möchte nicht weg. Ich will hierbleiben. Sie warf einen Blick zu Arndt, der schweigsam neben ihr stand und seit zehn Minuten emsig damit beschäftigt war, ein Kaugummi zu kauen. Irgendwie schienen sie beide auf einmal als verlassene Liebhaber dazustehen, dabei war es gar nicht so. Arndt bemerkte ihren forschenden Blick und sah Nan an, um gleich wieder die Augen abzuwenden. Er wirkte verlegen. Ich wahrscheinlich auch, dachte Nan. So ist es halt, wenn man übrig bleibt.

Tamara stand zwischen Martin und den anderen Mitgliedern des Kollektivs in der Nähe des Abfertigungsschalters. Vor etwa zehn Minuten hatte sie eingecheckt, und von der

Passagierschlange am Schalter waren nur noch drei Geschäftsreisende übriggeblieben.

Tamara löste sich von den anderen und kam mit einem zögernden Lächeln im Gesicht auf Nan zu.

„Sag mir eines, Nan. Kommt er noch?“ Sie klang nervös und müde.

„Hundertprozentig“, erwiderte Nan mit mehr Sicherheit in der Stimme, als sie eigentlich empfand. Sie glaubte zwar, daß er kommen würde, aber wissen konnte sie es trotzdem nicht. Dazu wußte sie zuviel über den Feigling im eigenen Herzen.

„Er hat gesagt, er hätte was sehr Wichtiges vergessen“, sagte Tamara und sah nachdenklich durch die Glaswände, die auf den Innenhof des Flughafens hinausführten. Dann drehte sie den Kopf und richtete ihre Augen wieder auf Nan.

„Ich hatte mich wahnsinnig in Leo verliebt.“

Nans Magen krampfte sich ruckartig zusammen, und Arndt bewegte sich unruhig neben ihr. So direkt hatte Tamara ihre Gefühle für Leo nie ausgesprochen, und vielleicht deshalb, aber mit Sicherheit nicht nur deshalb, versetzte es Nan einen Stich. Dann gewann sie die Fassung zurück. In der Vergangenheitsform lag das Beunruhigende.

„Hattest? Wieso hattest?“

„Ich versuche bloß, mich auf die Zukunft einzustellen.“ Tamara klopfte die letzten Zigaretten aus ihrer Packung, steckte sich alle beide in den Mund und zündete sie an. Eine reichte sie Nan, die andere klemmte sie sich in den Mundwinkel, wo sie lässig hängenblieb, als sie weitersprach.

„An euch beiden“, sagte sie zu Nan und stieß den Rauch aus, „an euch beiden werde ich jedenfalls ganz schön zu knacken haben.“ Sie kniff die Augen zusammen, als ihr der Rauch hineinstieg, aber die Zigarette nahm sie trotzdem nicht aus dem Mund.

„Das war berauschend mit dir“, fuhr sie nach ein paar Sekunden des Schweigens fort, und ohne, daß Tamara es näher erklären mußte, wußte Nan, auf was sie anspielte: nicht auf ihrer beider Verhältnis – obwohl, war das nicht auch berauschend gewesen? – sondern auf das letzte Mal, als sie sich auf dem Bootssteg geliebt hatten. Also haben wir unsere verlorene Liebe wirklich nicht getötet, dachte Nan befriedigt. Was das angeht, da hat sie jedenfalls recht. Tamara sah sie an, die Zigarette immer noch im Mundwinkel, und dann nickte sie bedächtig, um schließlich zufrieden zu lächeln. Nan grinste zurück. Tamara hob eine Augenbraue, und Nan richtete den Blick lieber wieder auf die vorbeieilenden Passagiere, bevor sie das Blickduell zu guter Letzt doch noch verlor.

Tamara wandte sich zu Arndt um, der eine unbeteiligte Miene aufgesetzt hatte. „Und, wie sieht's aus, Feuerwehrmann?"

„Feuerwehrmann in spe! Naja, es geht gut. Solange ihr alle okay seid."

„Ihr alle?"

„Ja."

„Ihr alle? Ja, und du?"

Er zuckte die Achseln, und ein zaghaftes Lächeln breitete sich über seinem Gesicht aus wie ein zögerlicher Sonnenaufgang.

„Naja, ich auch. Na gut, ihr alle und ich auch."

„Jetzt ist es bald soweit." Tamara fuhr sich mit der Hand durchs Haar, und als sie wieder zu Nan aufsah, war ihr Mund traurig.

„Ich habe das Gefühl, als gäbe es lauter wichtige Dinge, die ich dir noch unbedingt sagen muß, aber sie fallen mir nicht ein."

„Bis wir uns das nächste Mal sehen, sind sie dir bestimmt wieder eingefallen", sagte Nan in einem schwächlichen Versuch, der Situation ihre Ernsthaftigkeit zu nehmen.

„Und wann ist das?"

Sie hatten das schon längst besprochen, aber Nan spürte, daß es wichtig war, es noch einmal zu sagen. „Spätestens zu Weihnachten. Entweder kommst du, oder ich komme." Sie streckte die Hand aus und berührte Tamara an der Wange. Tamara umfaßte sie mit ihrer eigenen Hand. Ihre Augen schienen plötzlich dunkler geworden zu sein, und die hohen Wangenknochen ließen ihr Gesicht besonders schmal erscheinen. Zum erstenmal an diesem Tag fielen Nan die dunklen Ringe unter Tamaras Augen auf.

„Sag Leo, daß ich ihm nicht böse bin", sagte Tamara leise.

Nan fühlte Abwehr in sich aufsteigen, für einen Moment suchte sie nach den richtigen Worten, um Tamara zu erklären, daß es gar nicht so war, wie sie dachte, daß er noch kommen würde – aber ein Blick zum Schalter, an dem der letzte Passagier gerade seine Bordkarte ausgehändigt bekam, verschloß ihr den Mund. Es sah tatsächlich so aus, als würde Leo nicht mehr kommen.

Tamara zerknüllte die leere Zigarettenpackung, die sie in der Hand gehalten hatte. Suchend blickte sie sich um.

„Mülleimer sind hier anscheinend Mangelware", sagte sie und versuchte ein Lachen, das ihr auch ganz gut gelang. Fünfzig Meter weiter entdeckte sie einen Abfallbehälter. Sie setzte sich in Bewegung und ging langsamen Schrittes darauf zu. Nan sah ihr nach, unfähig, sich von der Stelle zu rühren, und eine Welle von Schmerz stieg in ihr auf, Schmerz um den Verlust, Schmerz um die Einsamkeit, die sich wie eine unsichtbare Aura um Tamaras Körper gelegt hatte. Nie zuvor war sie ihr so zerbrechlich erschienen.

Eine hastige Bewegung an der Eingangstür ließ sie den Kopf herumdrehen. Leo stürmte herein, die Stirn schweißglänzend, um den Mund einen energischen, fast bitteren Zug. In der Hand hielt er seine schäbige Reisetasche. Eilig steuerte er auf die Gruppe vor dem Abfertigungsschalter zu, und seine Augen weiteten sich erschrocken, als er Tamara nicht entdeckte. In der nächsten Sekunde erblickte er Nan, und wie angewurzelt blieb er stehen. Wortlos sah er Nan und Arndt an und ließ die Tasche sinken.

„Bin ich zu spät?" fragte er heiser. „Ist sie...?"

Arndt kam Nan zuvor. „Dahinten", sagte er und deutete nach hinten. Tamara hatte soeben den Abfallbehälter erreicht, hielt die Zigarettenpackung abwägend in der Luft und warf sie dann mit einer Geste trotziger Entschlossenheit hinein. Leo sah sie, aber der Ausdruck in seinem Gesicht änderte sich nicht. Er nahm seine Tasche wieder hoch und lief los. Tamara schaute auf, bevor er sie erreicht hatte, und ihr Mund formte erstaunt seinen Namen. Nan sah zu, wie Leo sie kurz am Arm faßte und hastig auf sie einzureden begann. Tamara starrte ihn an, zuerst verständnislos, dann spiegelte sich langsam das Begreifen in ihren Zügen wider. Einen Moment, nachdem Leo zu sprechen aufgehört hatte und sie nur ansah, schwieg sie mit ausdrucksloser Miene. Dann erwiderte sie etwas, und Leo runzelte die Stirn. Er stellte ihr eine Frage, und wieder schien es endlose Sekunden zu dauern, ehe Tamara antwortete. Ihrem Gesichtsausdruck war nichts zu entnehmen, und Nan wurde von einer Woge kalter Enttäuschung ergriffen. Sie will nicht, dachte sie ungläubig, sie will nicht. Sie betrachtete die beiden Gestalten, die so gut miteinander aussahen und doch so distanziert voreinander standen, als wäre eine unsichtbare Mauer zwischen ihnen aufgebaut, die sie daran hinderte, sich auch nur zu berühren, und ein Gefühl tiefer Resignation überkam Nan. Nichts paßt zusammen, dachte sie, alles geht irgendwie aneinander vorbei. Wird das immer so bleiben? Wie sollen wir alle jemals zurechtkommen, wenn nicht einmal das, was ganz offensichtlich richtig erscheint, funktioniert?

Leo und Tamara sahen sich immer noch wortlos an, und der Moment schien ewig zu dauern. Dann strich Leo Tamara mit der Hand über die Wange, und ein Ausdruck schmerzlichen Verlangens huschte über sein Gesicht. Er nahm seine Tasche auf und ging los, auf Nan zu. Tamara sah ihm hinterher.

Nan versuchte, sich Worte des Trostes zurechtzulegen, als Leo näherkam, aber er ging einfach an ihr vorbei, den Blick geradeaus gerichtet, die Augen zusammengekniffen. Er machte einen Bogen um Tamaras Designerkollegen, deren Gespräche mittlerweile verstummt waren. Alle folgten ihm mit Blicken, und mit ihren verblüfften Gesichtern wirkten sie auf Nan wie Statisten in einer nachgestellten Stummfilmszene. Leo trat an den Schalter, wo die Angestellte gerade dabei war, ihre Sachen zusammenzuräumen, zog sein Ticket aus der hinteren Hosentasche und reichte es ihr.

„Das habe ich mir gedacht“, sagte Arndt neben Nan. Aus seinem Tonfall hörte Nan eine interessante Mischung aus Triumph und Bedauern heraus.

„Du hast es gewußt.“ Tamara war herangetreten und betrachtete Nan abschätzend. Nan zuckte die Schultern.

„Und du kommst nicht zufällig auch mit?“

„Nein“, sagte Nan und mußte grinsen. „Vielleicht beim nächstenmal.“

„Also, Leo, paß gut auf meine Ex-Chefin auf.“ Martin klopfte ihm freundschaftlich auf die Schulter. „Na, wer weiß, vielleicht kommt ihr ja in einem Jahr mit was Kleinem auf Besuch.“ Er lachte schallend, und Leo lächelte gutmütig. Seine Augen fanden Nans. Er drängelte sich zwischen den anderen hindurch, die Tamara gerade mit herzlichen Küssen und Umarmungen verabschiedeten.

„Auf Wiedersehen, Schwesterchen.“ Leo stellte seine Tasche auf den Boden. Sie nahmen sich in den Arm, und Nan spürte Leos Herz über ihrem schlagen, schnell und kräftig. „Danke für alles. Ich hab' trotzdem die Hosen voll“, sagte er leise. Sie drückte ihn fester, und gleich darauf löste er sich aus ihrer Umarmung.

„Wird schon gutgehen.“ Nan saß auf einmal ein Kloß im Hals. Sie schluckte ihn hinunter.

„Tschüß, Arndt.“ Leo zog ihn kurz an sich und drückte ihm einen Kuß auf die Wange.

„Paß auf dich auf.“ Arndt errötete und versuchte ein aufmunterndes Lächeln.

„Mach' ich.“ Leo schulterte seine Reisetasche.

„Nan?“ Er zögerte einen Moment, dann winkte er ab. „Schon gut.“ Er lächelte schief. Dann drehte er sich um und ging auf den Passagiereingang zu.

Tamara drückte sich weich in Nans Arme. „Oh je“, flüsterte sie in Nans Nacken hinein. Ihre Stimme klang rauh, aber als sie einen Schritt zurücktrat, blitzten ihre Augen.

„Das war's“, sagte sie lakonisch. „Also dann, spätestens Weihnachten?“

Nan nickte einfach. Tamara sah sie noch einen Moment an, und Nan prägte sich den Anblick ein: Tamaras helle Augen; Augen, in die Nan nie ganz hineingesehen hatte und auf denen nun schon der Schatten der Vergangenheit lag. Tamara lächelte, dann ging sie auf Leo zu, der locker an den Schalter gelehnt dastand und auf sie wartete. Er sah ihr mit einem Ausdruck aus Besorgnis und Belustigung entgegen, ließ ihr den Vortritt und folgte ihr in den schmalen Gang, wo sie bereits von ein paar Kontrollbeamten erwartet wurden. Alle anderen Passagiere waren schon hineingegangen, und einer der Beamten machte sich eilig daran, die Tür zu schließen. Weder Leo noch Tamara drehten sich noch einmal um, und das letzte, was Nan von ihnen sah, waren ihre Hinterköpfe, die mit dem Dunkel verschmolzen. Dann waren sie verschwunden.

„Wollt ihr mit uns fahren?“ Martin war vor Nan stehengeblieben.

Nan sah Arndt an, und sein vielsagender Blick machte es überflüssig, ihn nach seiner Meinung zu fragen.

„Nein, danke, aber ich denke, wir laufen lieber ein Stück.“

Martin lächelte. „Okay. Ich hoffe, wir sehen uns mal wieder. Macht's gut.“ Er winkte, drehte sich um und lief zu den anderen, die bereits dem Ausgang zustrebten.

Arndt preßte die Lippen zusammen. Er starrte immer noch auf den Passagiereinlaß. „Tja“, sagte er gedehnt. „So kann's kommen. Aber irgendwie frage ich mich, was eigentlich passiert ist. Mir ist ein bißchen unsicher zumute, so als hätte ich ganz feinen Treibsand unter den Füßen. Oder als würde ich auf einer großen Welle schwimmen und wüßte nicht genau, wohin, nur in etwa die Richtung. Aber alles ist anders.“

Über ihren Köpfen hallte eine knarrende Ansage aus den Lautsprecherboxen, und von weiter her dröhnten Motorengeräusche.

„Vielleicht ist es kein Treibsand“, erwiderte Nan, „vielleicht ist es auch kein Wasser, vielleicht ist es einfach Neuland. Es fühlt sich seltsam an unter den Füßen. Ich weiß gar nicht genau, wie ich dahingekommen bin – ob ich geschwommen bin oder mich hab' treiben lassen, aber ich bin froh, daß ich dort bin. Ich glaube, es lohnt sich.“

„Das“, sagte Arndt, und seine Augen waren dunkel und traurig, aber von einer Traurigkeit, die in Zuversicht und Wärme gebettet war, „das glaube ich auch.“

Die elektrischen Türen öffneten sich geräuschlos, als sie nebeneinander das Flughafengebäude verließen. Der Himmel war immer noch blau, aber weit, weit entfernt begann die Sonne ihren langsamen Abstieg zum Horizont.

Epilog

„Wie wär's, Nan, wenn du dich endlich mal da vom Ufer weg begeben und mir Gesellschaft leisten würdest?" Wally klopfte einladend neben sich auf den sandigen Boden. Staub wirbelte auf und bedeckte ihre Hand mit einer feinen Schicht.

Nan sah zu Arndt hinüber. Er hockte mit versonnenem Gesichtsausdruck zwanzig Meter von ihr entfernt und versuchte, kleine Steine über die Oberfläche des Wannsees springen zu lassen. Er hatte den richtigen Dreh eindeutig noch nicht heraus, die meisten Steine versanken sogleich im Wasser.

Wieder klopfte Wally auf den Boden neben sich. Sie hatte sich auf die einzige grasbewachsene Stelle weit und breit gesetzt und sie damit vollständig verdeckt.

Nan seufzte. „Komm doch auch ans Ufer", rief sie ihr über die Schulter hinweg zu.

„Nein", erwiderte Wally mit einem empörten Unterton, „ich wollte gemütlich mit euch plaudern und nicht tiefsinnig aufs Wasser glotzen."

Nan hörte, wie Arndt leise auflachte. Er war schon den ganzen Tag in einer ausgeglichenen Gemütsverfassung. Nächsten Monat würde er mit der Ausbildung zum Feuerwehrmann beginnen – dann, wenn Nan ihre Doktorandenstelle antrat. Bis jetzt gelang es ihm, das Ganze mit einer für ihn vollkommen untypischen heiteren Gelassenheit zu betrachten.

„Wir hätten eigentlich auch Anke mitnehmen können." Wally beschattete überflüssigerweise die Augen mit einer Hand und sah erwartungsvoll zu Nan.

„Anke hat verdammt viel zu tun mit der Schule und dem Arbeiten. Sie ist wahrscheinlich froh, wenn sie mal eine ruhige Minute für sich hat. Und jetzt ist sie ohnehin im Hotel." Nan hatte sie vorhin dort abgesetzt, bevor sie zur Mitfahrzentrale gefahren war, um sich von Sabine zu verabschieden und ihre Schlüssel abzugeben.

Ein kleines, grünes Segelboot schob sich, von der leichten Brise sanft getrieben, in die Mitte des Wannsees. Es war kühl, und der bedeckte Himmel schien den ersten

Herbststurm des Jahres anzukündigen. Nan zog ihre Jacke enger um sich und hockte sich bequemer hin.

„Aber Leo hätte doch mitkommen können. Wenn er sowieso nur für vier Wochen wiedergekommen ist, dann kann er ruhig mal einen Nachmittag mit uns verbringen. Ich versteh' sowieso nicht, wieso er hierherkommt, um dann die ganze Zeit mit Ulf im Ullstein-Haus zu arbeiten." Maulend begann Wally, mit einem Finger Figuren in den Sand zu zeichnen. Mit ihrem Schmollmund sah sie aus wie ein nörgeliges kleines Mädchen, das sich langweilt, weil es nicht die erhoffte Aufmerksamkeit bekommt.

„Mensch, Wally, Leo ist schließlich zum Arbeiten hier. Erstens braucht er Geld, damit er die Wohnung für sich und Tamara ausbauen kann, und zweitens braucht er die Erfahrung als Videokameramann. Sonst kann er den Job in New York gleich vergessen. Also laß ihn in Ruhe." Arndt schleuderte den nächsten Stein übers Wasser. Nan betrachtete ihn prüfend. Sie wußte, daß er irgendwann im Sommer, noch bevor Leo mit Tamara richtig zusammengekommen war, aufgehört hatte, Leo mit der verzehrenden und vergeblichen Intensität zu lieben, die ihn über Jahre hinweg zu einem Leidenden gemacht hatte. Er schien ganz plötzlich etwas an ihrem Bruder erblickt zu haben, das ihm die Aussichtslosigkeit und – konnte man das im Bezug auf Liebe überhaupt sagen? – Ungerechtfertigkeit seiner Liebe zu Leo klargemacht hatte, sodaß er ihn nun zwar immer noch lieben konnte, aber nunmehr freier und stolzer. Nan hätte zu gerne gewußt, was der Auslöser für diesen Sinneswandel gewesen war, aber Arndt schwieg sich beharrlich darüber aus. Das einzige, was er dazu sagte, war, daß er anscheinend über lange Zeit hinweg gereift war für den Moment der Erkenntnis, daß er Leo nie haben würde und auch nicht haben sollte.

„Trotzdem." Wally gab einfach keine Ruhe. Nan drehte sich um und fixierte sie scharf.

„Was beschwerst du dich eigentlich die ganze Zeit? Als nächstes fängst du womöglich noch an zu jammern, daß Tamara nicht dabei ist. Ist dir unsere Gesellschaft nicht gut genug?"

Wally grinste breit, offensichtlich befriedigt, endlich Nans ungeteilte Aufmerksamkeit errungen zu haben. „Du müßtest dich nur gnädigerweise neben mich setzen und mir Gesellschaft leisten, dann wäre ich sofort glücklich und zufrieden." Sie klopfte ein drittes und letztes Mal, diesmal mit einem siegessicheren Lächeln im Gesicht, neben sich.

Nan seufzte tief, stand auf und schlenderte zu ihr hinüber. Wally wollte offensichtlich unterhalten werden, und an den Versuch, ihre aufgekratzte Stimmung an Nans und Arndts ruhige, leicht melancholische anzupassen, war gar nicht zu denken. Wenn Wally aufgedreht war, war sie aufgedreht.

„Was bin ich denn, Entertainerin oder was?" Nan ließ sich neben Wally auf dem Boden nieder und zog ihre Zigaretten heraus.

„Im Grunde ist es doch eine blöde Idee, schon wieder hierhin gefahren zu sein. Es gibt so viele Seen in der Nähe, die wir noch nicht gesehen haben, eigentlich hätten wir ja auch mal woanders hinfahren können." Wally kratzte sich am Hals. Ihre staubigen Finger hinterließen eine dunkle Spur auf der hellen Haut. Die Sommerbräune, die sie aus Indien mitgebracht hatte, war unwiderruflich verschwunden.

Nan verdrehte die Augen. „Also, Wally, es war doch deine Idee. Du wolltest schließlich unbedingt an den Wannsee."

„Jaja, schon gut." Wally sah sie mit blitzenden Augen an, bereit zum Widerspruch, aber ihr fiel scheinbar nichts Passendes ein.

„Ich finde es nett hier. Obwohl ich den Wannsee an sich nicht besonders schön finde", sagte Arndt.

„Ich auch nicht." Wally pflichtete ihm aus tiefstem Herzen bei.

Eigentlich war Nan auch ihrer Meinung. Selbst, wenn niemand am Strand war außer ihnen, wie jetzt, so wirkte der Wannsee dennoch eher wie ein Teil der Stadt als wie ein Stück Natur: Die Spuren der vielen Menschen, die sich den Sommer über hier aufgehalten hatten, zeigten sich in liegengebliebenem Müll, abgeknickten Ästen und einer seltsam verbrauchten Atmosphäre – irgendwie war der Wannsee ausgelaugt.

„Aber ich finde es trotzdem nett hier." Arndt griff in seine Jackentasche, holte eine Handvoll kleiner Steine hervor und begann, einen nach dem anderen ins Wasser zu werfen, diesmal in einem hohen Bogen.

Nan sah ihm dabei zu, und plötzlich wurde ihr bewußt, was er da eigentlich machte. „Arndt?"

„Ja?"

„Wirfst du etwa alle fort?"

Arndt erstarrte für einen Moment, dann antwortete er, ohne sich umzudrehen. „Die, die mir am meisten bedeuten, behalte ich übrig."

„Was?" fragte Wally verständnislos.

„Die Steine", erklärte Nan.

Wally nickte, offensichtlich ohne zu begreifen, worum es ging, aber das Thema schien sie nicht weiter zu beschäftigen. „Wir könnten ja gleich noch etwas spazierengehen", schlug sie vor.

Nan zuckte die Achseln. „Okay. Aber noch nicht sofort." Sie wollte noch einen Moment hierbleiben. Es war nicht die gleiche Stelle wie die, an der sie alle zusammen nach Arndts Umzug gewesen waren, aber es erinnerte sie doch daran. Sie vermißte Tamara – und Leo auch. Manchmal wünschte sie, alles wäre wie vorher. Es war so vertraut gewesen, die Verhältnisse um sie herum, sie hatte sich darin zurechtgefunden wie früher in ihrem Kinderzimmer – nachts mit geschlossenen Augen, ohne anzustoßen, weil sie wußte, daß alles an seinem Platz war, auch wenn es vielleicht nicht die idealen Plätze waren und manches das andere behinderte. Jetzt war alles neu geordnet, und das Gefühl der Veränderung war so stark, daß Nan sich gezwungen sah, immer die Augen offenzuhalten.

Ein kalter Windzug wehte vom Ufer herüber, und Nan fröstelte. Sie sah zum Himmel. Die Wolken hatten sich dichter zusammengezogen und von weiß in ein helles Grau gewandelt. Weit im Westen waren sie noch dunkler.

„Hach." Wally seufzte. „Ich möchte mal wissen, was auf mich noch so wartet im Leben. Anja jedenfalls wohl nicht mehr."

Nan sah zu ihr hinüber. Wallys Gesichtsausdruck widersprach ihrem leicht klagenden Tonfall vollkommen: Um ihren Mund herum spielte ein fast zufriedenes, unternehmungslustiges Lächeln, und ihre Augen waren klar und wach.

Arndt wog den letzten Stein abschätzend in der Hand. Es war ein Pechstein, und eine vage Erinnerung regte sich in Nan und verschwand wieder, bevor sie ihrer habhaft wurde. Arndt zielte und warf. Der Pechstein hüpfte dreimal auf der Wasseroberfläche auf und tauchte dann unter.

„Naja", sagte Wally und zündete sich eine neue Zigarette an, „erstmal muß ich meine Schulden bei Marion abarbeiten." Sie legte die Stirn in Falten. „Und dann? Vielleicht müßte ich mich mal wirklich ändern und mir 'was Richtiges überlegen. Aber irgendwie kriege ich den Arsch nicht hoch." Sie sah Nan fast vorwurfsvoll an.

Nan zeichnete einen Kreis in den Sand, strich ihn durch und malte ein Viereck. „Entweder, du änderst dich, weil die Notwendigkeit dich dazu zwingt, oder du änderst dich von selbst, ohne daß du es mußt."

Wally verzog den Mund. „Ich frage mich nur, woran ich mich orientieren soll. Manchmal habe ich das Gefühl, das Leben orientiert mich, anstatt ich mein Leben."

„Wie das?" Arndt löste sich vom Ufer und schlendert auf die beiden zu, die Hände in den Hosentaschen.

„Tja", sagte Wally und streckte die Arme über ihrem Kopf aus, bevor sie sie unter den Achseln verschränkte. „Mir ist, als säße ich auf einer Wippe. Andere Leute scheinen ihr Leben selbstbestimmt im Griff zu haben, aber ich? Wenn ich denke, ich muß mich endlich bewegen, um die Wippe, auf der ich sitze, in Bewegung zu bringen, dann geschieht es wie von selbst; und ich weiß nicht, war ich das jetzt, oder war es die Luft, war es das durch Langeweile ausgelöste mechanische Kräfteverhältnis oder vielleicht sogar einfach jemand anderes, der sich auf die andere Seite der Wippe gesetzt hat?" Sie verstummte und blickte mit einem erstaunten und fast schuldbewußten Ausdruck in den Augen erst Nan und dann Arndt an, der sich während ihres Monologs neben ihr niedergelassen hatte.

„Aber das merkst du doch", sagte Nan ruhig. Sie zog den Reißverschluß ihrer Jacke zu und stützte sich auf den Ellenbogen.

Wally runzelte die Stirn und verschränkte die Beine im Schneidersitz. „Ich merke es eben manchmal nicht", erwiderte sie trotzig und sah aufs Wasser, dessen Oberfläche nun nicht mehr glatt dalag, sondern von leichten Wellen aus Richtung Westen gekräuselt wurde. „Und so wippe ich vor mich hin, halte still, wippe heftiger, und dann – wusch! – kommt der Abflug, der große Knall."

„Und wie durch Zauberhand landest du auf einer anderen Wippe, und die ganze Sache geht von vorne los." Nan schmunzelte. Wallys Weltsicht verwunderte sie. Sie selbst hatte eher immer das Gefühl, von einer Welle getragen zu werden. Ob sie nun schwamm oder nicht – die Welle trug sie weiter, und zuweilen geriet sie in einen Strudel. Und immer wieder glätteten sich die Wogen – bis die nächste Welle kam. Und der nächste Strudel.

„Zumindest geht es voran", sagte Arndt. „Für mich gibt es nur kleine Siege, keine großen." Er sprach leicht, ohne den Zug von Bitterkeit, den die Worte nahelegten.

„Ach, ja", sagte Wally und kauerte sich noch enger zusammen. „Jedenfalls habe ich nicht den blassesten Schimmer, wohin das alles führt."

„Also, Wally," sagte Nan tadelnd. „Du tust, als würdest du immerzu hilflos in fremde Welten geschleudert; du hast doch deine Sinne. So hilflos bist du doch gar nicht."

„Nein", sagte Wally und lächelte verschmitzt, ehe sie die Augen niederschlug. „Ich glaube, ich mag es, herauskatapultiert zu werden. Ich wünschte, die Welten wären mir fremder noch, als sie zu Beginn erscheinen."

„Du bist faul", stellte Nan fest.

„Ich habe noch nicht den – wie nennt sich das noch gleich? – den Fluchtpunkt gefunden. Wenn ich aufwache und versuche, mich auf die Veränderung vorzubereiten, weil ich sehe, daß meine Wippe immer bedrohlicher schaukelt, dann ist es meist zu spät." Wally kicherte in sich hinein.

„Wahrscheinlich würdest du wieder einschlafen, wenn du zu früh aufwachst." Arndts Stimme klang liebevoll.

„Hm." Wally begann, sich hin und her zu wiegen. Nan sah, daß sie genauso fror wie sie selbst, und auch Arndt hielt die Jacke eng um den Körper gezogen. Einen Moment schwiegen alle drei, dann sagte Wally: „Ich mag den Griff nicht loslassen." Sie setzte sich aufrecht hin und sah Nan und Arndt herausfordernd an.

„Was ist denn der Griff?" fragte Nan.

„Ich weiß nicht", sagte Wally und grinste frech. „Du zum Beispiel."

„Mich kannst du ja mitnehmen."

„Mach' ich auch, solange es geht." Wally schüttelte sich, beschattete die Augen mit der Hand und sah aufs Wasser hinaus. Die dunklen Wolken waren jetzt direkt über ihnen, und das Wasser hatte ein ungemütliches Aussehen angenommen.

„Mir ist kalt", sagte Wally plötzlich. „laßt uns gehen. Aber spazierengehen will ich doch nicht mehr."

Arndt sprang auf die Füße. „Ich auch nicht." Er streckte sich. Wally stand ebenfalls auf.

„Komm, du alter Sack, schwing die Hüften. Wer schneller beim Auto ist." Sie schubste ihn und lief los.

„Für solche Kindereien bin ich zu alt!" rief Arndt, aber er rannte folgsam hinterher. Nach ein paar Schritten hatte er Wally eingeholt und kniff ihr in den Hintern. Wally kreischte auf, und sich gegenseitig anrempelnd liefen die beiden weiter.

„Nan, komm schon!" rief Arndt über seine Schulter hinweg, und Nan sah sein gerötetes Gesicht und Wallys lachenden Mund in der trüben Luft für einen Moment so messerscharf wie ein frisch entwickeltes Foto; sie wußte, sie würde den Anblick nicht vergessen. Wir alle sind wie Spiegel, dachte sie, Spiegel, die wir uns immer wieder gegenseitig vorhalten, ohne es zu bemerken. Und zuweilen tauschen wir sie aus. Deshalb verlieren wir nicht den Kontakt.

Wally schubste Arndt erneut und rannte voraus. Arndt lief ihr hinterher. Nan stand auf und folgte ihnen. Bevor sie vom sandigen Ufer auf die Straße trat, drehte sie sich noch einmal um und sah auf den See hinaus. Er war nicht schön, aber es war gut, daß er da war.

Aus unserem Programm

Mein heimliches Auge
Das Jahrbuch der Erotik
je 224 Seiten, ca 250 großteils farbige bislang unveröffentlichte Fotografien, Gemälde, Zeichnungen, Essays, Erzählungen, Lyrik & Gespräche, DM 29,80, Im Abo DM 24,- , ISBN 3-88769-090-7, Bisher erschienen Nr.I-IX
„Liebe Herausgeberin, lieber Herausgeber, das heimliche Auge hat doch für ein Bilderbuch viel zu viel Text, für Feministinnen zuviele Schwänze, für Schwule zuviele Frauen, für Lesben zuviele Männer, für Romantiker gibts zuviel Schmerz, für Sadomasochistinnen zuviel Herz! Veröffentlichen Sie doch mal was, das in irgendwelche Schubladen paßt!!!“ (Erlkönig) Das Auge ist gegen das Berührungsverbot Collage größtmöglicher Vielfalt – der Sexualitäten, von deutlichen & geheimnisvollen, harten & zarten Bildern, Witz & romantischem Ernst...

Dagmar Fedderke
Die Geschichte mit A.
gebunden, DM 29,80. Eine extreme Liebesgeschichte.
Die gesamte Geschichte ließe sich von bösartigen Zungen auch als Unterwerfung bezeichnen. Aber – wie auch in der klassischen „Geschichte der O.“ – das ist es nicht, auch wenn eine Frau sich ausliefert: an die Lust, an ihre unbeherrschte Lust, an einen Geliebten. Eine Gratwanderung der Intimität, die immer auf der Kippe steht zwischen höchster Lust und Grausamkeit. Eine Frau läßt sich ein, „weil sie nicht weiß, was sie will“, aus Vergnügen und aus „Freundlichkeit“. „Die Intensität dieses Buches beruht gerade auf dem Wissen, daß nicht mehr aus jeder Geschichte eine Liebesgeschichte werden muß, und daß die Intensität einen Begriff von Liebe verlassen hat, der langsam Geschichte wird..."(Manuskripte)

Cornelia Saxe
Amsterdamer Clit Clip,
Erzählung, 120 Seiten, 50 Fotografien.
Eine Frau auf der Suche nach Frauen verirrt sich in Amsterdam Sie trifft Frauen, besucht lesbische Clubs, lernt sehr viel über Lesbenlieben und -leben, doch ihre Liebe läuft ihr davon, sie verstrickt sich stattdessen in seltsame sexuelle Begegnungen mit anderen. Illustriert mit Fotografien aus dem Amsterdamer Clit-Club.

Holde-Barbara Ulrich (Text) und Thomas Karsten (Photos),
Messer im Traum. Transsexuelle in Deutschland
Fadenheftung, gebunden, ca 60 Fotografien im Duplexverfahren gedruckt, 10 in Farbe, DM 39,80. Reisen von einem Geschlecht zum anderen, zwischen den Seelen und den Körpern: Einfühlsam aufgeschriebene und fotografierte Lebensgeschichten. Männliche und weibliche **Transsexuelle aus Deutschland** Ost und Deutschland West, Geschichten voller Abenteuer und Schmerz. Von Liebe, aber auch von ganz normalem Horror, in den Familien, auf der Straße.
„Die Reportagen der Ostberlinerin **Holde-Barbara Ulrich** sind von beklemmender Wirklichkeitsnähe“ (Stern)

Phoebe Müller
Schlachthof der Lüste
Noch ist Sexualität heilig, ein großes Versprechen. Absolutes Abenteuer „böser Mädchen“, die sich alles erlauben. Die verlorenen Initiationsrituale

vergangener Zeiten werden selbst inszeniert. Poetisch-schwarze Träume von Gefühlen, die schöner sind als Tod.“ Die sprachlich hervorragenden, die spezifischen Stimmungen so genau treffenden SM-Geschichten sind mit das beste was ich in letzter Zeit gelesen habe. Ein beredtes Beispiel, daß geile Geschichten auch künstlerisch hervorragend geschrieben sein können.“ (Schlagzeilen)

Laura Merrit
LAURAs Lesben SEXWÖRTERBUCH
Animösitäten und Sexkapaden
ein freches, sinnliches, informatives, aufklärendes, böses Sexikon, Erotisches von A bis Z, „Szenejargon“, alte Worte weiblich besetzt, neue Worte, immer vermißt, endlich probiert: die neue erotische Sprache von Lesben und anderen que(e)rstehenden Frauen -
Das erste Lexikon zur zeitgenössischen sexuellen Sprache von Frauen. 200 Seiten, viele Fotos, ein Daumenkino der Illustratorin Heidi Kull und ein erotisches Alphabet der Karikaturistin Katrin Kremmler. Apropos „Queer": Bezeichnung für alle Personen, die sog.abartigen Sex treiben, d. h. sich quer legen zum Mainstream..ca DM 25,-

Yoko Tawada
Tintenfisch auf Reisen
aus dem Japanischen von Peter Pörtner, gebunden, ca 160 Seiten, mit Lesezeichen und einigen Illustrationen, DM 29,80, ISBN 3-88769-082-6
„Die Leichtigkeit dieser Texte rührt vielleicht daher, daß die Autorin unserer Jahrhunderte Müdigkeiten nicht erst von ihren Gliedern abstreifen muß und daß sie die Sprache beanspruchen kann für Bereiche, die uns höchstens noch im Traum einfallen.“
(Anne Duden, Süddeutsche Zeitung)
Drei Erzählungen, in Japan preisgekrönt. Berichte aus der unheimlichen Welt der Begegnung der Geschlechter, der Kulturen, und mit der Natur. In den Geschichten kommen „böse“ Mütter vor, lebendige Pflanzen, Männer, die zu Gespenstern werden und Frauen, die sich verlieren...Wie eine „Ethnologin“ betritt die Autorin ein fremdes Land, z. B. Deutschland, sieht alles mit Augen als hätte sie noch nie etwas von diesem Land und seinen Gebräuchen gehört – als würden wir durch ein fernes afrikanisches Land reisen. So entstehen diese zauberhaften Abenteuergeschichten...

Regina Nössler
Strafe muß sein
Roman mit Fotoillustrationen von Petra Kuczmarski, 29,80
Hildegard, Talkshowmeisterin, und Henriette, Tierärztin mit leicht ergrauten Haaren, seit 12 Jahren ein Paar. Sie wohnen nicht zusammen. Eine ist eher kindisch und trotzig, die andere laut und hysterisch, und beide sind ganz furchtbar liebenswert. Sie streiten sich. Und machen Sex, deutlich, frech und überhaupt nicht pathetisch. Sex, bei dem man lachen kann. Scharf und schlecht und lustvoll und komisch und keineswegs nur sanfte Harmonie. Der Kitzel der bösen Gedanken. Und sie bestrafen sich gegenseitig: mit ungewöhnlichen Abenteuern.

Interessiert? Diese Bücher finden Sie in guten Buchhandlungen.

Bitte fordern Sie unser Gesamtverzeichnis an: konkurbuch – PF 1621–72006 Tübingen